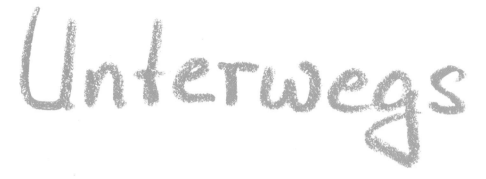

Unterwegs

Lehrwerk für die Mittelstufe

Deutsch als Fremdsprache

Materialienbuch

Clemens Bahlmann • Eva Breindl • Hans-Dieter Dräxler

Karin Ende • Günther Storch

Langenscheidt

Berlin · München · Wien · Zürich · New York

Unterwegs

von Clemens Bahlmann, Eva Breindl, Hans-Dieter Dräxler, Karin Ende, Günther Storch

Projektleitung und Redaktion:	Mechthild Gerdes,
Redaktion:	Elisabeth Graf-Riemann
Layout, Repro und DTP:	Barbara Slowik, Atelier S., München
Illustrationen:	Monica May
	(mit Ausnahme der im Bildverzeichnis aufgeführten Illustrationen)
Umschlag:	Barbara Slowik, Atelier S., München
	(unter Verwendung zweier Fotos der Bildagentur Tony Stone)

Autoren und Verlag danken für die kritische Begleitung, Erprobung und die zahlreichen konstruktiven Anregungen zur Entwicklung des Lehrwerks
insbesondere Frau Professor Dr. habil. Halina Stasiak (Universität Danzig), Frau Renata Markiewicz, Frau Katarzyna Lopuszynska (Krakau), Frau Irina Semjonowa (Goethe Institut Moskau), Frau Irmgard Gomes † (Goethe Institut Lissabon), Ulrike Cohen (Goethe Institut Bordeaux), Spiros Kukidis (Praxis Verlag Athen), Sybille Weißhaupt-Abdelkader (Goethe Institut München).

Ebenso danken wir all den Kollegen und Kolleginnen, die Teile des Lehrwerks in ihrem Unterricht erprobt haben.

Zu diesem Materialienbuch gehören:

ein Kursbuch	ISBN 3-468-47641-8
eine Audiokassette	ISBN 3-468-47643-4
eine CD	ISBN 3-468-47644-2
ein Lehrerhandbuch	ISBN 3-468-47642-6

Das Lehrwerk Unterwegs folgt grundsätzlich der reformierten Rechtschreibung. Davon abweichend sind alle authentischen Texte und Realien dieses Materialienbuchs, die aus literarischen, philologischen, künstlerischen und historischen Gründen in der ursprünglichen Orthographiefassung abgedruckt wurden.

Umwelthinweis: gedruckt auf chlorfrei gebleichtem Papier

Druck:	7.	6.	5.	4.	Letzte Zahlen
Jahr:	2006	2005	2004	2003	maßgeblich

Druck: Druckhaus Langenscheidt, Berlin
Printed in Germany   ISBN 3-468- **47640**-X

Wegweiser für das Materialienbuch

Liebe Deutschlernerin, lieber Deutschlerner, willkommen „unterwegs"!

Wir freuen uns, dass Sie mit dabei sind und „unterwegs" auf dem Weg zur Beherrschung der deutschen Sprache mit diesem Lehrwerk arbeiten werden.

Sie suchen vielleicht als erstes genauere Informationen, wie das gesamte Lehrwerk *Unterwegs* aufgebaut ist und wie man am besten damit umgeht. Lesen Sie dazu den Wegweiser auf S. 3 des Kursbuches.

Grundsätzlich gibt es durch die Aufteilung von *Unterwegs* in Materialienbuch und Kursbuch zwei Möglichkeiten für die Arbeit mit dem Lehrwerk: Sie können einmal vom Kursbuch ausgehen oder aber die Texte und Bilder des Materialienbuchs als Ausgangspunkt wählen. Wir möchten Ihnen hier einige Anregungen geben, wie Sie Ihr selbständiges Lernen auf dieses *Materialienbuch* konzentrieren und am besten damit arbeiten können.

Nehmen Sie das Buch zur Hand und blättern Sie durch den <u>Magazinteil mit Lesetexten und Bildmaterial zu 16 Kapiteln</u>. Schauen Sie sich dann im zweiten Teil die <u>systematische Grammatikübersicht</u> an, die vor allem Themen behandelt, die für fortgeschrittene Leser von Interesse sind. In einem dritten Teil schließlich finden Sie eine <u>Übersicht zu wichtigen Redemitteln</u>.

Wir schlagen Ihnen vor, im *Materialienbuch* nach Lust und Laune zu schmökern. *Die Texte im ersten Teil* sind in den 16 Kapiteln jeweils in einen lockeren thematischen Zusammenhang gestellt, in den zu Beginn die jeweilige Bildcollage einstimmt. Wenn Sie Lust haben, weitere Texte zu dem bereits im Unterricht behandelten Thema zu lesen, suchen Sie Texte heraus, die im Inhaltsverzeichnis als ZST (Zusatztext) gekennzeichnet sind. - Im Inhaltsverzeichnis können Sie feststellen, zu welchen Lesetexten Sie im Kursbuch Übungen und Aufgaben finden, die Sie allein oder im Unterricht erarbeiten können.

Sie werden dabei feststellen, daß Sie - allein durch dieses freie und viele Lesen - die deutsche Sprache in sich aufnehmen und viele Ausdrücke ohne angestrengte Lernarbeit quasi „automatisch" in Ihrem Gedächtnis speichern. Schmökern Sie also in *Unterwegs* wie in einer Zeitschrift, wenn Sie z.B. mit dem Bus oder der U-Bahn von Ihrem Kurs nach Hause fahren oder während des Tages eine Pause haben. Nach kurzer Zeit werden Sie feststellen, daß Ihnen das Lesen leichter fällt und Sie immer mehr verstehen.

Ab S. 129 finden Sie die *Systematische Übersicht zur deutschen Grammatik*. Sie kann Ihnen helfen, wenn Sie bestimmte grammatische Themen oder Probleme nachschlagen oder die Sprachregeln im Zusammenhang anschauen, wiederholen und lernen möchten. Zur schnellen Orientierung in dieser Übersicht hilft Ihnen ein Register auf S.197.

Die Hinweise (➤ **MB, S. 12 f.**) führen Sie zu dem jeweiligen Text im ersten Teil des Materialienbuchs , aus dem diese Beispielsätze ausgewählt wurden.

Die Hinweise (➤ **vgl. zur Satzklammer 11.1, S. 125 ff.**) führen Sie zu anderen Abschnitten in der Übersicht, die dem jeweiligen grammatischen Thema nahestehen.

Die Hinweise (➤ **KB, 3.3, S.48**) verweisen Sie auf Übungen und Aufgaben zum jeweils angesprochenen grammatischen Thema, die Sie im *Kursbuch* nachschlagen und bearbeiten können

Ab S. 158 finden Sie die *Übersicht zu Redemitteln*, die in verschiedensten Gesprächssituationen oder beim Verfassen eines schriftlichen Textes hilfreich sein können und Ihre mündliche und schriftliche Ausdrucksfähigkeit erweitern. Sie können sie durch weitere Wendungen ergänzen, die Ihnen beim Lesen oder beim Zuhören aufgefallen sind.

Viel Spaß beim Lesen, Nachschlagen und Lernen!

Inhaltsübersicht

[1] ZST = Zusatztext

Inhaltsübersicht

Inhaltsübersicht

Inhaltsübersicht

Inhaltsübersicht

Wo die

Liebe

hinfällt

Luftpirat hatte Liebeskummer

Junger Grieche entführte Flugzeug auf dem Weg
nach Athen

ATHEN, 8. November (öhl/afp). Aus Liebeskummer hat ein junger Grieche am Dienstag ein Flugzeug der Gesellschaft Olympic Airways auf dem Flug von Düsseldorf nach Athen entführt. In der nordgriechischen Stadt Thessaloniki wurde er am Nachmittag von einer Spezialeinheit der Polizei überwältigt, ob-

Der Entführer wird von der Polizei abgeführt.

wohl er sich nicht zur Wehr setzte und zuvor alle 69 Passagiere und sechs Besatzungsmitglieder freigelassen hatte. Die Festnahme wurde vom griechischen Fernsehen direkt übertragen. Alle Insassen blieben unverletzt. Wie die Fluggesellschaft nach Bekanntwerden der Entführung in Düsseldorf mitteilte, waren in der Mehrheit Griechen und Deutsche an Bord gewesen. Dem griechischen Fernsehen zufolge handelte es sich bei dem Hijacker um einen in Deutschland lebenden griechischen Emigranten.

Das Flugzeug vom Typ Boeing 737 war am Morgen planmäßig um 9.20 Uhr in Düsseldorf gestartet und sollte nach einer Zwischenlandung in Thessaloniki die griechische Hauptstadt anfliegen, wie Olympic Airways mitteilt. Kurz nach Mittag hatte der Pilot der Maschine beim Kontrollturm in Thessaloniki in verschlüsselter Form – wie in solchen Fällen vorgesehen – die Genehmigung für eine Notlandung verlangt, was den Behörden eine Entführung anzeigte. Der 17jährige war „auf der Höhe von Belgrad" in das Cockpit gekommen und hatte dem Piloten erklärt, unter seinem Sitz habe er eine Bombe deponiert. Außerdem befinde sich noch ein Komplize mit einer weiteren Bombe an Bord. In der Hauptstadt Athen wurde daraufhin Alarm ausgelöst, ein Krisenstab der Regierung trat zusammen, starke Polizeikräfte, Feuerwehr, Krankenwagen gingen in Thessaloniki in Stellung.

Kurz nach Mittag landete die Maschine dann auf dem Flughafen von Thessaloniki, nachdem der Pilot mehrere Warteschleifen geflogen hatte, um Treibstoff abzulassen. Das griechische Fernsehen berichtete, der Entführer habe „enttäuschte Liebe" als Motiv genannt. Die wird ihn jetzt erst recht teuer zu stehen kommen. Ein Passagier erzählte, an Bord sei von einer Entführung nichts bemerkt worden. Der Pilot habe lediglich mitgeteilt, wegen des schlechten Wetters gebe es Verzögerungen im Flugverkehr.

Frankfurter Rundschau, 9.11.1994, © Agence France – Presse GmbH, Bonn

Ein Fichtenbaum steht einsam
Im Norden auf kahler Höh'.
Ihn schläfert; mit weißer Decke
Umhüllen ihn Eis und Schnee.

Er träumt von einer Palme,
Die, fern im Morgenland,
Einsam und schweigend trauert
Auf brennender Felsenwand.

Heinrich Heine

das Morgenland:
Ausdruck für den Orient, Heimat der Märchen aus 1001 Nacht;
Ziel der Sehnsüchte vieler Menschen in Nordeuropa.

Heinrich Heine *(1797 - 1856), einer der bedeutendsten deutschen Lyriker zwischen romantischer und realistischer Dichtung im vorigen Jahrhundert: „Buch der Lieder" (1827), „Deutschland. Ein Wintermärchen" (1844). Autor von autobiographisch-zeitgeschichtlichen Schriften und Reisebeschreibungen: „Reisebilder" (1826 – 1831).*

Das Rätsel

Ein Märchen der Gebrüder Grimm

*E*s war einmal ein Königssohn, der bekam Lust,
in der Welt umherzuziehen, und nahm niemand mit
als einen treuen Diener. Eines Tags geriet er in einen
großen Wald, und als der Abend kam, konnte er kei-
5 ne Herberge finden und wußte nicht, wo er die Nacht
zubringen sollte. Da sah er ein Mädchen, das nach einem kleinen Häuschen zu ging, und als er näher kam,
sah er, daß das Mädchen jung und schön war. Er redete es an und sprach: „liebes Kind, kann ich und
10 mein Diener in dem Häuschen für die Nacht ein Un-
terkommen finden?" - „Ach ja", sagte das Mädchen
mit trauriger Stimme, „das könnt ihr wohl, aber ich

rate euch nicht dazu; geht nicht hinein." - „Warum
soll ich nicht?" fragte der Königssohn. Das Mädchen
seufzte und sprach: „meine Stiefmutter treibt böse 15
Künste; sie meint's nicht gut mit den Fremden." Da
merkte er wohl, daß er zu dem Haus einer Hexe gekommen war, doch weil es finster ward und er nicht
weiter konnte, sich auch nicht fürchtete, so trat er ein.
Die Alte saß auf einem Lehnstuhl beim Feuer und sah 20
mit ihren roten Augen die Fremden an. „Guten
Abend", schnarrte sie und tat ganz freundlich, „laßt
euch nieder und ruht euch aus." Sie blies die Kohlen
an, bei welchen sie in einem kleinen Topf etwas koch-
te. Die Tochter warnte die beiden, vorsichtig zu sein, 25
nichts zu essen und nichts zu trinken; denn die Alte
braue böse Getränke. Sie schliefen ruhig bis zum
frühen Morgen. Als sie sich zur Abreise fertig machten, und der Königssohn schon zu Pferde saß, sprach
die Alte: „warte einen Augenblick, ich will euch erst 30
einen Abschiedstrank reichen." Während sie ihn hol-
te, ritt der Königssohn fort, und der Diener, der seinen Sattel festschnallen mußte, war allein noch
zugegen, als die böse Hexe mit dem Trank kam. „Das
bring deinem Herrn", sagte sie, aber in dem Augen- 35
blick sprang das Glas, und das Gift spritzte auf das
Pferd und war so heftig, daß das Tier gleich tot hin-
stürzte. Der Diener lief seinem Herrn nach und erzählte ihm, was geschehen war, wollte aber den Sattel
nicht im Stich lassen und lief zurück, um ihn zu ho- 40
len. Wie er aber zu dem toten Pferde kam, saß schon
ein Rabe darauf und fraß davon. „Wer weiß, ob wir
heute noch etwas Besseres finden", sagte der Diener,
tötete den Raben und nahm ihn mit. Nun zogen sie
in dem Walde den ganzen Tag weiter, konnten aber 45
nicht herauskommen. Bei Anbruch der Nacht fanden
sie ein Wirtshaus und gingen hinein. Der Diener gab
dem Wirt den Raben, den er zum Abendessen bereiten sollte. Sie waren aber in eine Mördergrube geraten, und in der Dunkelheit kamen zwölf Mörder und 50
wollten die Fremden umbringen und berauben. Eh'
sie sich aber ans Werk machten, setzten sie sich zu
Tisch, und der Wirt und die Hexe setzten sich zu ihnen, und sie aßen zusammen eine Schüssel mit Sup-

Gebrüder Grimm *(Jacob 1785 - 1863, Wilhelm
1786 - 1869), bekannt als Sammler und Herausgeber der „Kinder- und Hausmärchen" (1812 -
1815) und des „Deutschen Wörterbuchs" (1852).
Vor allem Jacob Grimm war ein bedeutender Wissenschaftler, der als Begründer der modernen Ger-
manistik gilt und sich durch Forschungen und
Standardwerke über Grammatik, Sprach- und Lite-
raturgeschichte, Altertumskunde, Mythologie u. a.
einen Namen machte. Politisch unterstützten die
Gebrüder Grimm die deutsche Freiheits- und Ein-
heitsbewegung gegen die Restauration in der Zeit
nach Napoleon.*

⁵⁵ pe, in die das Fleisch des Raben gehackt war. <u>Kaum</u>
aber hatten sie ein paar Bissen hinuntergeschluckt,
so fielen sie alle tot nieder; denn dem Raben hatte sich
das Gift von dem Pferdefleisch mitgeteilt. Es war <u>nun</u>
niemand mehr im Hause übrig als die Tochter des
⁶⁰ Wirts, die es redlich meinte und an den gottlosen Dingen keinen Teil genommen hatte. Sie öffnete dem
Fremden alle Türen und zeigte ihm die angehäuften
Schätze. Der Königssohn aber sagte, sie möchte alles
behalten, er wollte nichts davon und ritt mit seinem
⁶⁵ Diener weiter.

    <u>Nachdem</u> sie lange herumgezogen waren, kamen
sie in eine Stadt, worin eine schöne, aber übermütige
Königstochter war; die hatte bekanntmachen lassen,
wer ihr ein Rätsel vorlegte, das sie nicht erraten könn-
⁷⁰ te, der sollte ihr Gemahl werden: erriete sie es aber,
so müßte er sich das Haupt abschlagen lassen. <u>Drei</u>
Tage hatte sie Zeit, sich zu besinnen, sie war aber so
klug, daß sie immer die vorgelegten Rätsel vor der bestimmten Zeit erriet. <u>Schon</u> waren neune auf diese
⁷⁵ Weise umgekommen, als der Königssohn anlangte
und von ihrer großen Schönheit geblendet sein Leben
daransetzen wollte. Da trat er vor sie hin und gab ihr
sein Rätsel auf: „was ist das", sagte er, „einer schlug
keinen und schlug doch zwölfe." Sie wußte nicht, was
⁸⁰ das war, sie sann und sann, aber sie brachte es nicht
heraus; sie schlug ihre Rätselbücher auf, aber es stand
nicht darin: kurz, ihre Weisheit war zu Ende. Da sie
sich nicht zu helfen wußte, befahl sie ihrer Magd in
das Schlafgemach des Herrn zu schleichen, da sollte
⁸⁵ sie seine Träume behorchen, und dachte, er rede vielleicht im Schlaf und verrate das Rätsel. Aber der kluge Diener hatte sich statt des Herrn ins Bett gelegt,
und <u>als</u> die Magd herankam, riß er ihr den Mantel ab,
in den sie sich verhüllt hatte, und jagte sie mit Ru-
⁹⁰ ten hinaus. In der zweiten N<u>acht</u> schickte die Königstochter ihre Kammerjungfer, die sollte sehen, ob es
ihr mit Horchen besser glückte, aber der Diener nahm
auch ihr den Mantel weg und jagte sie mit Ruten hinaus. <u>Nun</u> glaubte der Herr für die dritte Nacht si-
⁹⁵ cher zu sein und legte sich in sein Bett; da kam die
Königstochter selbst, hatte einen nebelgrauen Mantel umgetan und setzte sich neben ihn. Und <u>als</u> sie
dachte, er schliefe und träumte, so redete sie ihn an
und hoffte, er werde im Traume antworten, wie vie-
¹⁰⁰ le tun: aber er war wach und verstand und hörte alles sehr wohl. Da fragte sie: „einer schlug keinen, was
ist das?" Er antwortete: „ein Rabe, der von einem toten und vergifteten Pferde fraß und davon starb."

Weiter fragte sie:
„und schlug doch zwölfe,
was ist das?" - „Das sind zwölf Mörder,
die den Raben verzehrten und daran starben." <u>Als sie</u>
das Rätsel wußte, wollte sie sich fortschleichen, aber
er hielt ihren Mantel fest, daß sie ihn zurücklassen
mußte. <u>Am andern M</u>orgen verkündigte die Königs- ¹¹⁰
tochter, sie habe das Rätsel erraten, und ließ die zwölf
Richter kommen und löste es vor ihnen. Aber der
Jüngling bat sich Gehör aus und sagte: „sie ist in der
Nacht zu mir geschlichen und hat mich ausgefragt;
denn sonst hätte sie es nicht erraten." Die Richter ¹¹⁵
sprachen: „bringt uns ein Wahrzeichen." Da wurden
die drei Mäntel von dem Diener herbeigebracht, und
<u>als</u> die Richter den nebelgrauen erblickten, den die
Königstochter zu tragen pflegte, so sagten sie: „laßt
den Mantel sticken mit Gold und Silber, so wird's ¹²⁰
Euer Hochzeitsmantel sein."

¹⁰⁵

Der Tag des Reichtums

Peter Altenberg

Ich wollte einmal einen halben Tag lang das Leben eines Reichen erleben. Ich ließ mich
von einer reizenden Frau und ihrem Gatten in ihrem Mercedes vom Hause aus abholen. Ich fuhr zu meinem Raseur, Teinfaltstraße, mich verjüngen zu lassen, besonders
mit der Menthol-Franzbranntwein-Spritze auf den Kopf. Ein Ersatz für jedes kalte Bad!
5 Dann fuhren wir nach Baden. Dort badeten wir in den Kurhauswannenbädern, vier-
undzwanzig Grad Celsius. Dann ließen wir uns kühle Hotelzimmer aufsperren und
schliefen eine halbe Stunde lang. Dann aßen wir Solospargel, Hirn en fricassé. Dann
fuhren wir weiter, nach Heiligenkreuz. In kühler Halle tranken wir duftenden Tee mit
Zitrone.
10 Abends zurück, in eiliger Fahrt.
Die Wiesen dufteten, und die Wälder standen schwarz und unbeweglich-melancholisch
unter dem Abendhimmel, der leise leuchtete.
In Wien verabschiedete ich mich.
Im Café Ritz fand ich jene junge Dame, die schon lange meine Augen beglückte. Brau-
15 nes Haar, blauer Strohhut, Stumpfnase. Ich wollte den Tag feierlich beschließen. Ich
sandte ihr drei wunderbare ganz dunkle Rosen und einen Eierpunsch, dieses Lieb-
lingsgetränk der meisten solchen Damen. Sie nahm es huldvollst an, ausnahmsweise.
Sie kam an meinen Tisch und sagte:
„Macht es Ihnen wirklich eine so große Freude, mir Aufmerksamkeiten zu erweisen?!?"
20 „Ja gewiß, sonst täte ich es ja nicht!"
„Also, dann brauche ich ja nicht dankbar dafür zu sein ——?!"
„Nein, keineswegs. Sondern ich Ihnen!"
Das war der Tag des Reichtums ——

Raseur:
(Herren-)Friseur, der auch rasiert und
kosmetische Behandlungen durchführt

Peter Altenberg (1859–1919),
österreichischer „Kaffeehaus"-
Literat und Bohemien. Meister
literarischer Kurzformen vom
Aphorismus bis zur Kurzge-
schichte.

Gertrud

Kurt Schwitters

*Gertrud K. war ein schlankes Mädchen mit einem Ausdruck im Gesicht, daß man wuß-
te, sie war dabei mit ihrem Herzen und ihrer Hand. Das Gesicht versprach alles, un-
terhaltsame Stunden, Freude und besonders Teilnahme an dem, was ihren Freund
anging. Deshalb hatte ich sie lange gern, als sie noch kurze Kleider trug. In der Straßen-*
5 *bahn bestaunte ich sie, und wenn ich als Primaner draußen in meinen freien Zeiten
Landschaft malte, war mein größter Wunsch, sie möchte vorbeikommen, stehenbleiben
und meine Kunst gehörig bewundern.*
*Wie war ich froh, als sie zufällig an dem Tanzkursus teilnahm, bei dem ich eingeschrieben
war. So konnte ich sie beim Tanzen mit dem Arm stützen und sie ganz nah betrachten.*
10 *Wir lernten natürlich zuerst die leichteren Tänze. Als wir aber schon die Quadrille
konnten, fragte Gertrud mich bei einer kurzen Tour, die wir zusammen tanzten: „Ist
Liebe nicht ein schönes Wort?"*
*Natürlich errötete ich und wußte nichts darauf zu sagen. Ich mied sie sogar, da ich
fürchtete, noch einmal verlegen zu werden, und sie heiratete, ohne daß ich wußte, wen*
15 *und wohin.*

Geständnis

Ich habe ein großes Gefühl für dich.

*Wenn ich an dich denke,
gibt es mir einen Schlag.
Wenn ich dich höre,*
5 *gibt es mir einen Stoß.
Wenn ich dich sehe,
gibt es mir einen Stich:
Ich habe ein großes Gefühl für dich.*

Soll ich es dir vorbeibringen,
10 *oder willst du es abholen?*

Robert Gernhardt

Grundgesetz für die
Bundesrepublik Deutschland
Artikel 6:

(1) Ehe und Familie stehen unter
dem besonderen Schutz der
staatlichen Ordnung.

Von
Männern,
Frauen
und ihren Kindern

Typisch Frau? – Typisch Vorurteil!

Typisch Frau heißt's, wenn sie falsch einparkt. Typisch Frau, wenn sie im Bad wieder Stunden braucht. FÜR SIE sagt, was wirklich typisch weiblich ist – und was einfach nicht stimmt.

Spieglein, Spieglein an der Wand ... Julia ziehen sie magisch an. Sie muß ständig hineingucken, prüfen, ob alles an ihr stimmt. Wenn Sie z.B. im Auto zum Fitneß-Studio fährt, guckt sie an jeder roten Ampel in den Rückspiegel. Freut
6 sich über ihren neuen Lidschatten, zieht noch mal die Lippen nach. Überrascht ihr Mann Lutz sie dabei, sagt er immer: „Typisch Frau."

Er hat recht: Drei von vier Frauen kommen an keinem
10 Spiegel vorbei. Insgesamt schauen Sie sogar 110 Stunden, also fast fünf Tage im Jahr, hinein. Das ergab eine neue Studie des Bundesverbandes der Glasindustrie. Ist ja auch verständlich: Frauen müssen von Zeit zu Zeit das Make-up auffrischen, ihre Frisur kontrollieren. Gut auszusehen
15 ist ihnen eben „anerzogen". Und wie sieht's bei den Männern aus? Der Hamburger Psychologe Michael Thiel behauptet: „Männer sind genauso eitel wie Frauen - aber heimlich. Sie würden nie offen den Spiegel aus der Tasche holen und sich den Scheitel ziehen, denn das finden sie
20 unmännlich."

Logisch, daß Frauen sich auch im Bad länger aufhalten. Dort sind sie wahre Künstler: Für ein perfektes Styling inklusive Zähneputzen und Dusche brauchen sie 27 Minuten. Männer sind zwar fünf Minuten schneller, schaffen
25 aber in dieser Zeit (22 Minuten) erheblich weniger. Ihre Morgentoilette besteht schließlich nur aus Duschen, Rasieren, Kämmen und Zähneputzen.

Daß Frauen eitler sind als Männer ist nicht das einzige Klischee: Wir haben die häufigsten Vorurteile für Sie auf-
30 gelistet:

• *Frauen sind Weltmeister im Zuspätkommen*
Falsch. Sie sind sogar einen Tick pünktlicher (48 Prozent) als Männer (45 Prozent). Das ergab eine Allensbach-Umfrage. Die Hamburger Psychologin Sybille Weber erklärt,
35 woran es liegt: „Wer pünktlich ist, hat gelernt, sich zu organisieren. Und das können Frauen einfach besser."

• *Frauen sind „Quasselstrippen"*
Stimmt. Die Telekom hat die Zeit pro Gespräch mitgestoppt: Frauen hängen durchschnittlich 10,4 Minuten in
40 der Leitung. Männer dagegen nur 7,8 Minuten. Zudem greifen Frauen viel öfter zum Telefonhörer. 90 Prozent von ihnen führen mehr als 20 Gespräche pro Woche. Grundverschieden sind auch die Gesprächsinhalte. Frauen trösten eine Freundin, plaudern über Gott und die Welt und tuscheln gern. Dagegen beschränken sich Männer auf 45 den Austausch von Informationen.

• *Frauen haben nah am Wasser gebaut*
Richtig. Sie vergießen fünfmal mehr Tränen als Männer. Denen ist das Weinen vor anderen peinlich (82 Prozent), wie eine Studie der Münchner Gesellschaft für Rationelle Psychologie ergab. Daß Frauen leichter weinen, liegt 50 nicht an einer labilen Psyche, sondern an dem Hormon Prolaktin. Es ist im Körper der Frau um 60 Prozent höher als beim Mann.

• *Frauen vertragen weniger Alkohol*
Stimmt. Der Mediziner Dr. Arthur Güthner aus Tübingen 55 erklärt: „Bei Frauen geht der Alkohol ungefiltert ins Blut. Bei Männern sorgt ein Enzym schon im Magen für den Abbau des Alkohols." Zudem haben Frauen meist weniger Körpergewicht als Männer, so daß zwei Gläser Wein 60 bei ihnen so wirken wie drei Gläser beim Mann.

• *Frauen fahren schlechter Auto*
Irrtum. Frauen fahren nicht schlechter, sie fahren nur anders - defensiver. Das Bundesamt für Statistik belegt: 71 Prozent aller Autounfälle mit Verletzten gehen auf das 65 Konto der Männer. Viele Auto-Versicherer haben darauf bereits reagiert, belohnen den vorsichtigeren Fahrstil der Frauen mit günstigeren Versicherungtarifen.

• *Rothaarige sind selten treu*
Jeder zweite Mann hält Rothaarige für besonders sexy, 70 doch nur jeder fünfte glaubt an ihre Treue. Das ermittelte das Hamburger Gewis-Institut. Die Berliner Psychologin Konstanze Fakih erklärt, woran es liegt: „Rothaarige wirken auf Männer wie ein unberechenbares Geheimnis. Wo sie auftauchen, stehen sie im Mittelpunkt, also unterstellt 75 man ihnen auch Abenteuerlust." Doch der Mythos von der männerverschlingenden rothaarigen Frau ist eben nur ein Mythos. Die Psychologin behauptet: „Sie sind sogar weniger untreu als andere Frauen. So wie sie als Kind lernten, ihre auffällige Haarfarbe zu akzeptieren, verhalten sie 80 sich auch als erwachsene Frau. Wenn sie eine Beziehung eingegangen sind, setzen sie diese nicht leichtfertig aufs Spiel."

Für Sie, Jahreszeiten – Verlag, Hamburg, 23.11.1994

Rollenbilder: Altes und Neues

Die Weiber sind nie bei sich und wollen darum, daß auch die Männer nicht bei sich seien, sondern bei ihnen.

Karl Kraus, österreichischer Schriftsteller, 1874 - 1936

Typisch für die Frau ist das viel zu geringe Selbstbewußtsein. Typisch für den Mann ist entsprechend die Selbstüberschätzung. Das hat häufig fatale Folgen. So sterben zum Beispiel im Haushalt mehr Männer als Frauen, weil sie elektrisches Gerät reparieren, ohne eine Ahnung davon zu haben, und sich dann einen tödlichen Schlag holen.

Luise Pusch, feministische Sprachwissenschaftlerin

Ich persönlich wollte mich mein ganzes Leben mal an einen starken Mann anlehnen, das hat nie richtig geklappt. In der Mode, in der Arbeit und in der Sexualität müssen wir euch Männern ja auch bald alles vormachen.

Elisabeth Volkmann, Schauspielerin

Liz Taylor und James Dean in „Giganten"

Männer stehen ja immer als die harten Typen da. Sie ziehen in den Krieg, robben durch Schützengräben, schießen aufeinander. Aber laß sie mal versuchen, zu Hause zu bleiben und drei Kinder großzuziehen. Das ist cool, das ist, was ich hart nenne.

Tricky, Rap-Sänger

Weiber lesen in fremden Herzen besser als im eigenen.

Jean Paul, deutscher Schriftsteller, 1763 - 1825

Der Künstler darf still und einsam leiden, die Künstlerin muß trotzdem schauen, daß die Kinder in den Kindergarten kommen und mittags das Essen auf dem Tisch steht. Warum das so ist, weiß ich auch nicht.

Doris Dörrie, Filmemacherin

Das Herz hat kein Geschlecht.

Oliviero Toscani, Fotograf

Männer verlieben sich mit ihren Augen, Frauen mit ihren Ohren.

Rita Mae Brown, Schriftstellerin

Eine kluge Frau sagte mir einst: Die Männer sind sich ohne weiteres klar darüber, was sie bei uns erreicht haben; aber was sie alles bei uns nicht erreicht haben, davon haben sie meistens keine Ahnung.

Arthur Schnitzler, österreichischer Schriftsteller, 1862 - 1931

Daß Frauen im Schach noch nicht ganz das Niveau der Männer erreicht haben, liegt allein daran, daß wir noch nicht so lange spielen, noch nicht so viel Unterstützung bekommen und vor allem lange nicht an uns geglaubt haben. Die nötige Aggressivität für das Spiel ist eher eine Frage der Individualität, nicht des Geschlechts.

Susan Polgar, Schach-WM-Finalistin

Gibt's da überhaupt einen Unterschied? Ich habe immer gehört, es gebe zumindest einen gewissen kleinen, aber da bin ich mir auch nicht so sicher.

Lothar G. Buchheim, Schriftsteller

Frauen und Männer in Führungspositionen – Unterschiede?

Frauen:	*Männer:*
leiten an und unterstützen	weisen an und delegieren
sind integrativ und kooperativ	legen Rangordnung fest
legen weniger Wert auf Statussymbole	legen großen Wert auf Statussymbole
erwarten angemessene Leistung	fordern angemessene Leistung
„wir" ist wichtiger als „ich"	„ich" ist wichtiger als „wir"
lassen Emotionen zu	lehnen Emotionen ab
suchen Nähe	halten Distanz
Konflikte stören	Konflikte sind normal
beziehen Mitarbeiter in Entscheidungen mit ein	lieben einsame Entscheidungen
Anerkennung und Lob	Kritik und Nichtbeachtung
Macht haben, nutzen, teilen	Macht bekommen, nutzen, ausbauen
Menschen und Prozesse sind wichtig	die Sache und das Ergebnis sind wichtig

Diese Thesen sind Grundlage z.B. in deutschen Managerseminaren.

Die Chefs bleiben männlich

Frauen und Karriere: Spezielle Förderungen nehmen ab

Die großen Unternehmen schweigen es tot, vermeiden Presseerklärungen und Verlautbarungen und sprechen stattdessen von „Geschlechtsneutralität" – die psychologische Forschung aber ist dem Thema auf der Spur. Es
5 geht um die Förderung von Frauen in Führungspositionen. Noch vor fünf Jahren, das hat Jürgen Schultz-Gambard von der Universität München herausgefunden, machten Unternehmen gerne Eigenwerbung mit ihrer Frauenförderung. Inzwischen hätten spezielle Förderungen zuguns-
10 ten von Managerinnen „signifikant abgenommen". Grund genug, das Thema unter den Tisch fallen zu lassen? Befragt wurden die 178 umsatz- und personalstärksten Unternehmen der alten Bundesländer. Die einzige gute Nachricht: Die Zahl der geschlechtsneutral formulierten Stellen-
15 anzeigen hat zugenommen. Die vielen schlechten Nachrichten: Flexible Arbeitszeitmodelle und Kinderbetreuung hätten nicht zugenommen. Spezielle Fördermaßnahmen und Laufbahnberatung für Frauen dagegen hätten deutlich abgenommen. Der Anteil der Frauen im Management be-
20 trage nach wie vor zwei bis drei Prozent. Fazit: „Es gibt überhaupt keine Besserung, sondern im Gegenteil Stagnation bis Rückgang."
Auch die Ergebnisse von Gambards zweiter Studie waren Hiobsbotschaften. „Auf erstaunliche Art und Weise ent-
25 wickelt sich das Gehalt von Frauen und Männern nach vier

bis fünf Berufsjahren auseinander." Die Männer verdienen „plötzlich" ungleich mehr. Daß Frauen für das gleiche Ziel das Doppelte an Leistung im Vergleich zu Männern erbringen müßten, sei jedoch nicht der Fall. Unter dem beruflichen Erfolg der Frauen leide vielmehr deren Privat- 30
leben. Karrierebewußte Frauen müßten Abstriche hinsichtlich des Familienlebens und der Partnerschaft hinnehmen. Männern dagegen bleibe alles: Ehefrau, Kinder, Versorgung und Geborgenheit daheim plus Karriere. An berufstätige Männer und Frauen stellte Gambard die Frage: „Wer 35
ist für die Kinder zuständig?" 94 Prozent der Männer antworteten: „Meine Frau." 100 Prozent der Frauen antworteten: „Ich selbst." Die Alternative bleibt Doppelbelastung oder Verzicht auf Mutterschaft.

Von Claudia Wessel, gekürzt, aus Süddeutsche Zeitung, 25.9.1996

Die meisten wohnen bei den Eltern

Die meisten 18- bis 25-jährigen strecken ihre Beine
noch unter dem elterlichen Tisch aus. Fast zwei Drittel (636 von 1000) der jungen Erwachsenen wohnen
mit ihren Erzeugern unter einem Dach. Das geht aus
5 einer Untersuchung des Statistischen Bundesamtes
hervor. Nur ein gutes Drittel hat das Elternhaus verlassen. Die meisten davon sind verheiratet oder wohnen mit einem Partner oder einer Partnerin zusammen.
Der Rest lebt als Single, als Alleinerziehende(r) oder
10 mit Freunden und Bekannten in einer Wohngemeinschaft.

Globus-Kartendienst und Statistisches Bundesamt –
Im Blickpunkt: Familie heute, 6.6.1995

**So leben die
jungen Erwachsenen**

Von je 1 000 Bundesbürgern
im Alter zwischen 18 und 25 Jahren
leben

636	bei den Eltern oder einem Elternteil
128	mit Ehepartner(in)
121	allein
84	in nichtehelicher Lebensgemeinschaft
18	in Wohngemeinschaft
13	als Alleinerziehende

© Globus

Quelle: Stat. Bundesamt

2705

Füße unter

Ich selbst war mit 18
von zu Hause weggegangen, weil ich
dort nicht das ler-
5 nen konnte, was
ich wollte. Da war
ich nun, als Landkind in der
stadt, noch dazu im Ausland, ohne Sprachkenntnisse und ohne großartige Berufsaussich-
10 ten. Es war nicht immer einfach, aber dieser
Schritt war sehr wichtig für meine persönliche
Entwicklung. Lange bevor ich Kinder hatte,
war mir daher klar, dass ich versuchen würde,
meine eigenen Kinder frühzeitig zur Selbst-
15 ständigkeit zu erziehen.
Als mein Sohn dann sein Abitur hatte, zog er
frohen Herzens aus unserer gemeinsamen Woh-

nung in eine andere abgeschlossene Wohnung
im selben Haus aus. Für ihn öffnete sich eine
neue Welt, für mich dagegen brach sie zusam- 20
men. 19 Jahre war ich als Mutter immer für
die Kinder da gewesen, plötzlich sollte ich
nicht mehr gebraucht werden! Nur langsam
konnte ich mich an das „neue" Leben gewöh-
nen. Als meine Tochter dann ein Jahr später 25
folgte, war es schon fast selbstverständlich.
Auch sie blieb im selben Haus, wohnt aber seitdem in einer eigenen Wohnung. Denn ich hatte verstanden, dass die Beziehung zu den
erwachsenen Kindern sich zwar ändert, wenn 30
sie ausgezogen sind, aber sie bekommt auch
eine neue Qualität. Und für die Kinder ist es
nur von Vorteil!

Lisa, geboren 1942

Wie gut kann ich mich noch an jenen Tag vor vielen Jahren erinnern: Ich war 19, hatte gerade das Abitur gemacht und danach ein halbes Jahr gejobbt. Jetzt ging's in die Großstadt, der VW-Bus stand vollgepackt im Hof. Mutter flüsterte mir noch Ermahnungen ins Ohr und Vater stand etwas verlegen dabei. Umarmungen, wir stiegen ein und fuhren los: Der Auf-
5 bruch in ein anderes Leben. Endlich die Wände grün streichen zu können und den Kühlschrank rosa, nachts um zwei Uhr Spaghetti zu kochen und so viele Freunde übernachten zu lassen, wie man wollte. Vorbei die endlosen Diskussionen am Mittagstisch über die Länge der Haare und den Beruf des Freundes: war das ein Gefühl! Die ersten eigenen vier Wände! Es waren zwar nur 10 qm in einer Wohngemeinschaft ohne Dusche und mit Toilette
10 auf dem Gang, aber es war wunderbar!

Karin, geboren 1961

Sowohl in den alten als auch in den neuen Bundesländern verlassen Mädchen deutlich früher das Elternhaus als Jungen. Im Alter zwischen 21 und 24 Jahren woh-
5 nen knapp 60 Prozent der jungen Männer und nur rund 30 Prozent der jungen Frauen noch zu Hause. Und während 9 von 10 Frauen zwischen 25 und 27 längst ausgezogen sind, sitzt ein komplettes Drittel der
10 gleichaltrigen Männer weiterhin an Mutters Küchentisch.

Nach: Neunter Jugendbericht, Bundesministerium für Familie, Senioren, Frauen und Jugend 1994

Offensichtlich ist es heute vorbei mit den tiefen Konflikten zwischen Jugendlichen und ihren Eltern, wie man sie aus den 80er Jahren kennt. Nicht einmal mehr über die Sexualmoral wird zu Hause gestritten, vielmehr sind die Eltern Partner ge- 15 worden, mit denen man diskutieren kann. Fast zwei Drittel der jungen Deutschen finden ihre Beziehung zum Vater gut und zur Mutter noch besser. Insgesamt kann man sagen, daß in der heutigen für Jugendliche schwierigen Zeit das Elternhaus der Ort geworden ist, wohin man sich zurückziehen kann, wo 20 man sich geborgen fühlt. Rund 85 % der Jugendlichen finden bei ihren Eltern Hilfe, wenn sie persönliche Probleme haben.

Nach: Neunter Jugendbericht, Bundesministerium für Familie, Senioren, Frauen und Jugend 1994

Mamas Tisch?

Wie wohnen Jugendliche in Deutschland? (Zahlen sind bezogen auf die alten Bundesländer)				
		Ledige	Ledige	nicht mehr Ledige (in %)
Alter von ... bis ... Jahren	Jahr	bei den Eltern bzw. einem Elternteil lebend (in %)	nicht bei den Eltern bzw. einem Elternteil lebend (in %)	
19 - 20	1972	80,8	6,9	12,3
	1987	87,8	9,6	2,6
	1992	86,8	8,9	4,3
24 - 25	1972	26,4	10,6	63
	1987	37,3	30,8	31,9
	1992	40,7	33,7	25,6
29 - 30	1972	8,7	7,4	83,9
	1987	11,6	21,2	67,2
	1992	12,2	27,2	60,6

Statistisches Bundesamt (Hrsg.), Im Blickpunkt: Familien heute. Stuttgart 1990, S. 29 und Stuttgart 1995, S. 11

Auf der Straße. Eine Reportage

Was ist „Streetwork"?

„Streetwork" kann man als „Sozialarbeit auf der Straße" bezeichnen. Das bedeutet, die Sozialarbeiter suchen Jugendliche auf, die kein Zuhause haben und auf der Straße le-
5 ben, und kümmern sich um sie. Diese Jugendlichen bitten nur selten von sich aus um Hilfe und gehen schon gar nicht zu einer Behörde. Die Zusammenarbeit der Jugendlichen mit den „Streetworkern" muss
10 deshalb absolut freiwillig geschehen.
Die Betreuung der Jugendlichen kann in folgenden Bereichen erfolgen:
Die aufsuchende Arbeit: Streetworker und Streetworkerinnen machen abends und
15 nachts Rundgänge durch die Innenstadt, um sich ein Bild von der Lebenssituation der Straßenkinder zu machen. Sie suchen sie an den Orten auf, wo sie sich regelmäßig aufhalten (Kneipen, bestimmte Plätze, Parks
20 usw.). Dort versuchen sie z.B. abends dabei zu sein, mit ihnen Verabredungen zu treffen, Botschaften zu überbringen und mit ihnen in Kontakt zu bleiben.
Die begleitende Arbeit: Die Streetworker
25 begleiten die Jugendlichen zu verschiedenen Ämtern, etwa zu „Sozialstationen" (z.B. Einzelbetreuung), zur „Gefährdetenhilfe" (hilft Obdachlosigkeit zu verhindern) oder zur Polizei, weil die Jugendlichen entweder
30 Angst haben oder dringend Schutz brauchen, z.B. bei schwierigen Gesprächen auf der Polizei.
Büroarbeit und Präsenz: Es gibt auch ein Büro mit festen Öffnungszeiten (10 – 17
35 Uhr), wo immer mehrere Sozialarbeiter bzw. -arbeiterinnen da sind. Jugendliche, die Hilfe brauchen, können sich dort im Büro aufhalten, telefonieren, ihre Probleme besprechen und zusammen mit den Sozial-
40 arbeitern Lösungsmöglichkeiten suchen.
Unterbringung: Viele Jugendliche, die kein Zuhause haben, können kurzfristig in „Sleep-ins", Drogenzentren, Häusern für Obdachlose (Menschen ohne festen Wohnsitz)
45 oder Hotels wohnen. Die Streetworker helfen ihnen auch, wenn sie auf längere Zeit in Häusern leben möchten, in denen man sich um hilfesuchende Jugendliche kümmert.

Ein Fall aus den Akten der „Streetwork" in Frankfurt am Main (ein Auszug aus dem Bericht)

1979	Geboren in Frankfurt.
1981	Scheidung der Eltern. Der Vater erhält das Sorgerecht.
1981-90	Lebt beim Vater. Dieser zieht oft um in Frankfurt, hat ein Geschäft, keine Zeit für seinen Sohn, aber Schulden.
1990	Der Junge gilt als verwahrlost und bekommt eine Jugendhilfe-Akte beim ASD[1]), geht nicht mehr zur Schule.
1991	Zerstreitet sich mit dem Vater und fährt in die Türkei zur Oma (ca. 4 Monate), lebt in Frankfurt auf der Straße und dealt[2]).
1992	Lebt beim Vater, der wieder geheiratet hat. Möchte zur Familie gehören, Streit mit Stiefmutter. Der Vater schmeißt ihn raus, er bricht in dessen Wohnung ein, Vater sucht ihn. Er geht ins „sleep-in", zertritt die Eingangsglastüren, kommt in die Psychiatrie Eltville. Der Vater erklärt dort: Er ist jetzt 13 Jahre alt, er ist groß genug, muß sich jetzt um sich selber kümmern, von mir hat er nichts mehr zu erwarten. Dies ist im ärztlichen Bericht dokumentiert, der Bericht kommt in die Akte.
1993	Der Junge dealt, fährt in die Türkei, wohnt bei der Oma und auf der Straße. Nach Raubüberfall 4 Monate Haft in Ankara.
1994	Lebt in Frankfurt, dealt, macht kleine Überfälle, klaut, wohnt in der Dealerszene, ist manchmal im „sleep-in", raucht Hasch.
7/94	Kontakt mit „Streetwork", wir lernen ihn kennen, mein Kollege Rudi kümmert sich um ihn, er wird aber auch vom ganzen Team mitgetragen, wir bauen eine gute Beziehung auf. Er möchte in Frankfurt irgendwo wohnen.
8/94	Kommt in die Kurzzeiteinrichtung und fliegt nach Einbruch raus.
9/10/94	Er ist im „sleep-in" und bekommt dort Hausverbot. Er wird in 3 Jugendhilfeeinrichtungen vorgestellt, will in keiner bleiben.
11/94 bis 8/95	Wohnt im Hotel, dealt, nimmt selbst Drogen, raucht Crack, dann Heroin um „runterzukommen", ist zeitweise aggressiv, paranoid. Wir halten Beziehung und Kontakt, stellen ihn 4 weiteren Jugendhilfeeinrichtungen vor, er will keine davon. Eine Studentin betreut ihn ergänzend zu uns ehrenamtlich.

Der zuständige Streetworker Niemann berichtet:
Betreuungszeitraum 8/94 bis 8/95 durch Streetwork Innenstadt
1. Er wurde von 11/94 bis Ende 8/95 notversorgt mit einem Hotelzimmer und Hilfe zum Lebensunterhalt. 2. Ich habe ihn bei zwei Gerichtsprozessen begleitet. 3. Ich habe ihn im Rahmen einer gerichtlichen Betreuungsweisung betreut. 4. In Zusammenarbeit mit ASD und WISO[3]) wurde eine Vormundschaft für ihn beantragt und erhalten, und ein Amtsvormund eingesetzt. 5. Wir haben ihn neun Jugendhilfeeinrichtungen vorgestellt, um eine Hilfe zur Erziehung nach §34 KJHG[4]) vorzunehmen. 6. Mit ihm ist ausreichend Motivationsarbeit geleistet worden, daß er sich nunmehr auf eine passende Jugendhilfemaßnahme einlassen kann.

1) ASD = Allgemeiner Sozialdienst; 2) dealen = (aus dem Englischen) mit Drogen handeln; 3) WISO = Stelle im Sozialamt, die finanzielle Unterstützung leistet; 4) KJHG = Kinder- und Jugendhilfegesetz

Lernen

„Wissen ist Macht,
nichts wissen
macht auch nichts."

leicht
gemacht

„Eine Lösung
hatte ich,
aber die passte
nicht zum Problem."

Behalten oder vergessen?

Die Funktion unseres Gehirns

Hundert Milliarden bis zu einer Billion Nervenzellen hat das menschliche Gehirn, und jede steht wiederum mit Tausend anderen in Verbindung. Das wird doch ausreichen, um
5 sich den Namen eines Regisseurs oder die Geheimzahl der Scheckkarte merken zu können, sollte man meinen!

Doch Tests haben gezeigt, dass das meiste von dem, was wir wahrnehmen, an uns vorbeirauscht, ohne im Gedächtnis gespeichert zu werden: Es gelangt 10 nur ins Ultrakurzzeit-Gedächtnis und wird innerhalb von wenigen Millisekunden sofort wieder vergessen. Und das ist von der Natur auch gut eingerichtet so, denn stellen wir uns einmal vor, wir könnten nichts vergessen und müssten uns an alles erinnern! Welch 15 schreckliche Vorstellung!

Was aber muss geschehen, damit eine Information, die wir fühlen, riechen, schmecken, hören oder sehen, auch ins Langzeitgedächtnis gelangt? Sie muss das Ultrakurz- 20 zeit-Gedächtnis wie einen Filter passieren und als relevant erkannt werden. Erst dann gelangt sie ins Kurzzeit-Gedächtnis. Dort wird wiederum selektiert und entschieden, ob die Information wirklich gespeichert 25 werden soll. Erfolgreich ist die Speicherung dann, wenn die neue Information in eine vorhandene „Schublade" passt, das heißt, wenn sie mit etwas Bekanntem, schon Gespeichertem in Verbindung gebracht wer- 30 den kann. Im Falle eines neuen Wortes können diese Verbindungen etwa folgendermaßen beschaffen sein:

- Das neue Wort passt zu einem Wort mit ähnlicher Bedeutung oder Struktur (*ein-* 35 *kaufen* passt zu *verkaufen*)

- das neue Wort erzeugt eine mir bekannte bildliche Vorstellung (beim Wort *Friede* sehe ich einen See meiner Kindheit vor mir) 40

- es erinnert mich an einen Geruch (bei dem Wort *Duft* kommt mir der Geruch frisch gemahlenen Kaffees in die Nase)

- es lässt mich einen Klang assoziieren (bei dem Wort *Glocke* kommt mir ihr Klang 45 in den Sinn)

- ich verbinde es mit etwas, das ich fühlen kann (bei *Nuss* denke ich an etwas Hartes)

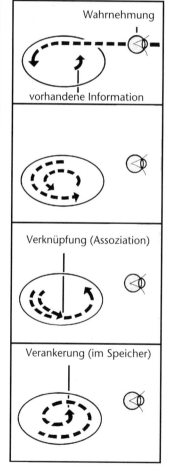

Ultrakurzzeit-Gedächtnis: erster Filter für Wahrnehmungen.
Im Ultrakurzzeit-Gedächtnis ankommende Wahrnehmungen klingen nach wenigen Sekunden ab,

... wenn sie nicht mit bereits vorhandenen, im Gehirn kreisenden Gedanken verknüpft (assoziiert) werden.

50 Am sichersten ist eine neue Information allerdings gegen das Vergessen geschützt, wenn möglichst viele dieser Beziehungen gleichzeitig hergestellt werde können: Das Neue ist dann sozusagen in ein gedankliches Netz gebunden.

55 Dieses Netz ist aber auch die Voraussetzung dafür, dass die Information wieder abgerufen werden kann, dass sie erinnert werden kann, wenn uns ein entsprechender Impuls erreicht.

Und auch hier gilt: je mehr Verbindungen bestehen, 60 desto leichter ist sie wiederzufinden.

In diesem „Vernetzen" liegt die Ursache dafür, dass ein einmaliges Hören oder Lesen beispielsweise eines neuen Wortes nur sehr selten von Erfolg gekrönt ist.

Erst eine intensive Auseinandersetzung oder häufi- 65 ges Wiederholen und Anwenden in unterschiedlichen Situationen und Kontexten schafft die nötigen Gedankenverbindungen. Nur so geben wir dem Vergessen keine Chance mehr.

Der Lokomotivführer aus dem Roman „Die Abenteuer des braven Soldaten Schwejk" sollte die Lokomotive mit der Nummer 4268 von Petschka zur Reparatur ins Depot nach Lissa an der Elbe bringen. Damit er sich die Zahl besser merken konnte, gab ihm sein Vorgesetzter, der Streckenmeister, folgende Worte mit auf den Weg:

„Merken Sie sich, daß zweimal 42 84 ist. Das Jahr hat zwölf Monate. Man zieht also 12 von 84 ab, und es bleibt uns 72, davon noch 12 Monate, das ist 60, wir haben also schon eine sichere 6, und die Null streichen wir. Wir wissen also 42 - 6 - 84. Wenn wir die Null gestrichen haben, streichen wir auch hinten die 4 und haben ganz ruhig die Nummer der Lokomotive, die ins Depot nach Lissa an der Elbe gehört."

Erzähle mir, und ich vergesse.
Zeige mir, und ich erinnere.
Laß es mich tun, und ich verstehe!
Konfuzius

Lehren ist ein Feuer entfachen und nicht einen leeren Eimer füllen.
Konfuzius

WIR LERNEN...

10% von dem, was wir lesen...

20% von dem, was wir hören...

30% von dem, was wir sehen...

70% von dem, was wir sagen...

90% von dem, was wir selbst tun...

Öfter mal entspannen

Der Einfluss von Stress auf unser Gehirn

Unser gewaltiges Netzwerk Gehirn funktioniert nur, wenn ein Informationsfluss stattfindet, das heißt, wenn die einzelnen Gehirnzellen (Neuronen) miteinander in Kontakt treten und zwischen ihnen Energie fließt.

Für diesen Kontakt an den Enden der Nervenzellen sind die sogenannten Synapsen verantwortlich. Sie sind die Schaltstellen zwischen den verschiedenen Nervenfasern. In ihnen befinden sich kleine Bläs-
5 chen, die eine Transmittersubstanz beinhalten, einen Stoff, der den Fluss von elektrisch geladenen Teilchen, den Ionen, ermöglicht. Bekommt nun eine Nervenzelle einen Impuls, so platzen in den Synapsen die Bläschen, geben die Transmittersubstanz
10 frei, und Strom kann zur benachbarten Zelle fließen und diese aktivieren (Abbildung 1).

Bei Stress allerdings wird genau dieser Prozess unterbrochen. Stresshormone wie Adrenalin verhindern das Ausschütten von Transmittersubstanzen und damit die Weiterleitung von Informationen (Abbildung 2). 15

Und darin liegt auch der Sinn dieser Hormone: Bei Gefahr oder Bedrohung muss der Körper blitzschnell reagieren, und zwar in Form von Flucht oder Angriff. Ein langes Nachdenken in solchen Situationen könnte lebensgefährlich sein. 20

Was im alltäglichen Leben also von Nutzen sein kann, kann auf anderem Gebiet sehr unangenehm werden. Angst, Hetze, Ungewohntes oder psychischer Druck können die Denkblockade auch in Situationen auslösen, wo Nachdenken gerade gefordert 25 wäre: in Prüfungen oder im Unterricht beispielsweise. Deshalb ist eine stressfreie Atmosphäre für das Lernen äußerst wichtig.

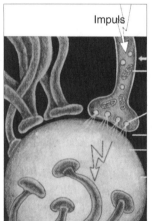

Impuls

Synapse (Querschnitt)
Mitochondrion

Platzende Bläschen mit Transmitter-Substanz
Transmitter ergießen sich in den Spalt, machen Zellmembran durchlässig
Ionen wandern durch die Zellmembran

Angrenzende Gehirnzelle wird aktiviert

Abbildung 1

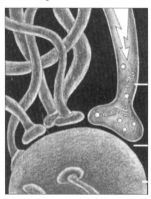

Es fehlt an Transmitter-Substanz, bzw. Bläschen platzen nicht

Impuls gelangt nicht über den Spalt

Angrenzende Gehirnzelle wird nicht aktiviert

Abbildung 2

Deutsch am Genfersee

Elias Canetti

Ich war acht Jahre alt, ich sollte in Wien in die Schule kommen und meinem Alter entsprach dort die
3. Klasse der Volksschule. Es war für die Mutter ein
unerträglicher Gedanke, daß man mich wegen mei-
5 ner Unkenntnis der Sprache vielleicht nicht in diese Klasse aufnehmen würde und sie war entschlossen, mir in kürzester Zeit deutsch beizubringen.

Nicht sehr lange nach unserer Ankunft gingen
wir in eine Buchhandlung, sie fragte nach einer eng-
10 lisch-deutschen Grammatik, nahm das erste Buch,
das man ihr gab, führte mich sofort nach Hause
zurück und begann mit ihrem Unterricht. Wie soll
ich die Art dieses Unterrichts glaubwürdig schil-
dern? Ich weiß, wie es zuging, wie hätte ich es ver-
15 gessen können, aber ich kann auch selbst noch
immer nicht daran glauben.

Wir saßen im Speisezimmer am großen Tisch, ich
saß an der schmäleren Seite, mit der Aussicht auf
See und Segel. Sie saß um die Ecke links von mir
20 und hielt das Lehrbuch so, daß ich nicht hineinse-
hen konnte. Sie hielt es immer fern von mir. „Du
brauchst es doch nicht", sagte sie, „du kannst sowieso noch nichts verstehen." Aber dieser Begrün-
dung zum Trotz empfand ich, daß sie mir das Buch
25 vorenthielt wie ein Geheimnis. Sie las mir einen
Satz Deutsch vor und ließ mich ihn wiederholen.
Da ihr meine Aussprache mißfiel, wiederholte ich
ihn ein paar Mal, bis er ihr erträglich schien. Das
geschah aber nicht oft, denn sie verhöhnte mich für
30 meine Aussprache, und da ich um nichts in der
Welt ihren Hohn ertrug, gab ich mir Mühe und
sprach es bald richtig. Dann erst sagte sie mir, was
der Satz auf englisch bedeute. Das aber wiederholte sie nie, das mußte ich mir sofort ein für allemal
35 merken. Dann ging sie rasch zum nächsten Satz
über, es kam zur selben Prozedur; sobald ich ihn
richtig ausgesprochen hatte, übersetzte sie ihn, sah
mich gebieterisch an, daß ich mir's merke, und war
schon beim nächsten. Ich weiß nicht, wieviel Sätze
40 sie mir das erste Mal zumutete, sagen wir beschei-
den: einige; ich fürchte, es waren viele. Sie entließ
mich, sagte: „Wiederhole dir das für dich. Du darfst
keinen Satz vergessen. Nicht einen einzigen. Morgen machen wir weiter." Sie behielt das Buch, und
ich war ratlos mir selber überlassen.   45

Ich hatte keine Hilfe, Miss Bray sprach nur englisch, und während des übrigen Tages weigerte sich
die Mutter, mir die Sätze vorzusprechen. Am nächsten Tag saß ich wieder am selben Platz, das offe-
ne Fenster vor mir, den See und die Segel. Sie nahm 50
die Sätze vom Vortag wieder her, ließ mich einen
nachsprechen und fragte, was er bedeute. Mein Unglück wollte es, daß ich mir seinen Sinn gemerkt
hatte, und sie sagte zufrieden: „Ich sehe, es geht
so!" Aber dann kam die Katastrophe und ich wuß-   55
te nichts mehr, außer dem ersten hatte ich mir keinen einzigen Satz gemerkt. Ich sprach sie nach, sie
sah mich erwartungsvoll an, ich stotterte und ver-
stummte. Als es bei einigen so weiterging, wurde
sie zornig und sagte: „Du hast dir doch den ersten 60
gemerkt, also kannst du's. Du willst nicht. Du willst
in Lausanne bleiben. Ich lasse dich allein in Lausanne zurück. Ich fahre nach Wien, und Miss Bray
und die Kleinen nehme ich mit. Du kannst allein in
Lausanne bleiben!"   65

Ich glaube, daß ich das weniger fürchtete als
ihren Hohn. Denn wenn sie besonders ungeduldig
wurde, schlug sie die Hände über dem Kopf zusammen und rief: „Ich habe einen Idioten zum
Sohn! Das habe ich nicht gewußt, daß ich einen Idi- 70
oten zum Sohn habe!" oder „Dein Vater hat doch
auch deutsch gekonnt, was würde dein Vater dazu
sagen!"

Ich geriet in eine schreckliche Verzweiflung und
um es zu verbergen, blickte ich auf die Segel und   75
erhoffte Hilfe von ihnen, die mir nicht helfen konnten. Es geschah, was ich noch heute nicht begreife.
Ich paßte wie ein Teufel auf und lernte es, mir den
Sinn der Sätze auf der Stelle einzuprägen. Wenn ich
drei oder vier von ihnen richtig wußte, lobte sie   80
mich nicht, sondern wollte die anderen, sie wollte,
daß ich mir jedesmal sämtliche Sätze merke. Da das
aber nie geschah, lobte sie mich kein einzige Mal
und entließ mich während dieser Wochen finster
und unzufrieden.   85

Ich lebte nun in Schrecken vor ihrem Hohn und

1. Welche Methode bedeute die Mutter
2. Funktioniert diese Methode?
3. Warum ja oder nein?

3

3

Lernen leicht gemacht

wiederholte mir untertags, wo immer ich war, die Sätze. Bei den Spaziergängen mit der Gouvernante war ich einsilbig und verdrossen. Ich fühlte nicht
90 mehr den Wind, ich hörte nicht auf die Musik, immer hatte ich meine deutschen Sätze im Kopf und ihren Sinn auf englisch. Wann ich konnte, schlich ich mich auf die Seite und übte sie laut allein, wobei es mir passierte, daß ich einen Fehler, den ich
95 einmal gemacht hatte, mit derselben Besessenheit einübte wie richtige Sätze. Ich hatte ja kein Buch, das mir zur Kontrolle diente, sie verweigerte es mir hartnäckig und erbarmungslos, wohl wissend, welche Freundschaft ich für Bücher empfand und
100 wieviel leichter alles mit einem Buch für mich gewesen wäre. Aber sie hatte die Idee, daß man sich nichts leichtmachen dürfe; daß Bücher für Sprachen schlecht seien; daß man sie mündlich lernen müsse und ein Buch erst unschädlich sei, wenn man
105 schon etwas von der Sprache wisse. Sie achtete nicht darauf, daß ich vor Kummer wenig aß. Den Terror, in dem ich lebte, hielt sie für pädagogisch. [...]

Miss Bray muß ein gutes und zähes Herz gehabt
110 haben, denn schließlich war sie es, die mich rettete. Eines Nachmittags, wir hatten uns eben zur Stunde niedergesetzt, sagte die Mutter plötzlich: „Miss Bray sagt, du möchtest gern die deutsche Schrift lernen. Ist das wahr?" Vielleicht hatte ich es
115 einmal gesagt, vielleicht war sie von selber auf die Idee gekommen. Aber da die Mutter während die-

ser Worte auf das Buch schaute, das sie in der Hand hielt, erfaßte ich gleich meine Chance und sagte: „Ja, das möchte ich. Ich werde es in der Schule in Wien brauchen." So bekam ich endlich das Buch, 120 um die eckigen Buchstaben daraus zu lernen. Mir die Buchstaben beizubringen, dazu hatte die Mutter schon gar keine Geduld. Sie warf ihre Prinzipien über den Haufen und ich behielt das Buch.

Die schlimmsten Leiden, die einen Monat ge- 125 dauert haben mögen, waren vorüber. „Aber nur für die Schrift", hatte die Mutter gesagt, als sie mir das Buch anvertraute. „Sonst üben wir die Sätze mündlich weiter." Sie konnte mich nicht daran hindern, die Sätze nachzulesen. Ich hatte schon viel von ihr 130 gelernt und irgend etwas war daran, an der nachdrücklichen und zwingenden Weise, in der sie mir die Sätze vorsprach. Alles was neu war, lernte ich wie bisher auch weiterhin von ihr. Aber ich konnte, was ich von ihr gehört hatte, später durch Lesen 135 bekräftigen und bestand darum besser vor ihr. Sie hatte keine Gelegenheit mehr, mir „Idiot" zu sagen und war selber erleichtert darüber. Sie hatte sich ernsthaft Gedanken über mich gemacht, erzählte sie nachher, vielleicht war ich der einzige in der 140 weitverzweigten Familie, der für Sprachen kein Geschick hatte. Nun überzeugte sie sich vom Gegenteil und unsere Nachmittage verwandelten sich in lauter Wohlgefallen. Jetzt konnte es sogar vorkommen, daß ich sie in Staunen versetzte, und es 145 geschah mitunter gegen ihren Willen, daß ihr ein Lob entfuhr, und sie sagte: „Du bist doch mein Sohn."

Elias Canetti *wurde 1905 in Rustschuk/Bulgarien als Sohn spaniolischer Juden geboren, deshalb sprach er in seiner Kindheit bulgarisch und das altertümliche Spanisch seiner Vorfahren. 1911 übersiedelte die Familie nach Manchester, wo Elias Englisch lernte. Nach dem Tod des Vaters im Jahre 1913 entschied sich die Mutter, mit ihren drei Kindern und der Gouvernante nach Wien zu ziehen, da sie als Jugendliche in dieser Stadt gelebt und dort ihren Mann kennengelernt hatte. Die Reise ging über Lausanne am Genfer See.*

In dem Kapitel „Deutsch am Genfersee" des ersten Bandes seiner Autobiographie („Die gerettete Zunge", 1977) beschreibt er anschaulich, wie er eine Sprache erlernt hat, die er später so beherrschte, dass er 1981 den Nobelpreis für seine Bücher in deutscher Sprache erhielt.
Er lebte viele Jahre in der Schweiz, wo er 1995 starb.

Ein Tagebucheintrag und ein Brief

Donnerstag, 12. Februar 1997

Meine Tage bestehen so gut wie nur aus Portugiesischkurs. Dieser wiederum dreht sich hauptsächlich um Grammatik und Literatur. Irgendwie scheinen Sprachkurse immer nur für Philologen oder Literaturbegeisterte da zu sein.

Sprache lernen heißt wieder einmal, irgendwelche Formen bilden und in Lücken einsetzen. Wie
5 *Schwimmen lernen auf dem Trockenen! Gut, dass wir im Gymnasium die ganzen grammatischen Fachbegriffe gepaukt haben, so verstehe ich, worum es geht. Doch fast nie lernen wir wirklich Nützliches: zum Beispiel jemandem widersprechen, den eigenen Standpunkt klarmachen oder einen Kommentar zu etwas abgeben.*

Nein, natürlich schon wieder Literatur. Kein Weg führt an Camões vorbei: Bedeutung des dritten
10 *Wortes im vierten Vers der sechsten Strophe, Metaphern, Versmaß, Renaissance, ja gibt es denn nichts anderes? Doch, sicher, ein bisschen Moderne, 19. und 20. Jahrhundert, aber immer geht es nur darum, was uns der Autor sagen wollte. Was mir der Text bedeutet, wird nie gefragt. Außerdem will ich Portugiesisch so können, dass ich mich in Portugal bewege, die Menschen verstehen und mich verständlich machen kann!*

15 *Aber nein, ich gebe noch nicht auf! Die Lehrer sind ja sympathisch, und so werde ich mir eben das herauspicken, was für mich nützlich ist.*

16. September 1991

Liebe M.,

schön war Dein 75. Geburtstag. Schön, daß du Moskau im August bei strahlendem Wetter erlebt hast ...

Mittlerweile haben wir unseren Russischunterricht wieder aufgenommen, dreimal in der Woche - dienstags und donnerstags vor Dienstbeginn (Du weißt, ich bin da völlig doof, aber wenn es später wird, werde ich nervös, weil ich ins Büro möchte) und samstags ab zehn. Witalij Swerew, unser Lehrer, ist ein ganz beschei-
5 *dener, hochgebildeter Mann, der eigentlich, so meint er selbst, im 19. Jahrhundert hätte geboren werden müssen. Der Kommunismus/Sozialismus ist ihm zuwider, aber von den heutigen sogenannten Demokraten hält er auch nichts. In ihren Methoden seien sie alle gleich, sagt er nicht ganz zu unrecht. Religionen und Natur bedeuten ihm viel. „Die da oben" seien sowieso immer korrupt. Nicht gerade eine Haltung, aus der heraus aktive Bürgerbewegungen entstehen könnten. Aber Sina, die Kämpfernatur, zum Beispiel, sieht das*
10 *nicht so.*

Der Unterricht ist anders, als wir ihn aus Deutschland kennen. Aus beruflichen Gründen muß ich Russisch verstehen und sprechen und Zeitungen lesen können. Witalij meint jedoch, daß die Zeitungen, auch die neuen kritischen, die es seit Mitte des Jahres gibt, ein miserables Russisch schreiben, und es für mich viel wichtiger sei, anhand von literarischen Originaltexten die Kultur des Landes zu begreifen. Also strampele ich mich
15 *durch Tschechows „Die Dame mit dem Hündchen", durch Gedichte von Puschkin, Texte von Turgeniew und Tolstoi. Ich muß zögernd zugeben: Ich begreife in der Tat mehr. Würde Tschechow heute leben, könnte er seine Charaktere nicht anders beschreiben. Du spürst, dieser Unterricht macht mir sehr viel Freude, auch wenn er nicht im westlichen Sinne „nützlich" ist.*

aus: Kathinka Dittrich van Weringh, Abenteuer Moskau, 1995

vom Glück

Das Hemd
des Glücklichen

Der Liedermacher Gerhard Schöne berichtet:

„Manchmal bedauerte ich vor meinen Auftritten, daß ich gar nicht richtig mitbekomme, wie das Publikum zusammengesetzt ist, daß ich die Leute vorher kaum sehen und sprechen kann. Von Scheinwerfern geblendet konnte ich manchmal die Leute nur am Applaus wahrnehmen. 5

Als ich bei einem Türkeibesuch vor den funkelnden Schuhputzutensilien eines Straßenschuhputzers stand, kam mir die Idee: Ich putze den Besuchern meines Märchenabends im Foyer die Schuhe! 10

Nach anfänglichem Zögern stellte sich allabendlich reichlich „Kundschaft" ein. Ich bürstete Schuhe, cremte sie ein, behauchte und polierte sie. Zwischendurch massierte ich auch mal einen schmerzenden Fuß. Dabei lernte ich die Leute ein wenig 15 kennen, wir kamen miteinander ins Gespräch, und als ich kurz darauf die Bühne betrat, standen wir uns schon nicht mehr anonym gegenüber."

Sie können jetzt „Das Hemd des Gücklichen" von Gerhard Schöne auf der Kassette anhören.

Zwei Porträts

<u>Ueli Inderbinen, der älteste aktive Bergführer der Welt</u>

Mit 95 noch auf der Höhe

Bernadette Calonego

Ueli Inderbinen ist fast so legendär wie das Matterhorn, das er kennt wie seine Westentasche. Am Wochenende ist der Zermatter Bergführer 95 Jahre alt geworden, doch immer noch geleitet er Tou-
5 risten auf einige der berühmten Walliser Gipfel. Der älteste noch aktive Bergführer der Welt, der in diesem Jahr auch sein 70jähriges Berufsjubiläum feiert, hat in seiner Karriere das Matterhorn rund 350 Mal bestiegen. Verleidet worden
10 ist ihm das „Horu", wie die Einheimischen den Gipfel nennen, dabei nie, wie er der SZ erzählt. Seit Ueli Inderbinen 1925 die Bergsteiger-Prüfung bestand, hat er einiges erlebt. Manche Amerikaner, die nach den Zweiten Weltkrieg in Zer-
15 matt einfielen, nahmen sich nicht einmal Zeit für die Akklimatisierung. „Die wollten nur das Matterhorn und sonst nix", erinnert sich der Bergler. Einigen ging dann während des Aufstiegs die Luft aus, und Inderbinen mußte mit ihnen auf hal-
20 bem Weg umkehren. Ein deutscher Berggänger, der auf der Tour plötzlich sein Glasauge herausnahm, kam ebenfalls nicht oben an. „Ich hatte Angst, er könnte auch noch sein zweites Auge herausnehmen, und stieg sogleich mit ihm ab."
25 Brot, Speck und Tee genügen dem Doyen der Schweizer Bergführer auf seinen Gipfelmärschen. Von modernen Energiedrinks und abgepackten Riegeln hält er nicht viel. „Wenige Ruhepausen und ein konstanter, langsamer Schritt", das ist
30 Inderbinens Rezept für Höhenstürmer. Er selbst hält sich fit mit Bergsteigen „und mit Holzhacken". Jetzt, wo er in Zermatt gefeiert wird, fühlt sich der „König des Matterhorns" mindestens so gefordert wie am Berg. Der Rummel um seine Per-
35 son sei etwa gleich anstrengend wie das Bergsteigen, „nur werden nicht die gleichen Muskeln gebraucht."

Ueli Inderbinen

Noch in diesem Jahr war Inderbinen an die zwanzigmal auf dem 4165 Meter hohen Breithorn. Er will weitermachen, so lange es geht, Ferien kennt 40 er nicht. Aber, so sagt der 95jährige: „In meinem Alter muß man von Tag zu Tag sehen." Daß nun auch Frauen in seinem Metier tätig sind, findet der rüstige Zermatter übrigens gut. „Tüchtig, schön und nett" sei die erste Walliser Berufskol- 45 legin Bettina Perren. Zudem, meint Inderbinen, „gehen die Männer sicher gern am Seil einer hübschen Bergführerin."

Süddeutsche Zeitung, 5.12.1995

Doyen:
(Rang-)ältester, angesehenster Vertreter eines Berufsstandes

Festgenagelt

Bernadette Calonego

Dieses Hämmern: Wuamm! Oh-
renbetäubend, nervtötend. Ein un-
erbittliches Stakkato, das jeden
schüttelt, der die Schwelle des Fa-
5 brikgebäudes übertritt. An der
Außenwand ein kleines Schild:
„Schweizerische Nagelfabrik AG".
Ein enger Korridor mit zwei Büros,
eine alte Lagerhalle. Nun vibriert
10 der Boden, der Lärm überschlägt
sich. Noch eine Tür, und man steht
mitten im 19. Jahrhundert.
Eine dunkle Fabrikhalle wie zur
Zeit der industriellen Revolution.
15 Staubbedeckte Lampen, die einen
dünnen Schein über die Maschine-
rie werfen, zerschlissene Netze vor
den Fenstern. Schwarze Kolosse
aus Metall, zweieinhalb Meter
20 hoch, stehen hier in Reih und
Glied, fünf an der Zahl. Ihre eiser-
nen Pranken, achtzig Kilogramm
schwere Kolben, schlagen mächtig
nach unten. Im harten Rhythmus
25 spucken die Maschinen große Nägel aus. ... Mitten im Getöse be-
wegt sich ein einsamer Schatten.
Es ist ein alter Mann im blauen Ar-
beitsgewand. Er beugt sich über
30 das Getriebe, prüft einen rotieren-
den Metallarm, kniet vor der Maschine nieder, lauscht, beobachtet.
Dann richtet er sich langsam auf,
dehnt die Arme, greift mit seinen
35 riesigen Händen in die seitlichen
Schwungräder, bringt die Maschine zum Stillstand. Das schnauben-
de Tier, schwarzglänzend und öl-
triefend, verstummt. Arthur Paul
40 dreht sich um und lächelt. 85 Jahre ist er alt, aber diese Stiftschlag-
Maschine ist noch älter, nämlich
genau hundert Jahre. Als der Arbeiter sie zum ersten Mal sah, war
45 er 17. Die Maschine ließ ihn nie
wieder los.

Seit einem Jahrhundert schmiedet
sie dieselben Nägel, dicke Stifte
mit großen Köpfen, Spezialnägel
50 für Telefonmasten und Eisenbahn-
schwellen. Qualitätsnägel aus der
Ostschweizer Industriestadt Win-
terthur, wie sie sonst niemand
mehr herstellt; produziert von Ma-
55 schinen, die ein Jahrhundert über-
dauert haben. Und nur Arthur Paul
weiß, wie man die historischen
Wunderwerke am Leben erhält.
Die Ersatzteile schmiedet er selbst,
60 denn die Baupläne aus der Gründer-
zeit sind längst verschwunden. ...
Mit 85 ist Arthur Paul begehrter
denn je. In seinem offenem Gesicht sieht man, was Zufriedenheit
65 anrichten kann: auf der Stirn ein
paar haarfeine Rillen, ein rötlicher
Hauch auf den straffen Wangen,
der Mund entspannt. Dabei ist das
Leben nie sanft umgesprungen mit
70 diesem Mann, der seinen Vater nie
kannte und immer ein bißchen här-
ter arbeitete als die anderen. Am
22. August 1928 trat der Jüngling
in die „Nagli" ein, wie die Einhei-
75 mischen die 1895 gegründete Fa-
brik im Winterthurer Grüzefeld
nennen. Erst 1938 gab's eine Woche Ferien, als die Gewerkschaft
aktiv wurde. Überstunden hat Paul
80 sein Leben lang gemacht, damit es
für seine Frau und die beiden Kinder reichte.

Um sechs Uhr morgens holt ihn
heute der Geschäftsführer mit dem
85 Auto ab. Arthur Paul steht schon
in der Tür. Vor zwanzig Jahren trat
er einmal in einen kurzen Ruhe-
stand: Er dauerte gerade zwei Wochen. Dann kam der Fabrikbuch-
90 halter von Grüzefeld nach Elsau
geeilt, mit einer Flasche Wein in
der Tasche trat er in die Arbeiter-
stube. Schon nach dem ersten Glas
fragte er: „Kommst du wieder zu
95 uns?" Arthur Paul nickte. Der
Mann, der ihn ersetzen sollte, hatte nur „Krüppeldinger" zustande
gebracht. Erlernen läßt sich eben
diese urtümliche Mechanik nicht;
100 man muß sie erspüren, sagt Arthur
Paul. Kein Nachfolger hat das ge-
schafft. Wenn Paul nicht mehr
kommt, werden die Maschinen stehenbleiben, und nur noch die mo-
105 dernen Geräte in der neuen Halle
nebenan werden Nägel produzieren: Massenware. ...
Paul mag das Vertraute, das Be-
ständige. Jede Sekunde ein Nagel.
110 Vielleicht, so räumt er nach längerem Nachdenken ein, wäre auch
ein anderes Leben möglich gewesen. Zum Beispiel mit Kühen, die
er mindestens so gut wie Maschi-
115 nen versteht. An seinen freien Tagen hilft er auf dem benachbarten
Bauernhof aus. Oder er steigt auf
die Berge. Da sind Stille und kla-
re Luft und der freie Blick über die
120 Gipfel. Für die Dinge, die ihm
wichtig waren, hat Paul stets Zeit
gehabt. Da ist kein Gefühl, etwas
verpaßt zu haben. ...
Vor fünf Jahren, als er achtzig war,
125 vermutete der Arzt bei Arthur Paul
eine Herzschwäche: Doch in der
Therapie lief der Patient mühelos
sechs Stockwerke hoch und runter.
Das war das Ende der Behandlung.
130 Anderntags kam der alte Mann zu
seinen Maschinen zurück. Dort-
hin, wo sein Herz schlägt. Jede Sekunde einmal, jede Sekunde ein
Nagel: Arthur-Paul-Nägel heißen
135 sie.

Auch du wirst nicht jünger

1914	Beginn des Ersten Weltkriegs: Deutschland und Österreich erklären Russland, Frankreich und Serbien den Krieg. Nach dem Einmarsch der Deutschen in Belgien tritt auch England in den Krieg ein.
1915	Es folgt Italien, das Österreich den Krieg erklärt.
1918	Ende des Ersten Weltkriegs
1939	Beginn des Zweiten Weltkriegs: Deutscher Überfall auf Polen
1943	Kapitulation der Deutschen in Stalingrad
1945	Ende des Zweiten Weltkriegs

Grundgesetz für die Bundesrepublik Deutschland, Artikel 4:

(3) Niemand darf gegen sein Gewissen zum Kriegsdienst mit der Waffe gezwungen werden.

In Deutschland gibt es viele junge Männer, die aus überzeugung den Kriegsdienst verweigern. Sie leisten stattdessen 18 Monate (ein halbes Jahr länger als der normale Militärdienst dauert) soziale Arbeit, zum Beispiel in der Krankenpflege oder bei der Betreuung alter Menschen: den sogenannten Zivildienst.
Ohne diese „Zivildienstleistenden", die man umgangssprachlich „Zivis" nennt, würden manche Bereiche der sozialen Versorgung in Deutschland, wie zum Beispiel die Altenhilfe, gar nicht mehr funktionieren.

Hören Sie jetzt das Interview des jungen Mannes mit der alten Frau.

Im Volksgarten

Peter Altenberg

„Ich möchte einen blauen Luftballon haben! Einen blauen Luftballon möchte ich haben!"
„Da hast du einen blauen Luftballon, Rosamunde!"
Man erklärte ihr nun, daß darinnen ein Gas sich befände, leichter als die atmosphärische Luft,
infolgedessen etc. etc.
5 *„Ich möchte ihn auslassen -", sagte sie einfach.*
„Willst du ihn nicht lieber diesem armen Mäderl dort schenken?!?"
„Nein, ich will ihn auslassen -!"
Sie läßt den Ballon aus, sieht ihm nach, bis er verschwindet in den blauen Himmel.
„Tut es dir nun nicht leid, daß du ihn nicht dem armen Mäderl geschenkt hast?!?"
10 *„Ja, ich hätte ihn lieber dem armen Mäderl geschenkt!"*
„Da hast du einen anderen blauen Ballon, schenke ihr diesen!"
„Nein, ich möchte den auch auslassen in den blauen Himmel!" -
Sie tut es.
Man schenkt ihr einen dritten blauen Ballon.
15 *Sie geht von selbst hin zu dem armen Mäderl, schenkt ihr diesen, sagt: „Du lasse ihn aus!"*
„Nein", sagt das arme Mäderl, blickt den Ballon begeistert an.
Im Zimmer flog er an den Plafond, blieb drei Tage lang picken, wurde dunkler, schrumpfte ein, fiel
tot herab als ein schwarzes Säckchen.
Da dachte das arme Mäderl: „Ich hätte ihn im Garten auslassen sollen, in den blauen Himmel, ich
20 *hätte ihm nachgeschaut, nachgeschaut ...!"*
Währenddessen erhielt das reiche Mäderl noch zehn Ballons. Und einmal kaufte ihr der Onkel Karl
sogar alle dreißig Ballons auf einmal. Zwanzig ließ sie in den Himmel fliegen und zehn verschenkte
sie an arme Kinder. Von da an hatten Ballons für sie überhaupt kein Interesse mehr.
„Die dummen Ballons ..!", sagte sie.
25 *Und Tante Ida fand infolgedessen, daß sie für ihr Alter ziemlich vorgeschritten sei!*
Das arme Mäderl träumte: „Ich hätte ihn auslassen sollen, in den blauen Himmel, ich hätte ihm
nachgeschaut und nachgeschaut ..!"

Plafond:
In Österreich regional verwendetes (französisches)
Wort für „Zimmerdecke"

picken:
österreichisch für „kleben"

Ab-

Abgrenzungen

gren

zun

Abgrenzungen

gen

Insel Rügen

Neusiedler See (Burgenland)

Kramgasse in Bern

Lötschental (Wallis)

Abgrenzungen

Schloss Sanssouci in Potsdam bei Berlin

Voralpenlandschaft (Bayern)

Österreichische Alpen

Lugaer See

Arkadenhof in Graz

Die Schweiz

Ende des 13. Jahrhunderts schlossen sich die drei „Wald-stätte" Schwyz (Namengeber für die gesamte spätere Eid-
5 genossenschaft), Unter-walden und Uri zu einem selbstverwalteten autono-men „Ewigen Bund" zusam-men. Diese drei werden heute noch als
10 „Urkantone" bezeichnet. Sie verteidigten in mehre-ren Schlachten ihre Selbstständigkeit gegen umlie-gende Feudalmächte.

Im 14. Jahrhundert traten dem „Ewigen Bund" nacheinander die teilweise bereits reichsfreien
15 Städte Luzern, Zürich, Glarus, Zug und Bern bei und bildeten die Eidgenossenschaft der „Acht alten Orte".

Im 15. Jahrhundert eroberten die Eidgenossen den Aargau und den Thurgau, und es schlossen sich
20 Freiburg und Solothurn der Eidgenossenschaft an, die sich nun endgültig vom Deutschen Reich löste.

Während des 16.
Jahrhunderts
wurden Basel, 25
Schaffhausen
und Appenzell
in den nun sogenannten
„Bund der 13 alten Orte" auf-genommen. 30

Als Verbündete kamen die sogenannten „Zuge-wandten Orte", das Wallis, St.Gallen, Graubün-den, Genf und zeitweise Mühlhausen im Elsass hinzu. Und die Eidgenossen eroberten das Tessin und die Waadt. 35

Die Kantone der „Alten Orte" verwalteten sich und ihren Bund selbstständig und unabhängig von den sie umgebenden Feudalstrukturen und nah-men ab dem 16. Jahrhundert neutrale außenpoliti-sche Positionen ein. Die Schweiz gilt daher als eine 40 ursprüngliche Demokratie.

Kantone: Fläche, Bevölkerung, Sprachverteilung (1990)								
Kanton	Hauptort	Fläche km²	Einwohner	Deutsch %	Französisch %	Italienisch %	Rätoromanisch %	Übrige %
Zürich	Zürich	1660,9	1 179 044	82,5	1,5	5,9	0,3	9,9
Bern	Bern	5932,4	958 192	83,8	7,8	2,8	0,1	5,6
Luzern	Luzern	1429,2	326 268	88,6	0,6	2,8	0,1	7,8
Url	Altdorf	1057,5	34 208	93,2	0,2	1,9	0,2	4,5
Schwyz	Schwyz	851,6	111 964	89,4	0,4	3,1	0,2	6,9
Obwalden[A]	Sarnen	480,7	29 025	92,8	0,4	1,4	0,1	5,3
Nidwalden[A]	Stans	241,5	33 044	93,1	0,5	1,7	0,2	4,6
Glarus	Glarus	680,8	38 508	83,6	0,3	6,8	0,2	9,1
Zug	Zug	207,1	85 546	85,0	1,1	3,7	0,3	10,0
Freiburg (Fribourg)	Freiburg (Fribourg)	1591,1	213 571	29,7	61,0	1,9	0,1	7,5
Solothurn	Solothurn	790,6	231 746	87,1	1,1	4,7	0,1	6,9
Basel - Stadt[1]	Basel	37,0	199 411	78,6	2,7	6,4	0,1	12,1
Basel - Land[1]	Liestal	428,0	233 488	86,0	1,7	4,6	0,1	7,5
Schaffhausen	Schaffhausen	298,2	72 160	86,7	0,6	4,0	0,1	8,6
Appenzell Außerrhoden[1]	Herisau	242,8	52 229	88,6	0,3	2,9	0,2	8,0
Appenzell Innerrhoden[1]	Appenzell	172,5	13 870	91,7	0,2	1,7	0,1	6,3
St. Gallen	St. Gallen	1950,6	427 501	87,2	0,5	3,6	0,3	8,6
Graubünden	Chur	7105,3	173 890	65,3	0,5	11,0	17,1	6,1
Aargau	Aargau	1394,9	507 508	85,7	0,9	4,9	0,2	8,4
Thurgau	Frauenfeld	862,9	209 362	86,2	0,4	4,4	0,2	8,8
Tessin (Ticino)	Bellinzona	2737,8	282 181	9,8	1,9	82,8	0,1	5,4
Waadt (Vaud)	Lausanne	2822,4	601 816	9,0	77,1	4,4	0,1	12,5
Wallis (Valais)	Sitten (Sion)	5213,1	249 817	29,4	59,7	3,0	0,1	7,9
Neuenburg (Neuchatel)	Neuenburg (Neuchatel)	716,7	163 985	5,2	80,2	4,8	0,1	9,7
Genf (Genève)	Genf (Genève)	245,7	379 190	5,5	70,5	5,3	0,1	18,7
Jura	Delémont	836,5	66 163	4,8	87,8	2,5	0,1	4,9

1) Halbkanton

Quellen: Statistisches Bundesamt Länderbericht Schweiz 1995 und Bundesamt für Statistik, Volkszählung 1990

Über den Kantönligeist in der Schweiz

Föderalismus wird zum Problem:
26 kleine Staaten pflegen eigene Schul- und Steuersysteme und ein eigenes Strafrecht

Bernadette Calonego

„Reisläufer" (d.h. „Soldaten") nennen die Obwaldner die Nidwaldner. Diese ihrerseits schimpfen die Obwaldner „Tschiferne", als ob diese
5 noch wie früher eine „Tschiferne", einen geflochtenen Korb, auf dem Rücken trügen. Die Bewohner der beiden Schweizer Halbkantone Nidwalden und Obwalden sind eigent-
10 lich gemeinsame Bürger des Urschweizer Kantons Unterwalden, aber sie sind nicht auf allzu viel Nähe erpicht. Jeder der beiden Halbkantone hat eine eigene autonome
15 Staatsverwaltung – obwohl Nidwalden nur etwas über 36000 und Obwalden rund 31000 Einwohner umfaßt.

Auch Schweizer Fachleute, wie
20 der Politologe Hanspeter Kriesl, sind der Meinung: Eigentlich müßte man die Kantone vergrößern oder zusammenlegen. Es erscheint als Anachronismus, daß die Schweiz,
25 die nur wenig größer ist als Baden-Württemberg, sich wiederum in 26 „Gliedstaaten" aufteilt. Manche kleinen Kantone sind nach seiner Meinung von den Kapazitäten her
30 gar nicht mehr in der Lage, die Gesetze des Bundes umzusetzen.

Doch die Kantone, so klein sie sein mögen, verteidigen ihre Autonomie, die vielfach gar keine echte
35 mehr ist, mit Klauen und Zähnen. In wichtigen Bereichen können sie noch nach eigenem Willen entscheiden. So kennt jeder Kanton sein eigenes Steuergesetz. Deshalb unter-
40 scheiden sich die kantonalen Steuertarife oft gewaltig. Es herrscht ein regelrechter Wettbewerb unter den

Kantonen um die besten Steuerzahler. Die "Steueroase" Zug hat sich da
45 landesweit an die Spitze gesetzt. Eine einheitliche Regelung ist im föderalistischen Steuerwesen nicht in Sicht.

Anders im Schulbereich: Hier ist
50 man wenigstens in einem Punkt nach jahrzehntelangem Ringen zu einer gemeinsamen Lösung gekommen. Die Kantone einigten sich darauf, in der gesamten Eidgenossen-
55 schaft das Schuljahr im Herbst zu beginnen. Doch immer noch existieren in Helvetien auf engstem Gebiet mindestens 20 unterschiedliche Schulsysteme nebeneinander. Von
60 einem Kanton in den anderen zu ziehen, wird so für Familien ein Wagnis der unangenehmen Art.

Wirtschaftskriminelle und andere raffinierte Betrüger können darauf
65 hoffen, dank dem „Kantönligeist" einem Leben hinter Gittern zu entkommen. Denn auch das Strafrecht ist Sache der einzelnen Kantone. Bei großen Kriminalfällen streiten sich
70 kantonale Ermittlungsbehörden oft, wer denn nun für den Fall zuständig sei.

In anderen Bereichen haben die kleinen Schweizer Staaten inzwi-
75 schen eingesehen, daß es zusammen besser geht als allein. Doch sind diese Vereinbarungen unter den Kantonen nicht mehr so zuverlässig. So entscheiden die Kantone zwar ge-
80 meinsam über die Zulassung von Medikamenten in der Schweiz. Doch vor kurzem hielt sich der Kanton Genf nicht an die gemeinsamen Richtlinien, weil ihm das Vorgehen
85 zu langsam ging.

Oder große Kantone wollen nicht mehr Solidarität finanzieller Art gegenüber ihren kleinen ärmeren Kollegen üben. So haben die Zürcher in
90 einer Volksabstimmung entschieden, daß jene Studenten, die nicht aus ihrem Kanton stammten, höhere Gebühren für die Zürcher Universität bezahlen sollen.

95 In wirtschaftlich schwierigen Zeiten versucht nun jeder Kanton, sein Scherflein ins Trockene zu bringen. Genf und mit ihm andere französischsprachige Kantone probten den
100 Aufstand, als einige unbedeutende internationale Flüge der Swissair nach Zürich verlegt wurden.

Ein anderer Fall: Die Ostschweizer, die bei der Planung der neuen
110 Bahnstrecken durch die Alpen so gut wie leer ausgehen, protestieren dagegen: Die Ostschweizer seien immer brave und loyale Miteidgenossen gewesen, aber das werde
115 schändlich mißbraucht, klagt der Präsident der St. Galler Kantonsregierung, Peter Schönenberger. Nun wollen die Ostschweizer Kantone St. Gallen, Appenzell, Thurgau,
120 Glarus, Schaffhausen und Graubünden ihre „Schlagkraft" durch eine gemeinsame Organisation „verstärken".

Damit liegen sie im Trend. Die
125 Kantone, so erklärt Professor Peter Hänni vom Freiburger Institut für Föderalismus, müßten künftig als größere Region zusammenarbeiten. Denn die Schweiz ist, auch als
130 Nicht-EU-Mitglied, in Bewegung geraten durch die europäische Integration und die Globalisierung der Wirtschaft. Alte Zöpfe müssten abgeschnitten werden. „Wenn das ge-
135 lingt", sagt Hänni, „dann ist die föderalistische Staatsform anderen Strukturen überlegen."

aus: „Juhui, ich bin kein Zürcher",
Süddeutsche Zeitung, Zürich, 31.5 1996

Österreich

Seit dem 13. Jahrhundert betrachtete das feudale Adelsgeschlecht der Habsburger neben anderen europäischen
5 Gebieten Österreich als angestammten Machtbereich.

Durch Teilung in der Erbfolge entstanden Verwaltungsbezirke wie Nieder- und Oberösterreich, Kärnten, Tirol und andere, die als solche
10 jahrhundertelang fortbestanden.

Im 15. Jahrhundert erwarben die österreichischen Habsburger ebenfalls durch Erbfolge deutsche, ungarische und böhmische Gebiete.

Ab dem 16. Jahrhundert verlagerte die Herrschaft
15 der Habsburger die kaiserliche Macht im Heiligen Römischen Reich zunehmend nach Österreich.

Mit Erb- und Eheverträgen zwischen den österreichischen, böhmischen und ungarischen Herrscherhäusern wurde die Ostausdehnung des Reichs fixiert.
20

Durch Kriegserfolge gegen die Türken konnte das Reich noch weiter bis nach Kroatien und Serbien und bis in die Walachei hinein ausgedehnt werden.

Bis ins 18. Jahrhundert hinein hatte das Habsbur- 25
ger Reich eine führende Rolle in Europa. Seit 1918 ist Österreich Republik.

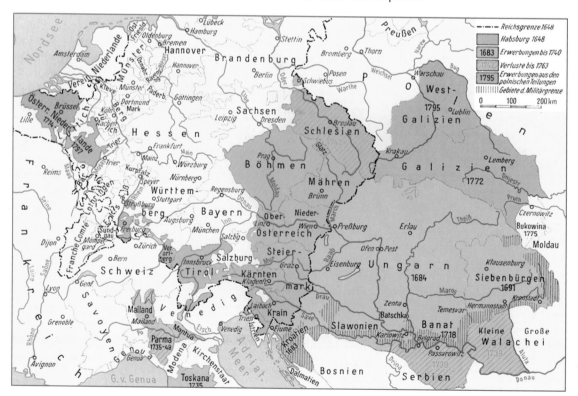

Mein Vaterland Österreich

Österreich bestand ehedem
aus den folgenden Ländern:
dem Erzherzogtume Österreich,
dem Herzogtume Steyermark,
5 der gfürchteten Grafschaft Tyrol
nebst Vorarlberg,
dem Königreiche Böhmen,
der Markgrafschaft Mähren,
dem österreichischen Anteil an Schlesien,
10 dem Königreiche Illyrien,
dem Königreiche Galizien und Lodomerien,
dem Lombardisch-venezianischen Königreiche,
dem Königreiche Ungarn mit seinen Nebenländern
Slawonien, Kroatien und Dalmatien
15 und dem Großfürstentume Siebenbürgen.

Heute besteht Österreich
aus den Ländlein:
Wien,
Niederösterreich,
20 Oberösterreich,
Salzburg,
Tirol,
Fahrradlberg,
Kärnten,
25 Steiermark
und dem Burgenland.

Tu, felix Austria, juble und jodle!

H. C. Artmann (1978)

H. C. (d.i. Hans Carl) Artmann,
*geboren 1921 in Achatz (Niederösterreich) bekannt für seine avantgardistischen Gedichte im Wiener
Dialekt. Daneben Autor von (Kurz-)Prosa, Theaterstücken und Kinderbüchern.*

Die Bundesrepublik Deutschland

Das Wort „deutsch" entstand wahrscheinlich im 8. Jahrhundert als Bezeichnung für die Sprache, die im östlichen Teil
5 des Frankenreichs gesprochen wurde, abgeleitet von einem alten Wort für „Volk".

Aber die Idee eines deutschen Volkes entwickelte sich erst
10 in einem jahrhundertelangen widersprüchlichen Prozess. Am Anfang dieser Entwicklung standen verschiedene germanische Stämme, die zwischen Rhein
15 und Elbe, Nordsee und Alpen siedelten und verwandte Dialekte sprachen.

So bestand bis 1918 Deutschland aus zwar in einem Kai-
20 serreich verbundenen, aber doch eigenständigen Territorien. Und auch das heutige Deutschland ist ein föderalistisch organisierter Bundesstaat.

25 Während die Westgrenzen Deutschlands seit langem bestehen und sich über die Jahrhunderte auch kaum verändert haben, blieben die Ostgrenzen
30 in Bewegung. Vom 10. bis ins 14. Jahrhundert hinein wurde das deutsche Siedlungsgebiet teils friedlich, teils gewaltsam weit nach Osten ausgedehnt. Die heutigen Grenzen entstanden 1945 und wurden 1990 im
35 Zwei-plus-Vier-Vertrag bestätigt.

Die Vielzahl der auseinanderstrebenden Kräfte im Innern hinderten Deutschland daran, sich wie andere europäische Staaten seit dem 14. Jahrhundert zu einem Nationalstaat zu entwickeln. Seit 1555
40 ist Deutschland in protestantische und katholische Territorien aufgeteilt, die sich im Wesentlichen bis heute so erhalten haben.

Kiel

Schleswig-
Holstein
Größe: 15730 qkm

Schwerin

Mecklenburg-
Vorpommern
Größe: 23835 qkm

Bremen
Größe: 404 qkm

Hamburg
Größe: 755 qkm

Niedersachsen
Größe: 47348 qkm

Branden
burg
Größe: 29060 qkm

Berlin
Größe: 883 qkm

Hannover

Magdeburg

Potsdam

Nordrhein-
Westfalen
Größe: 34068 qkm

Sachsen-
Anhalt
Größe: 20443 qkm

Düsseldorf

Erfurt

Sachsen
Größe: 18337 qkm

Dresden

Bonn

Hessen
Größe: 21114 qkm

Thüringen
Größe: 16251 qkm

Rheinland-
Pfalz
Größe: 19848 qkm

Wiesbaden

Mainz

Saarbrücken

N

0   100 km

Saarland
Größe: 2570 qkm

Stuttgart

Bayern
Größe: 70553 qkm

Baden-
Württemberg
Größe: 35751 qkm

München

Durch die nationale Zergliederung kam es in Deutschland auch zu keiner bürgerlichen Revolution; das Bürgertum blieb beschränkt auf Industrie, 45 Handel und Bildung. Die schließliche Gründung des Nationalstaats war Ergebnis preußischer Machtpolitik und die Demokratisierung ein Ergebnis der verlorenen Weltkriege.

Gebrauchsanweisung für Deutschland

Maxim Gorski

Im Grunde genommen ist Deutschland als Nationalstaat nach russischem, französischem oder englischem Vorbild nie gut gefahren. Zweimal endete das Experiment in einem Weltkrieg, und ob der 1989
5 begonnene dritte Versuch erfolgreicher und vor allem friedlicher verlaufen wird, muß sich erst noch weisen. Als lockerer Verbund verwandter Stämme hingegen ist es den Deutschen stets besser ergangen - sie hatten zwar keine Weltgeltung, dafür aber muß-
10 ten sie keinen Blutzoll entrichten oder ihre Söhne auf dem Altar irgendeines Vaterlandes opfern. ...

Wie ungemein vielfältig Deutschland ist, das können Sie selbst auf einer Reise durch das Land erfahren. Lassen Sie mich versuchen, Ihnen den Kontrast
15 zu unserer soviel größeren, aber auch soviel eintönigeren Heimat mit einem einfachen Vergleich zu verdeutlichen: Mit der Bahn braucht man sieben Tage, um Rußland von Smolensk bis Wladiwostok zu durchqueren, eine Strecke aus dem Herzen Eu-
20 ropas bis vor die Tore Japans. Aber die Landschaft ändert sich auf dem ganzen weiten Weg kaum. Gleich bleiben auch die Menschen, es sind Russen, die nicht einmal stark unterschiedliche Dialekte sprechen. Gleich bleiben die Städte – es sind miß-
25 glückte Provinzkopien des zaristischen St. Petersburg und der sozialistischen Einheitsarchitektur Moskauer Trabantenstädte. Auch in den Kochtöpfen wird man vergebens nach regionalen Besonderheiten suchen: Borschtsch, Pelmeni und Piroggen
30 gibt es in Woronesch und in Rjasan, in Irkutsk ebenso wie in Chabarowsk.
Wieviel kleiner ist doch Deutschland! Mit einem Auto der gehobenen Mittelklasse, deutscher Fahrweise und auf freien Autobahnen können Sie es von
35 Berchtesgaden bis Flensburg in gut sieben Stunden durchqueren. Dennoch ist es fast eine kleine Weltreise, die Sie von hohen Alpengipfeln durch dunkle Tannenwälder, zwischen lieblichen Weinbergen und über karge Heidelandschaften an eine rauhe nördli-
40 che Küste führt, an großen Strömen entlang oder über sie hinweg, durch selbstbewußte und eigenständige Städte, und vorbei an stolzen Domen, trutzigen Burgen, stattlichen Dörfern und reichen Abteien.

Nicht nur die Landschaft ändert sich, sondern auch die Sprache. Wenn Sie – was verständlich ist – 45 aus Ihrem Deutschunterricht nur das Wort Mädchen kennen, werden sie staunen, wie dieses sich allmählich wandelt vom bayrischen Diandl, übers fränkische Madla und das niedersächsische Mäken zur nordischen Deern. Von der Gastronomie ganz 50 zu schweigen: Jeder Volksstamm ist stolz auf seine Regionalküche - vielleicht gerade deshalb, weil leider schon viel davon unter dem Ansturm der Pizzabäcker und Gyrosbrater, des Schnitzels mit der Einheitssauce und der Hamburger-Ketten verschwun- 55 den ist. ...

Nicht einmal in der Religion ist dieses Volk sich einig. Jenseits der Landesgrenzen ist das anders und allemal überschaubarer: in Italien ist man katholisch, in Schweden protestantisch und in Rußland 60 orthodox. Wer mit seiner Religionszugehörigkeit aus dem Rahmen fällt, der endet zwar nicht mehr auf dem Scheiterhaufen, als läßlicher Sünder gilt er mancherorts gleichwohl. Die Deutschen hingegen teilen sich grob gesprochen fünfzig zu fünfzig in Ka- 65 tholische und Evangelische ... Grob gesprochen ist der Norden Deutschlands überwiegend protestantisch, der Süden stärker katholisch ...
Da aber die Religionszugehörigkeit nicht ohne Einfluß auf den Charakter bleibt, existieren in 70 Deutschland in gewisser Hinsicht zwei Nationen nebeneinander ... Es ist ein bißchen so, als ob auf deutschem Territorium ein kleines Italien und ein kleines Schweden nebeneinander existierten ...

Der Lokalpatriotismus übertrifft heute noch den 75 Nationalstolz vieler Deutscher. Selbst nach der Vereinigung, die mit allerlei theatralisch-nationalistischem Brimborium durchgezogen wurde, bekannte sich nur eine Minderheit der Menschen zu der Aussage: „Ich bin stolz, ein Deutscher zu sein." 80 Nach einer repräsentativen Umfrage wollte nur jeder Fünfte diesen Satz unterschreiben. Viel eher fühlt man sich als Bayer oder Sachse, oder man ist stolz darauf, ein Münchner oder Leipziger zu sein.

Berliner Liedchen

Der Westen
ist besser,
der Westen ist bunter
und schöner und schauer
5 und reicher und frei.

Und trotz alledem,
ich sag dir die Wahrheit,
der Westen is ooch nich,
der Westen is ooch nich,
10 der Westen is ooch nich
det Gelbe vom

Und trotz alledem,
ich sag dir die Wahrheit,
der Westen is ooch nich,
15 der Westen is ooch nich,
der Westen is ooch nich
det Gelbe vom,
Gelbe vom Ei.

Der Osten ist schlechter,
der Osten ist grauer,   20
und klein sind die Chancen,
und groß ist die Not.

Und trotz alledem,
der Traum der commune,
der schlief nur und ist doch,   25
der schlief nur und ist doch,
der schlief nur und ist doch
noch lange nicht

Und trotz alledem,
der Traum der commune,   30
der schlief nur und ist doch,
der schlief nur und ist doch,
der schlief nur und ist doch
noch lange nicht,
lange nicht tot.   35

Wolf Biermann

commune:
revolutionärer Aufstand von Pariser Bürgern gegen die französische Regierung 1871

Wolf Biermann, *geboren 1936 in Hamburg, Lyriker und Liedermacher, 1976 als „unbequemer" Bürgerrechtler aus der DDR ausgebürgert. Lebt seitdem im Westen Deutschlands. Seine Lyrik nimmt Bezug auf François Villon, Heinrich Heine und Bert Brecht. Besonders bekannt sind seine gesellschaftskritischen Balladen und Lieder.*

Schreib mal wieder

J.W.v.Goethe: „Erlkönig"

Sophie Mereau,
1770 (?) - 1806,
deutsche Schriftstellerin,
seit 1803 mit Clemens
Brentano verheiratet.

... Deine zwei Briefe aus Berlin, die ich zur glei-
chen Zeit erhielt, haben mich sehr erfüllt, ich
habe weinen müssen, ob aus Freude oder
Schmerz, weiß ich selbst nicht recht. Wahrschein-
5 *lich aus Freude, denn ich finde es weit süßer und*
*würdiger, wenn Du Dich **nach** mir sehnst, als **von***
mir. Übrigens bitte ich Dich herzlich, laß diese
Sehnsucht nur einen grauen, wehmütigen Hinter-
grund sein, auf welchen die lebendigen Regenbo-
10 *genfarben der Gegenwart nur desto heller*
glänzen. Alle Deine Wünsche sind erfüllt, Du bist
bei dem einzigen, schönsten und geistreichsten
Freund, den es in der Welt gibt, alle Deine Umge-
bungen sind wünschenswert, die Erde hat kein
15 *vollkommeneres Glück ... Was begehrst Du, ein-*
siedlerisches Gemüt, denn noch mehr vom Leben?

Sophie Mereau an Clemens Brentano,
Heidelberg 1804

Clemens Brentano,
1778 - 1842,
Dichter der deutschen
Hochromantik, Heraus-
geber der Volkslied-
sammlung „Des
Knaben Wunderhorn".

Verwirrend
↳ confusing

Das Blatt

Eine Ameise schleppt mit Mühe ein Blatt von

weither zu ihrem Ameisenhaufen.

   Wie sinnlos, denkst du, direkt beim Ameisenhaufen ist der

Boden doch voll von solchen Blättern.

5 *Was du nicht weißt: dieses Blatt ist ein Liebesbrief, den die*

Ameise einer andern bringt, und würde sie einfach neben

dem Haufen ein Blatt auflesen, wäre es kein Liebesbrief,

denn die wirkliche Liebe kommt von weither.

Franz Hohler

Franz Hohler, *geboren 1943 in Biel in der Schweiz. Kabarettist und Autor von Erzählungen, Kurz-*
prosa und Kinderbüchern, lebt seit 1978 in Zürich.

Liebesbriefe am Fließband

Jutta Bartky betreibt ein Texterbüro für zärtliche Grüße

Jan Dams

Inmitten knallroter Möbel und Tischen mit Plastikdecken lauscht Jutta Bartky den Klängen eines alten deutschen Schlagers. Aus dem Federhalter in ihrer Hand fließen Sätze voller Zärtlichkeit. Schon den dritten Liebesbrief schreibt sie heute, jeden an einen anderen Mann. Jutta Bartky hat ein Schreib- und Texterbüro in Berlin. Ihre Spezalität: Liebesbriefe.

Liebesbriefe zu schreiben sei nicht einfach, sagt Jutta Bartky. Frauen neigten dazu, unverblümt zu sagen, was sie wollten und was der andere gefälligst nicht solle. Männer dagegen seien meist völlig unromantisch. Deren Liebesbriefe läsen sich oft so sachlich wie eine Inventarliste.

Jutta Bartky glaubt das Geheimnis der weiblichen Seele zu kennen: „Ich weiß doch, auf was für Briefe ich warte. Frauen lieben es, umworben zu werden, und das mit viel Herz." Damit hätten Männer meist Schwierigkeiten. Verklemmte Liebhaber bräuchten oft stundenlange Gespräche, bis sie ihr Innenleben offenbaren. „Das ist wichtig für den Brief."

Für Jutta Bartky auch, denn Zeit ist Geld. Für das Formulieren der Briefe und die Gespräche nimmt sie einen Stundensatz, für das Schreiben ist Zeilengeld fällig. 300 Mark kostet ein Liebesbrief im Durchschnitt.

Für das Geld kann der Kunde aber auch etwas erwarten: professionelle Arbeit. Ob fein oder cool, jeder Mensch habe seinen eigenen Stil - und auf den versucht sich Jutta Bartky einzustellen. „Da schreibe ich für den Punker eben auch: 'Meine liebe kleine Tussi'. Was anderes nimmt die ihm doch nicht ab." Ihre Kunden schätzen sie, weil sie immer den richtigen Ton treffe. „Ich entdecke an jedem Menschen nette Seiten."

Dieser Erfolg ist ihr Geschäft, denn Jutta Bartky schreibt nicht nur Liebesbriefe, sie betreibt auch eine Partnervermittlung. So mancher Kunde der Vermittlung lasse den Brief an die Auserwählte gleich von ihr schreiben. Krisele es später in der Beziehung, sei sie oft auch für die Versöhnungspost zuständig - schließlich kenne sie ja beide Partner. Jutta Bartky: „Ich weiß meistens einen Rat."

> **300 Mark kostet ein Liebesbrief im Schnitt.**

Südkurier, Konstanz, 27.4.95

Alle Liebesbriefe sind

lächerlich.
Sie wären nicht Liebesbriefe, wären sie nicht
lächerlich.

Auch ich schrieb zu meiner Zeit Liebesbriefe,   5
wie alle anderen,
lächerlich.

Die Liebesbriefe,
falls Liebe vorhanden ist,
sind notgedrungenermaßen   10
lächerlich.

Letztlich jedoch
sind nur die Leute, die niemals
Liebesbriefe geschrieben haben,
lächerlich.   15

Was gäbe ich um die Zeit, in der ich,
ohne es zu bemerken,
Liebesbriefe verfaßte,
lächerliche!

Wahr ist, heute sind nur      20
meine Erinnerungen
an diese Liebesbriefe
lächerlich.

(Alle Wörter mit dem Akzent auf der drittletzten Silbe
sind wie die Gefühle   25
von Hause aus
lächerlich.)

Álvaro de Campos (d.i. Fernando Pessoa)

„Schreiben ist nicht ohne Grund schwer"

Peter Bichsel

Ich nehme mich nicht aus - auch ich freue mich über Rechtschreibfehler meiner Mitmenschen. Es ist so etwas wie einer, der vom Pferd fällt.

5 Ich nehme mich nicht aus, auch ich habe gelitten unter der Rechtschreibung und bin dem Lehrer, dem meine Aufsätze trotz der Fehler gefallen haben, heute noch dankbar. Es war nur einer, in der sechsten Klas-
10 se, und ihm habe ich geglaubt. Ohne ihn hätte ich den Mut zum Schreiben für immer verloren.

Wir sind zwar stolz darauf - und das mit Recht - dass bei uns sozusagen jeder lesen
15 und schreiben lernt. Dass es jeder kann, ist bei uns eine Selbstverständlichkeit. Aber in der Schule wird nur Prüfbares gelernt. Also muss man auch die Selbstverständlichkeit des Schreibens prüfbar machen.
20 Zum Schluss werden es wenige sein, die den Mut haben, ihr Können zu benützen. So schafft man sich auf Umwegen die offensichtlich notwendigen Analphabeten.

Am Fremdsprachenunterricht lässt sich
25 dieselbe Sache aufzeigen. Man lernt in der Schule nicht die Sprache, sondern ihre Schwierigkeiten, und dies nicht, weil es vorerst not tut, diese Schwierigkeiten zu kennen, sondern weil sie besser prüfbar sind als die Grundbegriffe. Etwas, das al- 30 len gehört - auch ein Wissen, das allen gehört -, gilt in unserer Gesellschaft nichts - also hindert man die einen zum vornherein daran.

Es scheint, dass man das einfacher ma- 35 chen könnte, indem man überhaupt nur den einen Teil schult, aber das würde nicht zum selben Erfolg führen.

Wenn man das so tut, wie wir es tun, erreicht man, dass jene, die es nicht können, 40 die Könner entsprechend bestaunen. Sie, die an den Schwierigkeiten gescheitert sind, können ermessen, wie weit sie von jenen entfernt sind, die diese Schwierigkeiten beherrschen. 45

Die Rechtschreibung ist nichts anderes als ein Repressionsmittel. Ich möchte sie keineswegs in Bausch und Bogen verdammen, warum soll es sie nicht geben, aber sie wird überschätzt, und sie wird nicht 50 für, sondern gegen die Lernenden eingesetzt. Man hat den Unterschied zwischen Analphabeten und Alphabeten nur etwas nach oben geschoben, aber keineswegs abgeschafft. Auch wenn das nicht absichtlich 55 geschehen ist, hat das seine Gründe.

Peter Bichsel, geb. 1935 in Luzern, Schweizer Journalist und Schriftsteller, Verfasser von Romanen, Kurzprosa und Kindergeschichten.

Im übrigen - Rechtschreibung gibt es erst, seit die Schrift der „Gefahr" der allgemeinen Benützung ausgesetzt ist. Als

60 erst wenige deutsch schrieben, gab es noch keine verbindliche Rechtschreibung. Das Schreibenkönnen an und für sich war damals elitärer Unterschied genug.

Die Abschaffung der Rechtschreibung

65 als Selektionsmittel wäre ein weiterer wichtiger Schritt auf dem Weg zur Einführung des Alphabets. Für Konservative vielleicht ein Verlust an ein bisschen Kultur, aber ein Zivilisationsgewinn wäre es bestimmt.

70

Wir neigen dazu, die Schreibstuben in Analphabetengegenden zu belächeln: der Liebende, der hingeht, um einen Brief schreiben zu lassen für die Geliebte, und die Geliebte, die dann hingeht, um sich die-

75 sen Brief vorlesen zu lassen. Machen wir uns nichts vor, es gibt diese Schreibstuben auch bei uns; ich schreibe hier oft Briefe für Leute - und oft für Leute, die es selbst können, aber den Mut nicht haben dazu.

80

Auch bei uns ist Schreiben nach wie vor ein Privileg, und es wird offensichtlich verteidigt - und wo käme man hin, wenn jeder auf Schriftliches schriftlich reagieren könnte.

85

Im übrigen, ich meine nicht Rechtschreibung, ich versuchte es nur daran zu erklären, ich meine Sprache.

Deutsche Sprache - eine schwere Sprache

Eine Umfrage bestätigte: Nur 30 Prozent bestanden den Test

Nur 30 Prozent der Bundesbürger haben „sehr gute und gute" Rechtschreibkenntnisse, behauptet das Institut für Demoskopie in Allensbach nach einer Repräsentativumfrage, deren Ergebnis gestern in Bonn veröffentlicht wurde. Bei dem Test war zur Aufgabe gestellt worden, die von den Befragern vorgesprochenen Wörter „Rhythmus", „Satellit", „Lebensstandard" und „Republik" aufzuschreiben. 29 Prozent der Befragten konnten nur zwei von vier Wörtern richtig schreiben, 24 Prozent waren in der Lage, ein Wort richtig zu schreiben, und 17 Prozent brachten keines der Wörter richtig zu Papier.

ap 1985

Geschichten,

die das
Leben schrieb

Eine Liebesgeschichte

Siegfried Lenz

Joseph Waldemar Gritzan, ein großer, schweigsamer Holzfäller, wurde heimgesucht von der Liebe. Und zwar hatte er nicht bloß so ein mageres Pfeilchen im Rücken sitzen, sondern, gleichsam seiner Branche angemessen, eine ausgewachsene Rund-
5 axt. Empfangen hatte er diese Axt in dem Augenblick, als er Katharina Knack, ein ausnehmend gesundes, rosiges Mädchen, beim Spülen der Wäsche zu Gesicht bekam. Sie hatte auf ihren ansehnlichen
10 Knien am Flüßchen gelegen, den Körper gebeugt, ein paar Härchen im roten Gesicht, während ihre beträchtlichen Arme herrlich mit der Wäsche hantierten. In diesem Augenblick, wie gesagt, ging Joseph Gritzan vorbei, und ehe er sich's versah, hatte er
15 auch schon die Wunde im Rücken.

Demgemäß ging er nicht in den Wald, sondern fand sich, um etwa fünf Uhr morgens, beim Pfarrer von Suleyken ein, trommelte den Mann Gottes aus dem Bett und sagte: „Mir ist es", sagte er, „Herr
20 Pastor, in den Sinn gekommen, zu heiraten. Deshalb möchte ich bitten um einen Taufschein."

Der Pastor, aus mildem Traum geschreckt, besah sich den Joseph Gritzan ziemlich ungnädig und sagte: „Mein Sohn, wenn dich die Liebe schon nicht schlafen läßt, dann nimm zumindest Rücksicht auf 25 andere Menschen. Komm später wieder, nach dem Frühstück. Aber wenn du Zeit hast, kannst du mir ein bißchen den Garten umgraben. Der Spaten steht im Stall."

Der Holzfäller sah einmal rasch zum Stall hin- 30 über und sprach: „Wenn der Garten umgegraben ist, darf ich dann bitten um den Taufschein?"

„Es wird alles genehmigt wie eh und je", sagte der Pfarrer und empfahl sich.

Joseph Gritzan, beglückt über solche Auskunft, 35 begann dergestalt den Spaten zu gebrauchen, daß der Garten schon nach kurzer Zeit umgegraben war. Dann zog er, nach Rücksprache mit dem Pfarrer, den Schweinen Drahtringe durch die Nasen, melkte eine Kuh, erntete zwei Johannisbeerbüsche 40 ab, schlachtete eine Gans und hackte einen Berg Brennholz. Als er sich gerade daranmachte, den

Schuppen auszubessern, rief der Pfarrer ihn zu sich, füllte den Taufschein aus und übergab ihn mit
45 sanften Ermahnungen Joseph Waldemar Gritzan. Na, der faltete das Dokument mit umständlicher Sorgfalt zusammen, wickelte es in eine Seite des Masuren-Kalenders und verwahrte es irgendwo in der weitläufigen Gegend seiner Brust. Bedankte
50 sich natürlich, wie man erwartet hat, und machte sich auf zu der Stelle am Flüßchen, wo die liebliche Axt Amors ihn getroffen hatte.

Katharina Knack, sie wußte noch nichts von seinem Zustand, und ebenso wenig wußte sie, was al-
55 les er bereits in die heimlichen Wege geleitet hatte. Sie kniete singend am Flüßchen, walkte und knetete die Wäsche und erlaubte sich in kurzen Pausen, ihr gesundes Gesicht zu betrachten, was im Flüßchen möglich war.
60 Joseph umfing die rosige Gestalt – mit den Blicken, versteht sich -, rang ziemlich nach Luft, schluckte und würgte ein Weilchen, und nachdem er sich ausgeschluckt hatte, ging er an die Klattkä, das ist: ein Steg, heran. Er hatte sich heftig und lan-
65 ge überlegt, welche Worte er sprechen sollte, und als er jetzt neben ihr stand, sprach er so: „Rutsch zur Seite."

Das war, ohne Zweifel, ein unmißverständlicher Satz. Katharina machte ihm denn auch schnell Platz auf der Klattkä, und er setzte sich, ohne ein 70 weiteres Wort, neben sie. Sie saßen so - wie lange mag es gewesen sein? - ein halbes Stündchen vielleicht und schwiegen sich gehörig aneinander heran. Sie betrachteten das Flüßchen, das jenseitige Waldufer, sahen zu, wie kleine Gringel* in den 75 Grund stießen und kleine Schlammwolken emporrissen, und zuweilen verfolgten sie auch das Treiben der Enten. Plötzlich aber sprach Joseph Gritzan: „Bald sind die Erdbeeren soweit. Und schon gar nicht zu reden von den Blaubeeren im Wald." Das 80 Mädchen, unvorbereitet auf seine Rede, schrak zusammen und antwortete: „Ja."

So, und jetzt saßen sie stumm wie Hühner nebeneinander, äugten über die Wiese, äugten zum Wald hinüber, guckten manchmal auch in die Son- 85 ne oder kratzten sich am Fuß oder am Hals.

Dann, nach angemessener Weile, erfolgte wieder etwas Ungewöhnliches: Joseph Gritzan langte in die Tasche, zog etwas Eingewickeltes heraus und sprach zu dem Mädchen Katharina Knack: „Willst", 90 sprach er, „Lakritz?"

* (= Kringel)

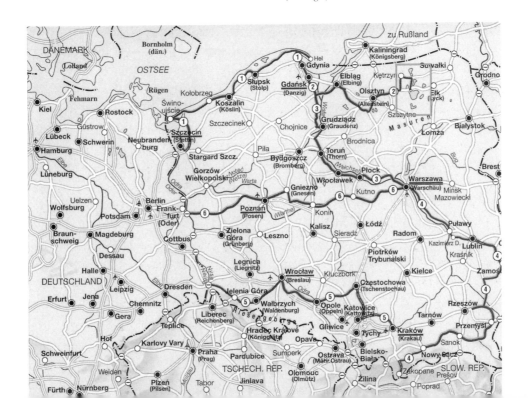

Sie nickte, und der Holzfäller wickelte zwei La-
kritzstangen aus, gab ihr eine und sah zu, wie sie
aß und lutschte. Es schien ihr gut zu schmecken.
95 Sie wurde übermütig - wenn auch nicht so, daß sie
zu reden begonnen hätte -, ließ ihre Beine ins Wasser baumeln, machte kleine Wellen und sah hin und
wieder in sein Gesicht. Er zog sich nicht die Schuhe aus.

100 Soweit nahm alles einen ordnungsgemäßen Verlauf. Aber auf einmal - wie es zu gehen pflegt in
solchen Lagen - rief die alte Guschke, trat vors Häuschen und rief: „Katinka, wo bleibt die Wäsch'!"

Worauf das Mädchen verdattert aufsprang, den
105 Eimer anfaßte und mir nichts dir nichts, als ob die
Lakritzstange gar nichts gewesen wäre, verschwin-
den wollte. Doch, Gott sei Dank, hatte Joseph Gritzan das weitläufige Gelände seiner Brust bereits
durchforscht, hatte auch schon den Taufschein zur
110 Hand, packte ihn sorgsam aus und winkte das
Mädchen noch einmal zu sich heran.

„Kannst", sprach er, „lesen?"

Sie nickte hastig.

Er reichte ihr den Taufschein und erhob sich. Er
115 beobachtete, während sie las, ihr Gesicht und zit-
terte am ganzen Körper.

„Katinka!" schrie die alte Guschke, „Katinka, haben die Enten die Wäsch' gefressen?!"

„Lies zu Ende", sagte der Holzfäller drohend. Er
120 versperrte ihr, weiß Gott, schon den Weg, dieser
Mensch.

Katharina Knack vertiefte sich immer mehr in
den Taufschein, vergaß Welt und Wäsche und
stand da, sagen wir mal: wie ein träumendes Kälb-
chen, so stand sie da. 125

„Die Wäsch', die Wäsch'", keifte die alte Guschke von neuem.

„Lies zu Ende", drohte Joseph Gritzan, und er
war so erregt, daß er sich nicht einmal wunderte
über seine Geschwätzigkeit. 130

Plötzlich schoß die alte Guschke zwischen den
Stachelbeeren hervor, ein geschwindes, üppiges
Weib, schoß hervor und heran, trat ganz dicht ne-
ben Katharina Knack und rief: „Die Wäsch', Ka-
tinka!" Und mit einem tatarischen Blick auf den 135
Holzfäller: „Hier geht vor die Wäsch', Cholera!"

O Wunder der Liebe, insbesondere der masuri-
schen; das Mädchen, das träumende, rosige, hob
seinen Kopf, zeigte der alten Guschke den Taufschein und sprach: „Es ist", sprach es, „besiegelt 140
und beschlossen. Was für ein schöner Taufschein!
Ich werde heiraten." Die alte Guschke, sie war zuerst wie vor den Kopf getreten, aber dann lachte sie
und sprach: „Nein, nein", sprach sie, „was die
Wäsch' alles mit sich bringt! Beim Einweichen ha- 145
ben wir noch nichts gewußt. Und beim Plätten ist
es schon soweit."

Währenddessen hatte Joseph Gritzan wiederum
etwas aus seiner Tasche gezogen, hielt es dem
Mädchen hin und sagte: „Willst noch Lakritz?" 150

Siegfried Lenz, geboren 1926 in Lyck, Masuren (wald- und seenreiche
Landschaft im Norden Polens, die bis 1945 zum ehemals deutschen Ost-
preußen gehörte). Bedeutender deutscher Schriftsteller, der Themen aus
der Gegenwart oder jüngeren Vergangenheit in seinen Romanen, Erzählungen, Hörspielen und Essays verarbeitet. Die „Deutschstunde"
(1968), einer der wichtigsten deutschen Nachkriegsromane, beschreibt
das Verhalten der Menschen zur Zeit des Nationalsozialismus. In dem
Erzählzyklus "So zärtlich war Suleyken" (1955), dem die Liebesgeschichte
entnommen ist, schildert Lenz humorvoll die Menschen seiner masuri-
schen Heimat.

Unglaublich, aber wahr?

Sagenhafte Geschichten von heute

R.W. Brednich

Nüchterner Beifahrer

Auf einer Landstraße bei Nienburg fuhr ein Polizei-
wagen, in dem zwei Beamte saßen. Ihnen fiel das hinter ihnen fahrende Auto auf, weil es in Schlangenlinien
fuhr. So hielten sie es an; aus dem Auto stieg auch ein
Mann aus und ging nach vorne zur Polizei. Da wurde
er gebeten, ins Röhrchen zu blasen, aber es gab keine
Reaktion. So durfte er weiterfahren. Wieder das gleiche: die Polizei vorneweg, das andere Auto in Schlangenlinien hinterher. Wieder stoppte die Polizei, der
Mann mußte wieder ins Röhrchen blasen, aber wieder
war nichts. Da das den Beamten komisch vorkam,
ließen sie sich von dem anderen Wagen überholen und
sahen den Grund: es war nämlich ein englisches Auto
mit Rechtssteuerung; der Mann, der gepustet hatte, war
also gar nicht der Fahrer!

Rache des Lastwagenfahrers

Ein Lastwagenfahrer hat die Fahrt unterbrochen, um in
einer kleinen Raststätte auf dem Land ein Frühstück
einzunehmen. Als er gerade beim Kaffee sitzt, biegen
drei Motorradfahrer in Lederjacken auf schicken High-
risermaschinen auf den Parkplatz ein und setzen sich
zu dem Fernfahrer an den Tisch. Sie versuchen, ihn in
ein Gespräch zu ziehen, aber als er einsilbig bleibt, beginnen sie damit, ihn anzupöbeln: der eine ißt seine
Spiegeleier auf, der zweite nimmt sich die Pommes fri-
tes, und der dritte zieht die Tasse Kaffee zu sich herü-
ber und trinkt sie aus. Der Fernfahrer läßt sich durch
all dies nicht provozieren, bleibt ungerührt, zahlt bei
der Wirtin seine Zeche und geht. Als er weg ist, meinen die Motorradfahrer zur Wirtin: "Das war aber mal
ein ängstlicher Mann!" - "Ja", erwidert die Wirtin, "und
ein schlechter Autofahrer ist er auch; gerade hat er beim
Zurücksetzen drei Motorräder plattgefahren!"

Die gestohlene Großmutter

Die ganze Familie samt Oma macht Ferien am Garda-
see. Zwei Tage vor der Heimreise stirbt plötzlich die
Oma. Aus Angst vor den Formalitäten und den Unko-
sten für eine Überführung beschließt der Rest der Familie, den Tod zu vertuschen. Also verstaut man die
Oma, eingewickelt in das Familienzelt, im Kofferraum,
um sie auf diesem Wege wieder mit nach Deutschland
zu nehmen und dort zu beerdigen. Als man schließlich
über die Grenze ist, hält man an der nächsten Raststätte an, um nach all der Anspannung eine Tasse Kaffee
zu trinken. Aber als die Familie weiterfahren will, ist
der Wagen und mit ihm die tote Oma verschwunden.

Geräusche auf dem Dachboden

Ein junges Ehepaar aus der Stadt kauft sich auf dem
Land in der Eifel ein altes Haus. Eines Nachts wacht
die Frau auf, weil sie auf dem Dachboden seltsame
Geräusche hört. Sie erzählt es ihrem Mann, der ihr sagt,
daß es sich um Tiere handele. Weil sich die Geräusche
jede Nacht wiederholen, ist sie zwar beunruhigt, aber
sie gewöhnt sich mit der Zeit daran. Erst als die nächtlichen Geräusche ausbleiben, traut sich die Frau, den
Dachboden zu betreten. Sie erschrickt fürchterlich,
weil sie feststellt, daß die Geräusche nicht von Tieren,
sondern von Menschen hervorgerufen worden waren:
Sie findet nämlich Essensreste, Zigarettenstummel und
ein unverschlossenes Dachfenster vor.

Der Punker in der U-Bahn

In Berlin steigt ein Punker in die U-Bahn und setzt sich ruhig auf einen freien Platz. Eine Frau ihm gegenüber fängt
an, auf die Jugend allgemein und auf den Punker insbesondere laut zu schimpfen; schließlich beleidigt sie ihn wegen
seines Äußeren. Der Punker bleibt ganz gelassen. An der nächsten Station sieht er, wie ein Kontrolleur einsteigt. Bevor sie kontrolliert werden, ergreift er hastig die Fahrkarte der schimpfenden Frau und ißt sie auf. Von den Mitfah-
renden will dann keiner bestätigen, daß die Frau vorher eine Fahrkarte in der Hand hatte. Sie muß Strafe wegen
Schwarzfahrens zahlen.

Moderne Sagen

von Martin Bernhofer

Eine Frau verschwindet in der Umkleidekabine und ist trotz intensiver Nachforschungen nicht mehr aufzufinden. Im schottischen Nebel enthaupten sich zwei Autofahrer gegenseitig, ohne ihre Fahrzeuge zu verlassen. Ein Paraglider gerät in eine Gewitterwolke, der Mann erfriert und fällt als Eisblock vom Himmel. Ein Autofahrer wird in einer Tiefgarage bewußtlos und mit frisch vernähter Operationswunde gefunden: Organhändler haben ihm eine Niere entnommen ...

Moderne Sagen zeigen, wie im Alltag das Irrationale und Bedrohliche lauert, wie das Unvorhergesehene und Unbegreifliche in eine nur scheinbar
5 überschaubare Welt einbricht. Mit solchen „sagenhaften Geschichten von heute" hat Rolf-Wilhelm Brednich, Professor für Volkskunde an der Universität Göttingen, als Her-
10 ausgeber sämtliche Verkaufserfolge von volkstümlichen Geschichtensammlungen seit den „Kinder- und Hausmärchen" der Gebrüder Grimm übertroffen. Nicht nur eine schaurig-abgründige Anziehung
15 macht das Erfolgsgeheimnis der Textsammlungen aus. Professor Brednich: „Sie werden dabei ertappt, daß Sie an Dinge geglaubt haben, die durch Erzähler, unter Wahrheitsbeweis und Wahrheitsbeteuerung, mitgeteilt worden sind, und plötzlich stehen sie vor
20 der Tatsache, daß diese Geschichten kollektiv verbreitet sind. Sie sind also Teil einer internationalen Kommunikationsgemeinschaft, und das überrascht Sie!"

Tierisches und Menschliches

Immer wieder treten Tiere als handelnde Personen
25 oder konfliktauslösende Gegenstände auf - so auch in der Geschichte „Die Ratte am Strohhalm". Professor Brednich: „Da ist ein Bauer auf seinem Hof von einer Rattenplage heimgesucht worden, und eine davon hat er erschlagen. Zu seiner Verwunde-
30 rung blieb aber eine zweite, die der ersten folgte, stocksteif sitzen. Er hat sie einem Biologen mit der Bitte überbracht, herauszufinden, warum sie sich totgestellt hat. Der Biologe hat die Situation untersucht: Er hat in der Nähe der totgeschlagenen Rat-
35 te einen Strohhalm gefunden und außerdem herausgefunden, daß die nichterschlagene Ratte, die scheintote, blind war. Daraus hat er den Schluß gezogen, daß die erste Rat-
40 te, also die getötete, die zweite an einem Strohhalm über den Hof geführt hat, daß es also bei den Ratten so etwas wie Fürsorge für erblindete Zeitgenossen gibt.

45 Diese Geschichte wird nicht nur mündlich kolportiert, sondern sie hat auch schon in zwei Lehrbüchern über Rattentierhaltung Eingang gefunden. Ratten werden ja auch als Haustiere gehalten und waren vor eini-
50 gen Jahren bei Hippies in Mode. Und trotzdem halte ich die Geschichte für absolut fiktiv."

Makabre Highlights

Bei einer Tagung der modernen Sagenforschung, die im Juli 1994 in Paris stattfand, zeigte sich, daß bestimmte Geschichten quer durch Europa verbrei-
55 tet sind und sich in immer neuen Varianten verzweigen. Zu den modernen Sagen mit „Hochkonjunktur" gehört auch die „Geschichte vom Organdiebstahl".
Professor Brednich: „Da ist die Rede von einem wei-
60 ßen Krankenwagen, der zu nächtlicher Stunde durch Städte und Dörfer fährt und Kinder einlädt, die dann entweder überhaupt nicht mehr gesichtet werden oder - in anderen Varianten - nach Tagen wieder aufgefunden werden mit einer gestohlenen Niere. Oder
65 sie sind getötet, und man hat ihnen ihre inneren Organe weggenommen, um sie in den internationalen Organhandel einzuschleusen.

Vom Volksmund zum Bestseller

Manches davon mag wahr sein, aber die Macht und
70 die Fülle, mit der diese Geschichten jetzt nach Europa hineindringen, steht in keinem Verhältnis zu den wirklich aufgedeckten Straftaten und der Kriminalität auf diesem Gebiet. Aber es appelliert eben an moderne Ängste in unserer Gesellschaft und
75 hängt sehr stark auch mit Medienberichten zusammen."
Der Reiz vieler sagenhafter Geschichten besteht vermutlich darin, daß sie das Terrain des Unglaublichen betreten, aber doch unter dem Vorzeichen des selbst
80 Gesehenen oder selbst Gehörten weitergegeben werden.

Formen der Ausgrenzung

Die sagenhaften Geschichten von heute transportieren viele Phänomene kollektiver Wahrnehmung.
85 Das zeigt sich besonders in den Erzählinhalten, die sich mit der Erfahrung von Fremde und kulturellen Unterschieden bei Menschen befassen. Das Erzählen über andere wird auch als Ausgrenzung, manchmal als Diffamierung sichtbar - oft nur auf der Ebene der
90 Witze oder Gerüchte, die anderen Nationalitäten oder Minderheiten im eigenen Land einen zweifelhaften Stellenwert einräumen oder sie mit Straftaten und Verhaltensabnormitäten in Verbindung bringen. Auch Urlaubserzählungen transportieren
95 Vorurteile:
Eine Swiss-Air-Geschichte. Sie spielt während eines Zwischenstopps in Afrika. Die Besatzung hat Ruhetag. Eine schweizerische Flugbegleiterin kommt, weil sie etwas vergessen hat, vom Badestrand kurz
100 in ihr Hotelzimmer zurück. Da sieht sie, wie der schwarze Hotelboy mit ihrer Zahnbürste den Rand des Waschbeckens schrubbt.
Kulturkontakt und Kulturberührungen haben immer schon zu Formen der Abgrenzung und Ausgrenzung
105 geführt. Das Erzählen darüber ist ein wichtiger Indikator - für das Bewußtsein und Selbstbewußtsein von Subkulturen und Minderheiten.

Von Mund zu Ohr

In der Geschichte des Erzählens hat Rudolf Schenda
110 untersucht, wie sich die mündliche Überlieferung durch das Aufschreiben von Texten, die Drucklegung und Verflechtung mit anderen Medien verändert hat. Heute weiß man, daß der Einfluß der schriftlichen Überlieferung wesentlich größer ist, als lange angenommen wurde.
115
Prof. Schenda: „Wir müssen dem Volk sehr viel mehr literarische Kenntnisse zugestehen, als das bisher der Fall war, eben weil es sich durch Vorleseakte und Nacherzählakte, die früher durch Geistliche und Pädagogen in den Dörfern vermittelt wurden, Kennt-
120 nisse verschafft hat - nicht nur von der Bibel, sondern auch von weltlichen Werken, die voll waren mit Geschichten."
In das Geflecht volkstümlicher Erzähltraditionen haben sich längst schon Wirkungen der Massenmedi-
125 en eingemischt. Heute ist der Trend bemerkbar, daß Menschen in Medien Gehörtes und Gesehenes so berichten, als hätten sie es selbst erlebt.

Globale Erzählkultur?

Die genaue definitorische Zuordnung der „sagen-
130 haften Geschichten von heute" zu einer bestimmten Gattung fällt immer noch schwer. In bestimmten Motiven - wie dem Rachemotiv - finden sich Kontinuitäten zur traditionellen Sage. Auch teilt die alte Sage mit der modernen den Charakter der un-
135 glaubhaften Erzählung: Sie wird für wahr gehalten und als wahr wiedergegeben. Eine verbindliche Bezeichnung für das neue Erzählgenre fehlt aber noch. Die sagenhaften Geschichten von heute verbreiten sich sehr rasch über Länder und sogar über Konti-
140 nente hinweg. Die zahlreichen Varianten von weitverbreiteten Erzählschemata werfen die Frage auf, welcher Trend sich in Zukunft durchsetzen wird: eine durch Medienwirkungen rasant vorangetriebene Globalisierung des populären Erzählgutes oder eine
145 Behauptung lokaler und regionaler Elemente?

ORF-Nachlese, Januar 1995

Literatur zum Thema:

Rolf-Wilhelm Brednich, Sagenhafte Geschichten von heute,
C.H. Beck Verlag 1994

Rudolf Schenda, Von Mund zu Ohr, Bausteine zu einer Kulturgeschichte volkstümlichen Erzählens in Europa, Vandenhoeck & Ruprecht Verlag 1993

Das Märchen vom Glück

Erich Kästner

Siebzig war er gut und gern, der alte Mann, der mir in der verräucherten Kneipe gegenüber saß. Sein Schopf sah aus, als habe es darauf geschneit, und die Augen blitzten wie eine blankgefegte Eisbahn. „Oh, sind die Menschen dumm", sagte er und schüttelte den Kopf, daß ich dachte, gleich müßten Schneeflocken aus seinem Haar aufwirbeln. „Das Glück ist ja schließlich keine Dauerwurst, von der man sich täglich eine

5 *Scheibe herunterschneiden kann!" „Stimmt", meinte ich, „das Glück hat ganz und gar nichts Geräuchertes an sich. Obwohl ..." - „Obwohl?" - „Obwohl gerade Sie aussehen, als hinge bei Ihnen zu Hause der Schinken des Glücks im Rauchfang" - „Ich bin eine Ausnahme", sagte er und trank einen Schluck. „Ich bin die Ausnahme. Ich bin nämlich der Mann, der einen Wunsch frei hat." Und dann erzählte er seine Geschichte.*

Die Geschichte ist im Folgenden durcheinander geraten. Sie können sie wieder richtig zusammenstellen.

A

Mein Nachbar stand auf, nahm Hut und Mantel vom Garderobenhaken, sah mich mit seinen blitzblanken Augen an und sagte: „Den letzten Wunsch habe ich vierzig Jahre lang nicht angerührt. Manchmal war ich nahe daran. Aber nein. Wünsche sind nur gut, solange man sie noch vor sich hat. Leben Sie wohl."
Ich sah vom Fenster aus, wie er über die Straße ging. Die Schneeflocken umtanzten ihn. Und er hatte ganz

5 *vergessen, mir zu sagen, ob wenigstens er glücklich sei. Oder hatte er mir absichtlich nicht geantwortet? Das ist natürlich auch möglich.*

B

Er blickte mir prüfend ins Gesicht.
„Das ist lange her", begann er und stützte den Kopf in beide Hände, „sehr lange. Vierzig Jahre. Ich war noch jung und litt am Leben wie an einer geschwol-

5 *lenen Backe. Da setzte sich, als ich eines Mittags ver-bittert auf einer grünen Parkbank hockte, ein alter Mann neben mich und sagte beiläufig: ‚Also gut. Wir haben es uns überlegt. Du hast drei Wünsche frei.' Ich starrte in meine Zeitung und tat, als hätte ich*

10 *nichts gehört. ‚Wünsch dir, was du willst', fuhr er fort, ‚die schönste Frau oder das meiste Geld oder den größten Schnurrbart - das ist deine Sache. Aber wer-de endlich glücklich! Deine Unzufriedenheit geht uns auf die Nerven.' Er sah aus wie der Weihnachtsmann*

15 *in Zivil. Weißer Vollbart, rote Apfelbäckchen, Au-genbrauen wie aus Christbaumwatte. Gar nichts Verrücktes. Vielleicht ein bißchen zu gutmütig. Nach-dem ich ihn eingehend betrachtet hatte, starrte ich wieder in meine Zeitung.*

C

‚Hören Sie, junger Mann - fein war das nicht von Ihnen!' Ich stotterte eine Entschuldigung. Wie leid es mir täte. Ich hätte doch nicht an die drei Wünsche geglaubt. Und außerdem hätte ich im-

5 *merhin versucht, den Schaden wieder gutzuma-chen. ‚Das ist richtig', meinte er. Er lächelte so freundlich, daß mir fast die Tränen kamen. ‚Nun haben Sie nur noch einen Wunsch frei', sagte er, ‚den dritten. Mit ihm gehen Sie hoffentlich ein*

10 *bißchen vorsichtiger um. Versprechen Sie mir das?' Ich nickte und schluckte. ‚Ja', antwortete ich dann, ‚aber nur, wenn Sie mich wieder duzen'. Da mußte er lachen. ‚Gut, mein Junge', sagte er und gab mir die Hand. ‚Leb wohl. Sei nicht allzu un-*

15 *glücklich. Und gib auf deinen letzten Wunsch acht.' ‚Ich verspreche es Ihnen', erwiderte ich fei-erlich. Doch er war schon weg. Wie fortgeblasen."*
„Und?"
„Was ‚Und'?"

20 *„Seitdem sind Sie glücklich?"*
„Ach so. - Glücklich?"

D

Ich schloß die Augen und flüsterte ängstlich: ‚Ich wünsche mir, daß der alte Mann wieder neben mir sitzt!' Wissen Sie, ich habe mir jahrelang, bis in den Traum hinein, die bittersten Vorwürfe gemacht, daß
5 ich den zweiten Wunsch auf diese Weise verschleudert habe, doch ich sah damals keinen Ausweg. Es gab ja auch keinen ..."

„Und?"

„Was ‚Und'?"
10 „War er wieder da?"

„Ach so! - Natürlich war er wieder da! In der nämlichen Sekunde. Er saß wieder neben mir, als wäre er nie fortgewünscht gewesen. Das heißt; man sah's ihm schon an, daß er ..., daß er irgendwo gewesen war, wo
15 es verteufelt, ich meine, wo es sehr heiß sein mußte. O ja. Die buschigen, weißen Augenbrauen waren ein bißchen verbrannt. Und der schöne Vollbart hatte auch etwas gelitten. Besonders an den Rändern. Außerdem roch's wie nach versengter Gans. Er blick-
20 te mich vorwurfsvoll an. Dann zog er ein Bartbürstchen aus der Brusttasche, putzte sich Bart und Brauen und sagte gekränkt:

E

„Und?"

„Was ‚Und'?"

„War er weg?"

„Ach so! - Natürlich war er weg! Wie fortgeweht. In der
5 gleichen Sekunde. In nichts aufgelöst. Ich guckte sogar unter die Bank. Aber dort war er auch nicht. Mir wurde ganz übel vor lauter Schreck. Die Sache mit den Wünschen schien zu stimmen! Und der erste Wunsch hatte sich bereits erfüllt! Du meine Güte! Und wenn er sich erfüllt hatte, dann war
10 der gute, liebe, brave Großpapa, wer er nun auch sein mochte, nicht nur weg, nicht nur von meiner Bank verschwunden, nein, dann war er beim Teufel! Dann war er in der Hölle! ‚Sei nicht albern', sagte ich zu mir selber, ‚Die Hölle gibt es ja gar nicht und den Teufel auch nicht.' Aber die drei Wün-
15 sche, gab's denn die? Und trotzdem war der alte Mann, kaum hatte ich's gewünscht, verschwunden ... Mir wurde heiß und kalt. Mir schlotterten die Knie. Was sollte ich machen? Der alte Mann mußte wieder her, ob's nun eine Hölle gab oder nicht. Das war ich ihm schuldig. Ich mußte meinen zweiten
20 Wunsch dransetzen, den zweiten von dreien, o ich Ochse! Oder sollte ich ihn lassen, wo er war? Mit seinen hübschen, roten Apfelbäckchen! ‚Bratapfelbäckchen', dachte ich schaudernd. Mir blieb keine Wahl.

F

‚Obwohl es uns nichts angeht, was du mit deinen drei Wünschen machst', sagte er, ‚wäre es natürlich kein Fehler, wenn du dir die Angelegenheit vorher genau überlegtest. Denn drei Wünsche sind nicht vier Wünsche oder fünf, sondern drei. Und wenn du hinterher immer noch neidisch und unglücklich wärst, könnten wir dir und uns nicht mehr helfen.' Ich weiß nicht, ob Sie sich in meine Lage versetzen können. Ich saß auf einer Bank und haderte
5 mit Gott und der Welt. In der Ferne klingelten die Straßenbahnen. Die Wachtparade zog irgendwo mit Pauken und Trompeten zum Schloß. Und neben mir saß nun dieser alte Quatschkopf!"

„Sie wurden wütend?"

„Ich wurde wütend. Mir war zumute wie einem Kessel kurz vorm Zerplatzen. Und als er sein weißwattiertes Großvatermündchen von neuem aufmachen wollte, stieß ich zornzitternd hervor: ‚Damit Sie alter Esel mich nicht
10 länger duzen, nehme ich mir die Freiheit, meinen ersten und innigsten Wunsch auszusprechen - scheren Sie sich zum Teufel!' Das war nicht fein und höflich, aber ich konnte einfach nicht anders. Es hätte mich sonst zerrissen."

Erich Kästner (1899 - 1974) schrieb satirische und humoristische Gedichte, Romane und Dramen, die die sozialen und wirtschaftlichen Sorgen des „kleinen Mannes" thematisieren. Besonders erfolgreich waren seine Bücher für Kinder, u.a. „Emil und die Detektive" (1928), deren Helden Tugenden wie Aufrichtigkeit, Gerechtigkeit, Hilfsbereitschaft und Nächstenliebe vorleben.

Benimm dich

Auch unsere Zeit braucht Kavaliere. Rücksichtnahme und Hilfsbereitschaft sind gefragt. Gerade im Straßenverkehr. Aggressivität am Steuer macht Angst. Kavaliere der Straße haben Verständnis für andere. Eine solche Haltung kommt an und hilft Unfälle vermeiden.

Wenn Ihnen ein „Kavalier der Straße" auffällt, melden Sie ihn:

Verkehrsparlament der
Süddeutschen Zeitung e.V.
Sendlinger Straße 8
80331 München

***Rücksicht nehmen
und helfen –
ausgezeichnet!***

Arbeitsgemeinschaft Deutscher Tageszeitungen „Kavalier der Straße "
im Deutschen Verkehrssicherheitsrat e.V.

Der Schauspieler Toyo Tanaka philosophiert
über hanseatische Eigenarten:

Über Hamburger und Höflichkeit

„Stadt des Lächelns?"

Herzlich willkommen in Hamburg", sagte freundlich die Stewardess unseres Lufthansa-Fluges von London nach Hamburg kurz nach der glücklichen Landung. Und ich freute mich mächtig, wieder in meiner geliebten zweiten Heimatstadt zu sein. Was machte es da schon, daß der Grenzbeamte an der Paßkontrolle seine Zähne nicht auseinander bekam, als ich ihn fröhlich begrüßte. Es machte mir gar nichts. Vielleicht leidet der Arme unter einer Zahnlücke? Wer weiß? Er musterte mich mit ernster und wichtiger Miene, dann meinen Paß, dann wieder mich, und das ging so einige Zeit hin und her, bis er mich gnädig und wortlos durchließ. Na und? Ich war schließlich wieder in Hamburg. Auch der rotgesichtige Taxifahrer hatte wohl nicht gerade seinen besten Tag. Eigenartig, dabei schien die Sonne. Er schüttelte nur beim Anblick meines vielen Gepäcks den Kopf, und ich durfte die Koffer in seinem Auto verstauen. Dafür ließ er auch liebenswürdigerweise das gesamte Gepäck vor meinem Haus mitten auf der Straße stehen. Taxifahrer haben es eben heute eilig, dafür habe ich vollstes Verständnis.

Was soll's, ich bin doch in Hamburg. Einkaufen mußte ich dann. Nanu, was war denn mit den Verkäuferinnen los? Ein stummes, aufforderndes Kopfnicken, schnell zu sagen, was ich möchte. Das war's.
Ja, warum soll sie auch höflich fragen, was ich für Wünsche habe. Warum? Schließlich darf sie ihre sichtbare Lustlosigkeit auch einmal an Kunden auslassen. Und heute bin ich eben dran. Das werde ich wohl verkraften können. Klar, konnte ich. Auch, daß bisher kein Mensch mein Lächeln erwidert hat. Und als ich dann Hunger bekam, muffelte ein Kellner um mich herum, statt mich höflich zu bedienen. Total sauer war der Bursche. Bestimmt hat er kein leichtes Leben bei seinem harten Job. Wenn es ihm gut tut, seine schlechte Laune bei mir los zu werden, bitte sehr. Doch dann habe ich mich unruhig gefragt, haben denn all diese unhöflichen Mitmenschen Goethes Faust gelesen? Denn da steht es schwarz auf weiß: „Im Deutschen lügt man, wenn man höflich ist." Demnach ist, wer unhöflich ist, also ehrlich? Doch nicht etwa nur bei den Deutschen, nein, auch den hier lebenden Ausländern mangelt es anscheinend an

Höflichkeit. Nanu? Ob das ein Virus ist, der sich schleichend aber sicher ausbreitet? Also, das weiß ich aus meinem eigenen Erleben, daß sich zum Beispiel Italiener, Griechen, Türken und Japaner in ihrer Heimat vor Höflichkeit fast überschlagen. Aber angepaßt, wie sie nun mal sind, haben sie zwar Deutsch gelernt, den unhöflichen Umgangston aber gleich dazu. Und den pflegen sie nun sorgfältig. Nein, ich ärgere mich nicht darüber. Ein bißchen wundere ich mich allerdings schon. Auch über die Verkäuferinnen, die mir mein übriggebliebenes Geld beim Bezahlen zackig zurückgeben, als würden sie es mir schenken. Dann sagen sie plötzlich „Bitte sehr" und sind überrascht, wenn ich mich nicht bedanke. Oh, hat mich der Virus der Unhöflichkeit etwa auch erwischt? Komisch, die Verkäuferinnen in Londons berühmtem Kaufhaus Harrods, oder bei Bloomingdale's in New York sind da anders, für sie ist Höflichkeit genauso wichtig wie eine gefüllte Kasse. Für mich steht immer noch fest, daß auch Hamburger wissen, was Höflichkeit bedeutet. Ganz bestimmt. Und wenn sie sie manchmal vergessen, übersehe ich das höflich.

„Alster Magazin", Magazin Verlag Hamburg, 21.1.1995

Du oder Sie?

Dejans Ratschläge

Ein türkischer Geschäftsmann berichtet:

Es war auf dem Flughafen, unmittelbar vor meiner ersten Deutschlandreise, ausgerechnet da lief ich ihm in die Arme: Dejan, meinem al-
5 ten Deutschlehrer.
Da war es wieder, dieses Lampenfieber. Wie würde es sein bei den ersten Begegnungen mit meinen deutschen Geschäftspartnern?
10 Dejan war ein Original. Er hatte immer nur Deutsch mit uns gesprochen, und immer, wenn wir etwas in Türkisch gesagt hatten, hatte er so getan, als verstünde er uns nicht.
15 Jetzt kam er gerade aus Österreich, und als wir uns trafen, war ich dabei, mir für meinen Flug nach Frankfurt einige Zeitschriften zu kaufen. In dem engen Kiosk stießen wir zu-
20 sammen.
Wir entschuldigten uns, und dabei erkannte zuerst ich ihn und dann auch er mich. Ich musste ihm erzählen, was seit dem Deutschkurs vor ei-
25 nigen Jahren aus mir geworden war. Ich war einer der schlechteren Schüler gewesen. Und ausgerechnet ich wurde nun von meiner Firma nach Deutschland geschickt. Ich erzählte
30 ihm von meinem Lampenfieber und dass ich unsicher war, wie ich die Leute anreden sollte.
Er verfiel sofort ins Deutsche. „Na, die Leute siezen sich", sagte er mir,
35 „Das müsstest du eigentlich noch wissen aus dem Deutschunterricht: dritte Person Plural, groß geschrieben. In der Regel spricht man sich mit *Sie* an und mit *Herr* oder *Frau*
40 plus Nachname. *Fräulein* wird nicht mehr benutzt. Also immer: ‚Wie geht es Ihnen, Frau Müller?'. *Fräu-*

lein sagen sie manchmal aus Spaß zu Kindern, zum Beispiel beim Ein-
45 kaufen: ‚Na, kleines Fräulein, was darf's denn sein?' Und Herr Meier könnte beleidigt sein, wenn er promoviert ist und du ihn nicht mit seinem Titel anredest: ‚Hatten Sie
50 einen angenehmen Flug, Herr Dr. Meier?' An den meisten Universitäten allerdings fallen der Doktor und oft sogar der Professor unter den Tisch."
55 Dejan schnappte einen fragenden Blick von mir auf: „Unter den Tisch?" - „Na, die werden weggelassen, diese Titel. Aber sonst - zu offiziellen oder geschäftlichen Anlässen - da
60 werden manchmal auch Titel mitgenannt: ‚Ich danke besonders Herrn Direktor Schmidt ...' oder: ‚... Herrn Bürgermeister Schulze für seine Teilnahme an unserer Konferenz.' Ich
65 komme ja gerade aus Österreich, da pflegt man solche und andere Titel - selbst bei weniger offiziellen Anlässen." Dejan hatte während seiner Erklärungen einen Kugelschreiber
70 aus einem Verkaufsregal genommen. Nun kam ihm ein neuer Gedanke:
„Manchmal gehen Leute zum *Du* über, wenn sie Freundschaft mit-
75 einander geschlossen haben und das ausdrücken wollen oder wenn Sie ein gewisses Zusammengehörigkeitsgefühl empfinden, zum Beispiel bei gemeinsamen Aufgaben
80 oder Erfolgen, oder wenn sie sich besonders nah oder sympathisch sind. Aber Vorsicht: Jemanden mit dem Vornamen und mit *du* anzureden gilt meist als etwas Intimes, Pri-

85 vates. Das muss ausdrücklich vereinbart werden. Besonders in Ostdeutschland wird dieser Schritt sehr ernst genommen. Es darf nur die ältere oder ranghöhere Person der an-
90 deren Person das *Du* anbieten. Allerdings kann so ein Angebot auch abgelehnt werden, denn eine „Duz-Brüderschaft" ist irreversibel. Wenn man nun beschließt, sich zu duzen,
95 dann wird das oft feierlich begangen; man hebt sein Glas und stößt damit an, man ‚trinkt Brüderschaft'". Dejan prostete mir mit seinem Kugelschreiber zu. Wir bezahlten un-
100 sere Einkäufe, und im Hinausgehen sagte er noch: „In Westdeutschland geht das alles oft viel formloser zu: Titel fallen meistens weg; junge Leute untereinander, Kollegen, Studen-
105 ten - häufig duzen die sich einfach, ohne groß zu fragen. In manchen Kreisen würdest du steif und unnahbar wirken, wenn du beim *Sie* bleiben würdest."
110 Wir trennten uns. Dejan sah mir an an, dass ich immer noch ratlos war. Er sagte zum Abschied: „Kopf hoch, mein Junge! Ich würde dir ja gerne *die* gültige Regel für die Anrede mit
115 auf den Weg geben. Aber die gibt's nicht - wie so oft im Deutschen. Halte die Augen offen, beobachte die Leute und mach's wie sie. Zur Not fragst du. Das ist nie falsch."
120 Als ich dann in mein Flugzeug einstieg, fühlte ich mich schon etwas gestärkt. Später sollte sich zeigen: Er hatte mir zwar kein Rezept mitgegeben, aber er hatte mir gesagt,
125 wie ich's machen kann - mein alter Lehrer Dejan ...

Du oder Sie?

„Sagen Sie doch einfach *Du* zu mir"

HERR SCHULZ! MACHST DU UNS NOCHMAL'N KAFFEE?!

Mark Kuntz

Das „Du", ehemals dem Familienleben, Blutsbrüdern, Busenfreundinnen oder Sandkistengefährten vorbehalten, ist im westdeutschen Berufsalltag auf dem Vormarsch, und zwar hierarchieübergreifend ...

5 Traditionell konservative Unternehmen wie Banken, Versicherungen oder Hotelbetriebe pflegen eher noch das „Sie". Wo man sich aber als betont fortschrittlich oder kreativ versteht - in Werbeagenturen, Verlagen oder an geisteswissenschaftlichen Fakultäten der Hochschulen -

10 wird geradezu enthemmt geduzt.

Der zum Teil inflationäre Gebrauch der vertraulichen Anrede ist immer dann kein Problem, wenn beide Parteien - Duzer und Geduzte - sich damit wohlfühlen. ...

Zum Problem wird das selbstverständliche „Du", wenn

15 es zur hohlen Geste erstarrt, zur Fassade wird, hinter der sich die altbekannten Hierarchien und Führungsmethoden nur verstecken. „Was hab' ich davon, daß ich ,Du, Dirk' zum Chef sagen darf, aber bei allen Entscheidungen außen vor bleibe wie gehabt?" fragt die 32jährige Ju-

20 niortexterin einer Werbeagentur ...

Richtig ärgerlich wird es, wenn wir unserer Sympathie nach eher „Sie" meinen, aber der Norm nach „Du" sagen müssen.

„Ich könnte mich heute noch dafür ohrfeigen, daß mir da-

25 mals keine passende Antwort eingefallen ist", sagt eine 35jährige Verwaltungsangestellte über ein Gespräch mit ihrem gleichaltrigen Abteilungsleiter, in dem sie eigentlich ihrem Ärger darüber Luft machen wollte, daß er sie bei einer Personalentscheidung übergangen hatte. „Der

30 hat ganz genau gewußt, daß ihm ein unangenehmes Gespräch bevorsteht, und hat mir das „Du" aufgenötigt, um die Spannung aus der Situation zu nehmen. So nach dem Motto: Jetzt reg dich mal nicht so auf, laß uns in Ruhe darüber sprechen. Ich habe mich total überrumpeln las-

35 sen." Seitdem muß sie ihren Chef mit „Du, Lutz" anreden, obwohl ihr gar nicht danach zumute ist. So ist das leider: Wer das „Du" anbietet, aufnötigt oder einfach un-

gefragt verwendet, hat den Trend hinter sich ...

Wer das „Du" ablehnt, gilt wahlweise als arrogant, unnahbar, antiquiert, nicht integrations-

45

fähig. So als ob wir im Beruf automatisch eine große Familie würden, wenn wir Waltraut oder Heinz zueinander sagen ...

Wer beim Eiertanz zwischen „Du" und „Sie" nicht in den Fettnapf treten und sich gleichzeitig selbst treu bleiben 50 will, braucht eine gute soziale Wahrnehmung, viel Selbstvertrauen und eine große Portion Schlagfertigkeit: Kommt beispielsweise Ihr direkter Vorgesetzter schon am ersten Tag mit dem „Du", sollten Sie genau in sich hineinhorchen. Fühlen Sie sich damit wohl - kein Problem. Regt 55 sich Unbehagen, könnten Sie in etwa so reagieren: „Ich bin noch neu bei Ihnen und würde mich im Moment mit dem „Sie" wohler fühlen. Wäre es Ihnen recht, wenn wir zunächst beim „Sie" bleiben und uns beim Vornamen nennen?" 60

Dieses sogenannte „Hamburger Sie" leistet als Kompromiß immer dann gute Dienste, wenn wir das „Du" noch nicht wollen, doch denjenigen, der es anbietet, nicht vor den Kopf stoßen mögen. Mit neuen Kollegen, die uns ungefragt duzen, kann man anders umgehen: Wenn Sie kein 65 „Du" wollen, einfach konsequent siezen. Das ist die beste Antwort auf naßforsche Vertraulichkeit.

Ob sich zwei Menschen duzen oder siezen, dafür gibt es also keine festen Regeln. Entscheidend ist, ob bei der Anrede Konsens besteht, auch wenn dies krude Formen an- 70 nehmen kann. So wie man es manchmal im Supermarkt hört, wenn eine Kassiererin die andere fragt: „Du, Frau Müller, gibst du mir mal eine Rolle Zehner?"

„Brigitte", Gruner + Jahr, Hamburg, 15, 1996

Es, es, es und es
(altes deutsches Handwerkerlied)

Leicht

1. Es, es, es und es, es ist ein har- ter Schluß,
weil, weil, weil und weil, weil ich aus Stutt- gart

muß. ich war schon lang in die- ser Stadt und

hab das Nest zum Kot- zen satt Ich

will mein Glück pro- bie - ren, mar- schie- ren.

Es, es, es und es, es ist ein harter Schluß,
weil, weil, weil und weil, weil ich aus Stuttgart muß.
Ich war schon lang in dieser Stadt
und hab das Nest zum Kotzen satt.
5 *Ich will mein Glück probieren, marschieren.*

Er, er, er und er, Herr Meister, leb er wohl!
Er, er, er und er, Herr Meister, leb er wohl!
Ich sag's ihm grad frei ins Gesicht:
Seine Arbeit und sein Lohn gefällt mir nicht.
10 *Ich will mein Glück probieren, marschieren.*

Sie, sie, sie und sie, Frau Meistrin, leb sie wohl!
Sie, sie, sie und sie, Frau Meistrin, leb sie wohl!
Ihr Essen war so angericht't,
manchmal fraßen es die Schweine nicht.
15 *Ich will mein Glück probieren, marschieren.*

Er, er, er und er, Herr Wirt, nun leb er wohl!
Er, er, er und er, Herr Wirt, nun leb er wohl!
Hätt' er die Kreid' nicht doppelt geschrieben,
so wär ich noch länger dageblieben.
20 *Ich will mein Glück probieren, marschieren.*

Und, und, und und und und wird auf mich zuletzt,
auch, auch, auch und auch, auch mal ein Hund gehetzt:
Dem Kerl setz' auf den Türenknauf
ich nachts 'was warmes Weiches drauf.
25 *Ich will mein Glück probieren, marschieren.*

Ihr, ihr, ihr und ihr, ihr Brüder lebet wohl!
Ihr, ihr, ihr und ihr, ihr Brüder lebet wohl!
Hab' ich euch was zuleid getan,
so bitt ich um Verzeihung an.
30 *Ich will mein Glück probieren, marschieren.*

Diese Fassung des bekannten Volksliedes wurde aus vielen alten Lie-
dersammlungen zusammengetragen. Sie zeigt: Hier nimmt ein Hand-
werksbursche Abschied von der Ausbeutung durch Meister und
Herbergsvater und begibt sich auf Wanderschaft, um eine neue, vielleicht bessere Stelle als Handwerksgeselle zu finden. In Polizeiberich-
ten vom Ende des 18. Jahrhunderts bis ins 19. Jahrhundert ist
nachzulesen, wie lebendig die Parolen der Französischen Revolution
von 1789 unter vielen deutschen Handwerksgesellen waren.

„**M**an kann gar nicht weit genug fahren, um zu sich zurückzufinden"

Paul Morand

Reiselust

Deutsche reif fürs Paradies

Hamburg (dpa) – Die meisten Deutschen träumen vom Urlaub auf einer kleinen Insel. In einer Umfrage des Meinungsfor-
5 schungsinstituts Emnid gaben 56 Prozent von 1000 befragten Bundesbürgern über 14 Jahren an, schon einmal vom kleinen Eiland in der Sonne geträumt zu haben. Besonders ausgeprägt scheinen diese Wün-
10 sche bei jungen Menschen zwischen 14 und 29 Jahren: 69 Prozent von ihnen bekannten sich zu ihren Insel-Phantasien. Psychologen werten die Inselsehnsucht nach Angaben des Reisemagazins Geo als
15 „unterbewußte Suche nach dem verlorenen Paradies".

SZ 24.11.1995

Reiselust im Stau und anderswo

von Ulrich Holbein

Holm Dross:
Endlich! Es ist tatsächlich
soweit! Schwer bepackt rollt
unser Auto nach Norden.

5 Fritz J. Raddatz:
WARUM machen Menschen
eigentlich Urlaub?

Antje Huber:
Reisen ist für zahlreiche Bundes-
10 bürger eine wichtige Freizeit-
beschäftigung; selbst Fernreisen
sind häufiger auch für Jugendliche erschwinglich.

Die Deutsche Bundesbahn:
15 Jetzt aber nichts wie weg.
Egal wohin. Und zurück. Für
140 Mark! Zum Supersparpreis!
Intelligenter reisen!

Lao-Tse:
20 Ohne aus dem Haus zu gehen,
kannst du draußen sein.

Rosemarie Noack:
Ernst zu nehmende Prognosen
gehen davon aus, daß der Rei-
25 severkehr bis zum Jahr 2000
weltweit der bedeutendste
Wirtschaftsfaktor sein wird.

„Wir kennen uns scho' vom
letzten Wochenend her!"

Robert Gernhardt::
Dort leben, wie Sie wissen, 700
30 Millionen Chinesen. Diese 700
Millionen werden nun dazu er-
muntert, Deutschland zu besuchen, und folgen der Ein-
ladung. Was hieße das?
35 Setzen wir den Fall, daß sie im
Auto angereist kommen, je vier
Chinesen in einem Auto, das
vier Meter lang ist. Was wäre
die Folge? Die Folge wäre eine
40 Autoschlange, deren Länge
sich leicht errechnen läßt:
pro Chinese rechnen wir, wie
gesagt, einen Meter, bei 700
Millionen Chinesen wäre die
45 Schlange also 700 Millionen
Meter lang. Oder 700 000 Kilometer. Nun beträgt der Erd-
umfang nur 40 000 Kilometer.
Und das wiederum heißt, daß
50 die Autoschlange 17mal um
die Erde reichen würde.

Goethe:
Um zu begreifen, daß der
Himmel überall blau ist,
55 braucht man nicht um die
Welt zu reisen.

Heinz Helfgen:
Zwei Seelen wohnen, ach!
auch in meiner Brust. Die eine
60 ist vom Fernweh besessen und
von der Freude am Abenteuer.

Der SPIEGEL:
„Es ist wie ein Naturgesetz",
sagt der Präsident des Deut-
65 schen Verkehrssicherheitsrats,
Gerhard Schork, „kommt
Urlaub, kommt Stau."

Alan Watts:
Ich fühle mich überall wohl,
70 vorausgesetzt, daß ein Flughafen in der Nähe ist.

George Harrison:
Without going out of my door I
can know all things on earth.

75 Hans Magnus Enzensberger:
Die Flut des Tourismus ist eine
einzige Fluchtbewegung aus
der Wirklichkeit, mit der unsere
Gesellschaftsverfassung uns
80 umstellt. Jede Flucht aber, wie
töricht, wie ohnmächtig sie sein
mag, kritisiert das, wovon sie
sich abwendet.

Wolfgang Koch:
85 Sind Sie länger nicht mehr mit
dem Bus verreist? Dann werden
Sie überrascht sein, welchen
Komfort Sie an Bord vorfinden:
bequeme Einzel-Schalensitze
90 mit Armlehnen werden auf
Knopfdruck zum Ruhesessel;
das automatische Klima-Center
sorgt zu jeder Jahreszeit für
genau dosierte Heizung und
95 Lüftung; zur Erfrischung gibt's
Waschraum und WC ...

Holm Dross:
Ich kann es mit Worten nicht
wiedergeben, dieses tiefe
100 Glücksempfinden, das mich
wie ein Rausch durchströmt,
wenn man am Ferienanfang
noch alles vor sich hat.

Die Zeit, 16.7.1993

Nur reisen – Nicht irgendwo ankommen

Hören Sie dazu das Radiofeature.

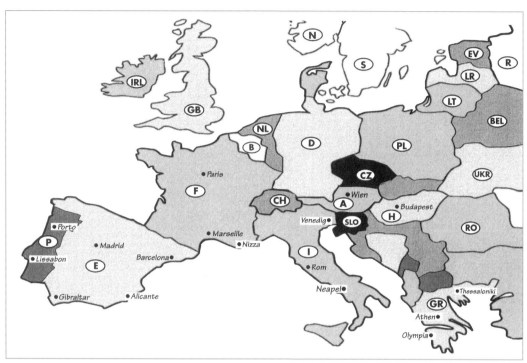

InterRail   Angebote für Kinder und Jugendliche

Spezialticket für junge Leute bis einschließlich 25 Jahre für Reisen in 28 europäische Länder einschließlich Marokko und Türkei. Es gibt 7 InterRail-Zonen:

Zone A: Großbritannien, Nordirland, Republik Irland
5 Zone B: Schweden, Norwegen, Finnland
Zone C: Dänemark, Deutschland, Schweiz, Österreich

Zone D: Polen, Tschechische Republik, Slowakische Republik, Ungarn, Kroatien, Bulgarien, Rumänien, Jugoslawien
Zone E: Frankreich, Belgien, Niederlande, Luxemburg   10
Zone F: Spanien, Portugal, Marokko
Zone G: Italien, Slowenien, Griechenland, Türkei sowie Fährschiffe zwischen Brindisi und Patras

Der InterRail-Paß wird für eine oder mehrere Zonen ausgestellt. Der Paß für eine Zone ist 15 Tage gültig, für Zwei- 15 und Mehr-Zonen-Kombinationen 1 Monat.

Preise:

1 Zone:	2 Zonen:	3 Zonen:
DM 380,– (B, F)	DM 500,–	DM 560,–
DM 420,– (A, C, D, E, G)	alle Zonen:	DM 630,– 20

Hinweis:

➤ Für Fahrten innerhalb des Wohnsitzlandes bis zur Grenze und zurück sowie für Transitfahrten im Ausland gibt es 50% Ermäßigung.
➤ Bitte beim Kauf einer InterRail-Karte Personalaus- 25 weis oder Reisepaß mitbringen.

aus: Deutsche Bahn AG 1996

Das letzte Paradies

Und Gott besah sich seinen Apfelbaum

Till Bastian

Mit Wohlgefallen betrachtete Gott seinen alten Apfelbaum. Obschon der seit Jahren keine Früchte mehr trug, konnte er noch immer als Schmuckstück des Parks gelten. Schmunzelnd gedachte Gott des Pär-
5 chens, das er vor langer Zeit dieses Parks verwiesen hatte – von ihm in einer Laune und aus Langeweile gefertigte Geschöpfe, die sich als frech, listig und vorwitzig erwiesen hatten. Auch nach ihrer Austreibung hatte es immer wieder Ärger mit ihnen gegeben: die
10 Sache mit Kain zum Beispiel und danach noch manches andere, auch die in einem Wutanfall angeordnete Sintflut hatte nur wenig geändert.

Dann geschah irgendwann – die Zeitläufte schienen sich Gott ins Unermeßliche zu dehnen – diese
15 furchtbare Geschichte mit Jesus. Seither hatte Gott von der Welt genug, übergenug. Er ließ den Dingen ihren Lauf – und die Menschen auf der Erde, so hatte es den Anschein, ließen Gott einen guten Mann sein und kümmerten sich so wenig um ihn wie er sich noch
20 um sie. Damit hätte es eigentlich sein Bewenden haben können, zumal Gott sich seines Gartens und des Getiers ringsum erfreute und – wie erwähnt – immer wieder mit Wohlgefallen seinen alten Apfelbaum besah.

25 So auch jetzt, da ihn ein plötzliches Geräusch seinem stillen Glück der Betrachtung entriß. Den Kopf wendend, erblickte er einen Menschen. Wieso hatten die Seraphim den hereingelassen? Wut stieg in ihm auf, doch entschied er sich, gütig sein zu wollen, und
30 so richtete er ein mildes Auge auf den Erdling.

„Sie wünschen?"

Der Eindringling räusperte sich. „Hm, ähm – entschuldigen Sie, daß ich so hereinplatze. Spreche ich mit dem Herrn Gott?"

35 „In der Tat – höchstselbst."

Der Besucher reichte Gott ein Kärtchen. „Dr. Hans P. Adam" stand darauf und noch einiges andere (zum Beispiel „Bauträgergesellschaft"), was Gott sonderbar anmutete.

40 „Nun, Sie erscheinen hier etwas – äh – unvermu-

tet. Aber ihr Name kommt mir bekannt vor. Sagen Sie, hat nicht ..."

„Ach so, ja, ich weiß genau, was Sie meinen. Ja, ein entfernter Verwandter von mir hat einmal hier ge-
wohnt ... ist aber schon ewige Zeiten her. Es war, glaube 45

ich, kein sehr angenehmer Zeitgenosse. Irgendwie gab es Ärger wegen des Apfelbaumes. Nun, das tut mir leid, obschon ich ... also ich hoffe nicht, daß ..."

„Schon gut, schon gut", hörte Gott sich selber sa-
50 gen und ärgerte sich fast ein wenig wegen dieses beschwichtigenden Tonfalls. „Es ist in der Tat schon lange her. Und wegen des Apfelbaumes werden Sie ja" – er wollte dem Gespräch eine heitere Note geben – „gewiß nicht hier bei mir vorsprechen wollen."

55 „Nein, in der Tat nicht, mein Herr. Mit solchen Kleinigkeiten geben wir uns nicht ab. Wir kommen wegen des Grundstückes."

„Wie bitte?"

„Nun, ich sagte es doch, wegen des Grundstückes.
Eine solche Parkanlage – das ist ja wirklich eines der 60 letzten, nein **das** letzte Paradies auf Erden. Deshalb werden Sie verstehen ... Also ohne Umschweife: Wir wollen hier eine große Ferien-Erlebniswelt aufziehen, eine gigantische Anlage, differenziertes Angebot, von Badegrotten bis zum Meditationsgarten, also für alle 65 Geschmäcker etwas, Sie können die Pläne natürlich einsehen, wenn Sie wollen. Romantik-Club Eden wollen wir es nennen. Daß Sie an dem alten Apfelbaum hängen, wissen wir natürlich, und ich darf Ihnen versichern, das ist das geringste Problem. Wir erhalten 70 ihn und bauen eine Sonnenterrasse ringsherum. Eine Gartenlandschaft ‚Zum Baum der Erkenntnis' kommt daneben, und unsere Animateure können diese putzige alte Geschichte ja gerne aufgreifen, und ..."

„Raus!" sagte Gott, „raus hier!" 75

„Na hören Sie mal! Sie sollten sich das alles wirklich durch den Kopf gehen lassen. Natürlich kann ich verstehen, daß Sie nicht von heute auf morgen ... aber immerhin, ich ..."

„Raus!" 80

Und Gott rief den Engel mit dem Flammenschwert.

Dies schützte ihn aber nicht davor, sich noch eine Weile den Wortschwall des Herrn Adam anhören zu müssen, der jetzt von starken Händen zum Ausgang des Parks gestoßen wurde ... 85

„Hören Sie, das können Sie nicht mit uns machen! Es war ein faires Angebot! Sie mögen darüber lachen, aber die Konditionen werden gewiß nicht besser! Sie werden noch an mich denken!" („Da hat er recht", dachte sich Gott.) „Nicht einmal Sie können dem Zug 90 der Zeiten trotzen! Erlebnistourismus ist **die** Wachstumsbranche. Und wenn Sie meinen, hier in aller Beschaulichkeit ..."

Das Gezeter verklang in der Ferne. Gott besah sich seinen Apfelbaum – allerdings recht mißvergnügt. 95

„Baum der Erkenntnis", murmelte er bei sich. „Da gibt es nichts mehr zu verhindern. Die wollen nicht nur allmächtig sein, die sind mir über."

Und Gott dachte an die Planierraupen und Bagger, die wohl bald das Gelände hier umpflügen würden, 100 und er erkannte, daß er einen Fehler gemacht hatte. Aber das war lange her.

aus: Die Zeit, 23.12.94

SPIEGEL-Gespräch

„Abstecher ins Paradies"

Der französische Soziologe Jean-Didier Urbain über sein Lob des Massentourismus

„Wer den Touristen kritisiert, schießt auf den Falschen"

SPIEGEL: Für die meisten Reisenden ist der Tourist immer nur der andere. Warum schämen wir uns dazuzugehören?

URBAIN: Der Tourist ist eine Persönlichkeit mit starken Minderwertigkeitskomplexen. Für seine Reise kann er keinen gewichtigen Grund anführen im Gegensatz zu den Diplomaten, Wissenschaftlern oder Geschäftsleuten. Der Tourist hat nur die Neugierde als Reisegrund. Er hat kein Alibi. (…)

SPIEGEL: Ihr Buch „Der Idiot des Reisens" ist, anders als der Titel suggeriert, eine Verteidigung des Touristen. Warum haben Sie ihn zum Helden gemacht?

URBAIN: Ich möchte, daß Touristen aufhören, sich zu verachten. Sie sind nützliche, kreative, erfinderische Wesen. Dem Tourismus ist es etwa zu verdanken, daß Wohnwagen, Dampfloks oder Kanus wiederbelebt wurden: alte Transportmittel, die sonst verschwunden wären. An den schlimmsten Fehlern der Tourismusindustrie ist nicht der einzelne Tourist schuld, meist ist er selbst Opfer dieser Industrie. Wer den Touristen kritisiert, schießt auf den Falschen. (…)

„Der Tourist ist ein nützliches, erfinderisches Wesen und hilft dem Einheimischen zur Identitätsfindung."

SPIEGEL: Heute ist Reisen ein Massenvergnügen. Im Jahr 2000 werden, so Schätzungen, 800 Millionen Menschen weltweit verreisen …

URBAIN: … mit verheerenden Folgen wie Sextourismus, Bauboom und Umweltzerstörung. Aber manchmal helfen gerade die Touristen, daß die Einheimischen wieder zu ihrer kulturellen Identität zurückfinden. Auf Bali haben die Menschen ihre vom Verfall bedrohten Tempel, ihre alten Städte, ihre Religion neu entdeckt, weil die Europäer und Australier sich dafür interessierten. Amerikanische Anthropologen haben das gleiche Phänomen bei Indianerstämmen Nordamerikas, den Hopis und Navajos, beobachtet.

SPIEGEL: Und daraus machen die Reisebüros ein Geschäft: Urlaub beim Indianer, Zelt und Lagerfeuer inklusive …

URBAIN: … meinetwegen auch gemeinsames Tanzen und Marterpfahlschnitzen, na und? Der Tourismus hat den Indianern geholfen, sich ihrer Traditionen wieder bewußt zu werden.

SPIEGEL: Bis heute ist der Strand das Traum-Reiseziel. Sand und Sardinengefühle, Hitze und die Gefahr von Hautkrebs, darauf reduzieren Tourismusgegner den Badeurlaub. Wer hat recht?

URBAIN: Oberflächlich betrachtet, haben die Kritiker recht: Das Strandleben wirkt monoton und ereignislos. Tatsächlich aber passiert dort eine Menge. Das ist wie bei den Milben im Teppich: Von weitem sieht man sie nicht, von nahem wimmelt es nur so von Ereignissen und Begegnungen. Am Strand versammeln sich die Leute, entdecken das Vergnügen des Zusammenlebens – als Paar, mit der Familie oder mit Freunden.

SPIEGEL: Gerangel beim Kampf um das Badelaken, Streit um den Sonnenschirm, das Radio des Nachbarn dröhnt …

URBAIN: Das sind Klischees. Der Strand erlaubt einen Abstecher ins Paradies: keine beruflichen Verpflichtungen, keine Zeitzwänge, keine belastenden Probleme. Statt dessen Entspannung, unverbindliche Kontakte, freundschaftliche Beziehungen. Der Urlauber spielt glückliches Beisammensein, obwohl er genau weiß, daß diese Geselligkeit nur von kurzer Dauer ist. Am Strand dreht man der Welt den Rücken zu und blickt in die Leere. Das ist Zen. (…)

„Die Welt wäre ohne den Tourismus ärmer"

SPIEGEL: Welche Sprengkraft trauen Sie dem Tourismus zu, der Menschen aus unterschiedlichen Systemen zusammenbringt?

URBAIN: Ich glaube, daß der Tourismus sogar totalitäre Regime ins Wanken bringen kann. Vermutlich würde selbst Fidel Castro diese These bestätigen. Warum sonst hat er auf seiner Insel zwei Welten geschaffen? Hotels für Kubaner und Hotels für Touristen, Märkte für Kubaner und Märkte für Touristen. Vielleicht ist der Tourismus die stärkste Waffe gegen Ausländerfeindlichkeit und Rassismus. Wer sieht, wie andere denken, hält sich nicht länger für den Nabel der Welt. Eine Welt ohne Tourismus wäre wie ein Archipel mit verschiedenen Volksgruppen, die nichts voneinander wüßten. Die Welt wäre ohne den Tourismus ärmer.

(gekürzt) Der Spiegel 21/1995

Zugauskunft

Peter Handke

Ich möchte nach Stock.

Sie fahren mit dem Fernschnellzug um 6 Uhr 2.
Der Zug ist in Alst um 8 Uhr 51.
Sie steigen um in den Schnellzug nach Teist.
5 Der Zug fährt von Alst ab um 9 Uhr 17.
Sie fahren nicht bis nach Teist, sondern steigen aus
in Benz.
Der Zug ist in Benz um 10 Uhr 33.
Sie steigen in Benz um in den Schnellzug nach Eifa
10 mit dem Kurswagen nach Wössen.
Der Schnellzug nach Eifa fährt ab um 10 Uhr 38.
Der Kurswagen wird in Aprath abgehängt und an
den Schnellzug Uchte-Alsenz gekoppelt.
Der Zug fährt in Aprath ab um 12 Uhr 12.
15 Ab Emmen fährt der Zug als Eilzug.
Sie fahren nicht bis nach Wössen, sondern steigen
um in Bleckmar.
Der Zug ist in Bleckmar um 13 Uhr 14.
In Bleckmar können Sie sich umsehen bis 15 Uhr 23.
20 Um 15 Uhr 23 fährt von Bleckmar ein Eilzug ab nach
Schee.
*(Dieser Zug verkehrt nicht am 24. und 25. 12. und führt
nur sonntags 1. Klasse.)*
Sie kommen in Schee-Süd an um 16 Uhr 59.
25 Die Fähre nach Schee-Nord geht ab um 17 Uhr 5.
*(Bei Sturm, Nebel und unvorhergesehenen Ereignissen
kann der Fährverkehr ausfallen.)*
Sie sind in Schee-Nord um 17 Uhr 20.
Um 17 Uhr 24 fährt vom Bahnhof Schee-Nord der
30 Personenzug ab nach Sandplacken.
*(Dieser Zug führt nur 2. Klasse und verkehrt nur an
Werktagen und verkaufsoffenen Samstagen.)*
Sie steigen aus in Murnau.
Der Zug ist in Murnau ungefähr um 19 Uhr 30.
35 Vom gleichen Bahnsteig fährt um 21 Uhr 12 ein Per-
sonen- und Güterzug weiter nach Hützel.
(In Murnau gibt es einen Warteraum.)
Sie sind in Hützel um 22 Uhr 33. *(Diese Zeiten sind
ohne Gewähr.)*
40 Da der Personenverkehr von Hützel nach Krün ein-
gestellt ist, nehmen Sie den am Bahnhofsvorplatz
wartenden Bahnbus *(ohne Gewähr)*.

Sie steigen aus in Vach gegen 1 Uhr.
(In Vach gibt es keinen Mietwagen.)
Sie sind in Eisal um 8 Uhr 9. 45
Der Bus um 8 Uhr 10 von Eisal nach Weiden ver-
kehrt nicht in den Schulferien.
Sie sind in Weiden um 8 Uhr 50.
Um 13 Uhr geht der Bus eines Privatunternehmens
von Weiden über Möllen-Forst-Ohle nach Schray. 50
*(Nach Schray und Ohle fährt der Bus weiter nur nach
Bedarf.)*
Sie sind in Schray um 14 Uhr 50.
Zwischen Schray und Trompet verkehrt um diese
Zeit ein Milchwagen, der bei Bedarf auch Personen 55
befördert.
In Trompet können Sie gegen 16 Uhr sein.
Zwischen Trompet und Stock gibt es keine Kraft-
verkehrslinie.
Zu Fuß können Sie gegen 17 Uhr 30 in Stock sein. 60

Im Winter ist es dann schon wieder dunkel?
Im Winter ist es dann schon wieder dunkel.

*Die Freuden des Reisens im 19. Jahrhundert,
gezeichnet von Grandville*

Zwischen-

Mit und ohne Ehering

1995 gab es in Deutschland 36,9 Millionen Haushalte

davon

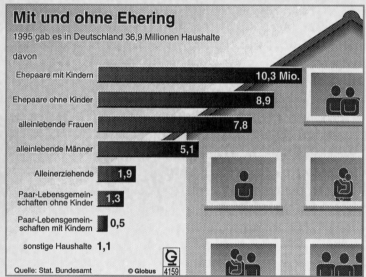

Ehepaare mit Kindern	10,3 Mio.
Ehepaare ohne Kinder	8,9
alleinlebende Frauen	7,8
alleinlebende Männer	5,1
Alleinerziehende	1,9
Paar-Lebensgemein-schaften ohne Kinder	1,3
Paar-Lebensgemein-schaften mit Kindern	0,5
sonstige Haushalte	1,1

Quelle: Stat. Bundesamt   © Globus   4159

menschliches

Wir lernen heute: heiraten

Axel Hacke

Wie allgemein bekannt, nimmt die Zahl der Deutschen, die allein leben, zu. 1970 gab es in der Bundesrepublik noch 5,5 Millionen Haushalte, in denen lediglich eine
5 Person lebte. Heute sind es in den alten Ländern rund zehn Millionen. Setzt sich dieser Trend fort, wird sich die Zahl der Menschen pro Haushalt weiter dramatisch ver-
10 ringern. Mitte des kommenden Jahrhunderts, schätzen Fachleute, werde es nur noch Einpersonenhaushalte geben, ja
15 bereits heute existierten Haushalte, in denen niemand mehr lebe.

Über die Ursachen dieser Entwicklung wird viel
20 debattiert, doch scheint der Kern des Problems weitgehend unbekannt zu sein: die absolute Unfähigkeit vieler Men-
25 schen zu heiraten. „Den Leuten fehlen die simpelsten Grundkenntnisse", klagt ein Standesbeamter. „Sie wissen einfach nicht mehr, wie Heiraten geht, was es ist und wie
30 man es macht." Da die Zahl der verheirateten Menschen kontinuierlich abnehme, gebe es immer weniger Staatsbürger, die anderen das Heiraten aus eigener Erfahrung erklären könnten. Teilweise erführen die Leute erst vom Steuerberater, daß es
35 „Heiraten" überhaupt gebe.

Beginnen wir also mit den grundlegenden Voraussetzungen des Heiratens.

Erstens benötigen Sie dazu einen anderen Menschen, da die Tätigkeit des Heiratens auf eine zwei-
40 te Person gerichtet ist. Es ist prinzipiell ausgeschlossen, daß Sie sich selbst heiraten; nirgendwo in der Welt ist die Selbstheirat erlaubt, auch aus steuerlichen Gründen nicht.

Zweitens: Diese Person muß anderen Geschlechts als Sie selbst sein. Es ist deshalb uner-
45

„WIE KOMMST DU PLÖTZLICH DARAUF, DASS WIR HEIRATEN SOLLTEN?"

läßlich, daß Sie zunächst ihr eigenes Geschlecht feststellen beziehungsweise feststellen lassen. Suchen Sie zu diesem Zweck einen Arzt auf. Das Geschlecht von Menschen ist aufgrund weniger, in der Regel unübersehbarer äußerlicher Merkmale
50 zu bestimmen. Sie sollten sich die diesbezüglichen Erläuterungen des Arztes gut einprägen. Sie müssen selbst in der Lage sein, das Geschlecht des Menschen zu erkennen, den Sie heiraten möchten. Es ist unüblich, diese Person Ihrerseits einem Arzt
55 vorzustellen.

Drittens: Da Verheiratete in der Regel in einem Haushalt zusammenleben, ist es von Vorteil, wenn

sie sich mögen. In diesem Zusammenhang wird so-
60 gar immer wieder das Wort „Liebe" benutzt, womit
die höchste Form intensiver, zweckfreier Zuneigung
gemeint ist. Es heißt, man solle den Menschen heiraten, den man am meisten liebe – für viele Mit-
bürger aber ein unerfüllbarer Anspruch angesichts
65 des erwähnten Verbots der Selbstheirat.

Indes sollten wir uns nicht einschüchtern lassen,
sondern uns der zentralen Schwierigkeit des Heiratens zuwenden, der Partnersuche. Wie finden wir

unter 5,7 Milliarden Menschen auf der Welt jenen,
den wir heiraten möchten? 70

Zweifellos wird das ein unlösbares Problem sein,
wenn wir nicht einen einfachen Grundsatz beher-
zigen: Wer heiraten will, muß das Zweifelnde,
Grüblerische, Nachdenkliche ablegen. Er muß
handeln, entschlossen und schnell. Er muß aus- 75
wählen und die ausgewählte Person von der Not-
wendigkeit der Heirat überzeugen. Mit jedem
Zögern wird das Problem nicht kleiner, sondern
größer: Die Erdbevölkerung wächst zur Zeit Jahr
für Jahr um 95 Millionen Menschen! 80

Menschen, die in ihrem Leben mehr als einmal
geheiratet haben, zeichnen sich genau durch diese
Handlungsbereitschaft aus. Von ihnen können wir
lernen. Bedenken Sie: Je öfter Sie heiraten, desto
besser werden Sie es können, desto mehr Freude 85
werden Sie an einer Hochzeit haben.

Vergessen Sie bitte nie, daß Heiraten eine Angelegenheit persönlichen Kontaktes ist. Sie können Ihren Partner nicht über Fernsehen, CD-ROM
oder Fax kennenlernen. Achten Sie bei Menschen, 90
die Ihnen begegnen, insbesondere darauf, ob sie
a) von überirdischer Schönheit, b) von endloser
Zärtlichkeit, c) von nicht enden wollendem Verständnis für all Ihre Sorgen sind.

Sollten Sie jemandem begeg- 95
nen, der diese Eigenschaften in
sich vereint, so sprechen Sie unverzüglich: „Willst du mich heiraten?" Lautet die Antwort „ja",
wenden Sie sich mit Fragen zum 100
technischen Ablauf vertrauens-
voll ans nächste Standesamt.
Heißt sie „nein", müssen Sie sich
leider weiter bemühen – es gilt
seit einiger Zeit das Prinzip der 105
Freiwilligkeit.

Süddeutsche Zeitung Magazin, 3.3.95

Sie sucht Ihn

Backrezept „Traummann"
Zutaten: 500 g Herz, 500 g Verstand,
je 100 g Idealismus, Realitätssinn und
Charakterstärke, 1 doppelte Prise Hu-
mor, 1 gute Port. Selbständigkeit. Zu-
bereitung: Alle Zutaten unter ständ.
Rühren zusammenfügen, in eine
schlanke Form von mind. 180 cm
Länge geben, Backzeit 29-35 J. Auf-
bewahrung: Der beste Platz findet
sich u. 2293048 an AZ KE

Hübsche, flotte 50igerin
(Witwe, blond, 172) sucht eh
lichen u. absolut treuen Eh
partner mit Niveau, für herzlicl
Zweisamkeit. Wenn Interes
dann Zuschr. u. 2297103

Das neue deutsche Brautpaar: Mit dem Fahrrad zum Standesamt

Hochzeitsbräuche

> „Bei den alten Deutschen sah man sorgfältig darauf, daß Heiraten vor dem 20. Lebensjahr und unter Blutsverwandten nicht vorkamen, und daß immer Standesgleichheit vorhanden war. Nicht bloß die Braut, sondern auch deren Eltern und Verwandte mußten ihre Einwilligung zur ehelichen Verbindung gegeben haben."

(Meyers Konversationslexikon, Leipzig und Wien 1896)

„Er steht unter dem Pantoffel."

> „Ehemals brachten die geladenen Gäste nicht nur Geschenke, sondern empfingen auch solche, nämlich ebenso wie die Braut selbst ein Paar Schuhe und Pantoffeln, woher die spöttische Parodie der obigen Redensart ‚Unter dem Pantoffel stehen' (kommt)."

(Meyers Konversationslexikon, Leipzig und Wien 1896)

Zungenbrecher

Brautkleid
    bleibt
        Brautkleid,
    und Blaukraut
        bleibt
            Blaukraut.

Ein lustiger Hochzeitsbrauch, den ich in Bayern erlebt habe, ist das sogenannte „Brautverzieh'n": Nach der kirchlichen Trauung geht die Hochzeitsgesellschaft in ein Gasthaus zum Feiern. Freundin- [5] nen der Braut versuchen dort, den Bräutigam abzulenken, während eine Gruppe von Freunden die Braut „entführt". Hat der frischgebackene Ehemann das Fehlen seiner Angetrauten entdeckt, bekommt er [10] einen Strohhut aufgesetzt und einen Besen in die Hand, denn er ist nun „Strohwitwer", bis er seine Braut wiedergefunden hat. Er begibt sich mit einer kleinen Schar von Helfern auf die Suche, während die „Entführer" bereits mit der Braut in einem anderen Gasthaus feiern, tanzen und singen. Hat der Bräutigam das Versteck entdeckt, so [15] muss er die Braut „auslösen", das heißt, er muss alle Getränke bezahlen, die die Gesellschaft in der Zwischenzeit getrunken hat. Gemeinsam kehren dann alle zusammen wieder zum Ort der Hochzeitsfeier zurück.

Cristina, Italien

„Auf dem Lande haben sich hier und da viele Sitten noch heute erhalten, so der Brautraub, das Wettlaufen von Braut und Bräutigam, die feierliche Einholung des geschmückten Brautwagens ..."

(Meyers Konversationslexikon, Leipzig und Wien 1896)

Pflegehinweise

Von Tom Gamlich

Herzlichen Glückwunsch!
Sie sind nun stolzer Besitzer eines Qualitätsproduktes aus
deutscher Fertigung. Damit Sie lange Freude daran haben,
beachten Sie bitte die folgenden Pflegehinweise:

1. *Setzen Sie es keinen zu hohen oder zu niedrigen Temperaturen aus. Das kann zu Defekten führen.*

2. *Der Inhalt sollte regelmäßig nachgefüllt werden. Bedienen Sie sich dazu der Klappe auf der Vorderseite. Klopfen Sie anschließend mehrfach leicht auf die Rückseite, bis Sie den Signalton hören.*

3. *Sie werden feststellen, daß es von Zeit zu Zeit völlig verschmutzt ist. Das ist normal. Entfernen Sie einfach die Verunreinigungen in der Nähe der Auslaßöffnung und erneuern Sie die Auffangvorrichtung.*

4. *Bei Übertemperatur wenden Sie es und drücken eine Kapsel (erhältlich im Fachhandel) in den dafür vorgesehenen Schlitz.*

5. *Nach spätestens zwei Jahren sollten Sie es durch ein weiteres ergänzen. Tricks und Tips dazu erfahren Sie in unserem Ratgeber „Spaß beim Selbermachen".*

Ansonsten weiterhin viel Vergnügen mit Ihrem Baby.

Ihr Team von der Säuglingsstation.

Glück oder Unglück

Gerhard Schöne

1

a
War ein Bäuerlein,
d   E7   a
hatte nur ein Pferd.
a
Lief das Pferd davon
E7   a
und ist nicht heimgekehrt.

d
5 Kamen alle Nachbarn an,
d
klagten laut: „Du armer Mann!
d
So ein Unglück! So ein Unglück!
d   E7
So ein Unglück, nein!"
F   G7
Doch das Bäuerlein sprach leis:
C   F   E7
10 „Ob's ein Unglück ist, wer weiß?
d   E7
Morgen bin ich schlauer."

2

Als das Pferd tagsdrauf
durch das Hoftor schritt,
brachte es dem Bäuerlein
15 noch ein Wildpferd mit.

Kamen alle Nachbarn an,
freuten sich: „Du guter Mann!
So ein Glück, hej! So ein Glück, hej!
So ein Glück, hej hej!"
20 Doch das Bäuerlein sprach leis:
„Ob's ein Glück ist, nun, wer weiß?
Morgen bin ich schlauer."

3

Und des Bauern Sohn
ritt das Wildpferd ein.
Stürzte von dem Pferd   25
und brach sich ein Bein.

Kamen alle Nachbarn an,
klagten laut: „Du armer Mann!
So ein Unglück! So ein Unglück!
So ein Unglück, nein!"   30
Doch das Bäuerlein sprach leis:
„Ob's ein Unglück ist, wer weiß?
Morgen bin ich schlauer."

4

Als ein Krieg im Land ausbrach,
zog man die Burschen ein.   35
Nur des Bauern Jungen nicht
mit dem gebrochnen Bein.

Kamen alle Nachbarn an,
freuten sich: „Du guter Mann!
So ein Glück, hej! So ein Glück, hej! 40
So ein Glück, hej hej!"
Doch das Bäuerlein sprach leis:
„Ob's ein Glück ist, nun, wer weiß?
Morgen bin ich schlauer."

5

Dein Verhängnis ist   45
doch vielleicht dein Glück?
Und dein Hauptgewinn
bricht dir das Genick?
Sei heut zufrieden, daß du lebst
und noch einen Finger hebst.   50
Morgen oder übermorgen
oder überübermorgen
kommt ja doch …
der Tod.

Zeit zum Flirten

Koedukation benachteiligt angeblich Mädchen

Ulla Hanselmann

Die Koedukation, vor rund 90 Jahren noch eine revolutionäre Forderung der Frauenbewegung, hielt Mitte der sechziger Jahre unter dem Banner der Chancengleichheit Einzug in bundesdeutschen Schulen. Heute aber stellen Lehrer und Erziehungswissenschaftler den gemeinsamen Unterricht teilweise wieder in Frage. Gemeinsame Erziehung, sagen sie, verstärke die Rollenstereotype erst recht. Zwar will niemand die Koedukation vollständig abschaffen, doch gilt sie als reformbedürftig. An zahlreichen Schulen drücken deshalb die Schüler wieder, wie vor hundert Jahren, nach Geschlechtern getrennt die Schulbank – zumindest in manchen Fächern.

Von der Koedukation profitieren, jedenfalls nach Meinung der Kritiker, nur die männlichen Schüler. Wissenschaftler haben nämlich herausgefunden: In gemischten Klassen werden Jungen häufiger aufgerufen, gelobt und getadelt als Mädchen, weil sie sich oft aggressiv in den Vordergrund drängen. Den Schülerinnen schenken Lehrer dagegen nur ein Drittel ihrer Aufmerksamkeit. Sie kommen seltener zu Wort, werden häufiger unterbrochen. Zudem werden sie von vielen Lehrern als „Sozialschmiere" mißbraucht: das heißt, besonders nette Mädchen werden neben rüpelhafte Jungen gesetzt, um sie ruhigzuhalten.

Vor allem im naturwissenschaftlich-mathematischen Bereich verlieren Mädchen schnell das Interesse und lassen sich durch die vermeintlich ausgeprägtere technische Begabung der Jungen einschüchtern. Statt Kurven und Konstanten zu berechnen, büffeln sie lieber Französisch-Vokabeln. An nordrheinwestfälischen Schulen beispielsweise liegt der Mädchenanteil in Physik-Leistungskursen gerade mal bei 12 Prozent, in Englisch dagegen bei 62 Prozent. Dieses Ungleichgewicht setzt sich an der Universität und im Beruf fort. Inzwischen haben auch zahlreiche Modellprojekte bewiesen, daß sich Mädchen in getrenntem Unterricht auch für „Jungenfächer" begeistern. Sie lernen so, die eigenen Fähigkeiten zu entwickeln und ihnen zu vertrauen – befreit vom Klischee des stillen und technisch unterbelichteten Schulmädchens.

Auch beim Sport bringt die Geschlechtertrennung die Mädchen auf Trab: „Die Jungs haben uns immer den Ball weggenommen und das Spiel beherrscht", berichtet eine Schülerin. Seit sie aber in der Mädchengruppe ist, läßt sie sich auch beim Ballspiel mit den Jungs nichts mehr gefallen.

Manche Bundesländer haben inzwischen festgelegt, daß „aus pädagogischen Gründen in einzelnen Fächern zeitweise getrennter Unterricht stattfinden" kann. Doch die Reformer haben auch Gegner, selbst unter progressiven Pädagogen. Diese sagen, getrennter Unterricht fördere „das Argument, daß Mädchen langsamer kapieren und einen Schonraum brauchen". Vielmehr sollten endlich in Schulbüchern und Lehrplänen die Interessen und Bedürfnisse von Mädchen zum Tragen kommen.

Die meisten Schülerinnen und Schüler bevorzugen ohnehin gemischten Unterricht – sie können es sich schlicht nicht anders vorstellen. Insbesondere die Jungs sitzen lieber mit Mädchen zusammen im Klassenzimmer – jedem zweiten würde nach Aussage der Schüler „das Flirten fehlen".

SPIEGEL special 9/1995

Skurriles

Skurriles

skurril**eS**

Lotto -

Aus aller Welt

Über 300 Lottogewinner in einem Dorf

„Glücks"-Ort in den Pyrenäen zog das Große Los in spanischer Lotterie

Madrid, 5. 1. (dpa)
Das kleine spanische Pyrenäendorf Sort, dessen Name auf deutsch „Glück" bedeutet, hat seinem Namen wahrlich alle Ehre gemacht: Seine Einwohner gewannen am Mittwoch mit der Losnummer 08036 den ersten Preis in Spaniens Neujahrslotterie. Insgesamt 60 Millionen Euro regneten auf die katalanische Ortschaft mit 1500 Einwohnern herab.

Da die Lose in kleiner Stückelung verkauft wurden, gibt es jetzt 308 Gewinner in dem Bergdorf in der Provinz Lérida. 280 Glückliche gewannen je 153.400 Euro, 28 andere können sich über je 800.000 Euro freuen.

Der Inhaber der staatlichen Losverkaufsstelle, Javier Gabriel, konnte es kaum fassen. „Diese Nummer spielen wir hier im Dorf seit Jahren, aber wir haben immer gesagt, daß sie sich schwer verkauft, weil sie ja wirklich ein bißchen häßlich ist", erklärte er Reportern, „aber jetzt finden wir die Nummer natürlich besser denn je."

Die spanische Neujahrslotterie, die in Anspielung auf die Anbetung des Jesuskinds durch die Heiligen Drei Könige am 6. Januar „El Niño" genannt wird, ist die zweitwichtigste Sonderziehung des Jahres. Den größten Geldsegen bringt die spanische Weihnachtslotterie, die stets einige Tage vor Heiligabend ausgespielt wird.

Lotto-Gewinner wirft Tippschein weg

Oberhausen (dpa) – Gleich zweimal hat ein Ehepaar aus Oberhausen das Glück mit Füßen getreten. Zuerst warf der Bauhandwerker den Lottoschein weg, mit dem er am Wochenende 870.000 Euro gewonnen hatte. Dann versuchte seine Frau, den Glücksboten abzuwimmeln, weil sie ihn für einen lästigen Vertreter hielt. Der Gewinner-Betreuer der Westdeutschen Lotteriegesellschaft in Münster bestand aber darauf, mit der freudigen Nachricht eingelassen zu werden, berichtete die Lotto-Gesellschaft.

Ur-Oma im Glück

Bielefeld (dpa) – Die schicksalhafte Sieben brachte einer siebenfachen Uroma aus Bielefeld Glück: Mit einem Einsatz von 3,76 Euro knackte die 70jährige im Lotto-„Spiel 77" den Jackpot und kassierte mehr als 3,5 Millionen Euro. Unterdessen winkt ein Jackpot von fast 15 Millionen den Lottospielern.

Millionäre

Aus aller Welt

Lotto-Millionär: „Mein Leben hat sich nicht verändert."

Hamburg (eigener Bericht) Der als Millionen-Meyer bundesweit bekannt gewordene arbeitslose Lotto-Gewinner Erwin M., der vor zwei Monaten den Jackpot mit 1,5 Millionen Euro geknackt und dies in seinem Heimatdorf mit sechzig Fässern Bier gefeiert hatte, erklärte gestern in einer Talkshow, er lebe weiter wie zuvor.

1,5 Millionen Euro hatte er im Lotto gewonnen und dann erstmal richtig auf die Pauke gehauen. Vier Tage und Nächte hatte er mit allen seinen Nachbarn gefeiert. Als er wieder nüchtern war, kaufte er sich ein Auto und ein kleines Haus in seinem Dorf. Das restliche Geld legte er bei einer Bank an.

Nach wie vor arbeitet er nicht, sondern lebt jetzt von den Zinsen. Auch sonst hat er sein Leben nicht geändert. Er ißt weiterhin zweimal die Woche sein Lieblingsessen: Nudeln mit Tomatensoße. Seine Frau wischt täglich Staub und kocht das Essen. Ein-, zweimal im Jahr machen sie wie früher Urlaub am Mittelmeer.

Aufregendes Leben eines Lotto-Millionärs!

c.b.

Arbeitsloser Vater von elf Kindern wird Lotto-Millionär

La Réunion (dpa) – Ein arbeitsloser Vater von elf Kindern hat im französischen Lotto umgerechnet 8,33 Millionen Euro gewonnen. Nach Angaben der Lottogesellschaft ist dies der zweitgrößte Gewinn in der Geschichte des französischen Lotteriespiels. Der 60-jährige, der in einem Hafenviertel auf der französischen Übersee-Besitzung La Réunion im Indischen Ozean lebt, hatte als einziger die sechs richtigen Lotto-Zahlen angekreuzt. Von seinem Glück erfuhr er aus der Zeitung. Der Gewinner kündigte an, er wolle mit dem Geld sein Haus bezahlen und endlich neue Möbel kaufen.

Lotto-Millionär weiß nichts von seinem Glück

Düsseldorf (dpa) – Faulenzen und doch um 2.800.743 Euro reicher werden: Dieses Kunststück gelang einem Lottospieler, der vor seinem Urlaub noch schnell seinen Spielschein abgab und damit den Jackpot knackte. Der Gewinner wisse noch nichts von seinem Glück, teilte die Lotto-Gesellschaft mit. Der Geldbote habe den frischgebackenen Lotto-Millionär zu Hause nicht angetroffen, weil dieser verreist sei. Da auch niemand den genauen Aufenthaltsort des Düsseldorfers kenne, werde der Glückspilz wohl erst nach seiner Rückkehr von dem Millionen-Treffer erfahren.

Einsteins Augäpfel

Unterwegser Tageblatt Nr. 8 / Seite 16

Aus aller Welt

Samstag, 11. Mai 2002

Einsteins Augäpfel im Marmeladenglas

Michael Jackson will sie ersteigern

London – Ein verfrüher – und schlechter – Aprilscherz oder makabre Wirklichkeit? Der amerikanische Augenarzt Dr. Henry Abrams ist angeblich im Besitz der Augäpfel von Albert Einstein. Und will sie jetzt auch noch zu Geld machen und verkaufen! Dr. Abrams aus Loveladies (US-Staat New Jersey), berichtete die britische Zeitung „Guardian", habe sich die Augen des genialen Physikers bei der Autopsie nach dessen Tod im April 1955 gesichert. Abrams berichtete: „Als ich von Einsteins Tod erfuhr, bin ich ins Krankenhaus von Princeton gegangen. Dort befand sich der Leichnam. Ich habe dann die Erlaubnis erhalten, die Augäpfel zu entfernen und mit nach Hause zu nehmen." Er bewahrt sie seitdem angeblich in einem milchigen Konservierungsmittel in einem Marmeladenglas auf, das in einem Safe steht. Einsteins Leichnam wurde eingeäschert.

Der letzte Hausarzt Einsteins, Dr. Guy Dean, habe die Echtheit bestätigt. Abrams war von 1941 bis 1943 Hausarzt des Entdeckers der Relativitätstheorie, hielt auch danach ständig Kontakt zu ihm.

Warum Abrams erst jetzt bekanntgab, im Besitz der Augen zu sein, und sie versteigern zu wollen, ist nicht bekannt. Interessenten für die makabre Reliquie soll es auch schon geben. Darunter Popstar Michael Jackson. Er will

Das „Zungen-Foto" Einsteins ging um die Welt. Jetzt machen seine Augen Schlagzeilen.

im Falle einer Versteigerung umgerechnet bis zu vier Millionen Euro bieten.

Der in Ulm geborene Einstein war mit Beginn der Nazi-Herrschaft 1933 aus Deutschland ausgebürgert worden und in die USA gegangen.

(AZ)

Eine Entführung von der anderen Art

Ein junger Brite hat von seiner Versicherung 1 Million 330.000 Euro ausgezahlt bekommen, weil er angeblich von „Außerirdischen" entführt wurde. Wie der Chef der auf ungewöhnliche Risiken spezialisierten Grip-Versicherung, Simon Burgess, der BBC sagte, lieferte Joseph Carpenter „unwiderlegbare Beweise", daß der Versicherungsfall eingetreten ist. Unter anderem konnte der 23jährige eine durchsichtige Kralle präsentieren, die er nach der Entführung an seiner Manteltasche fand. „Das ist der erste weltweite derartige Fall", sagte der Versicherer, der nicht glaubt, Opfer einer Posse geworden zu sein. Carpenter, ein Elektriker, der sich in seiner Freizeit mit fliegenden Untertassen beschäftigt, brachte bei der Versicherung vor, er habe mit seinen Freunden in der Nacht des 14. November nahe eines Flughafens der britischen Luftwaffe im Wiltshire (Südwest-England) ein dreieckiges, raumschiffartiges Fluggerät bemerkt. In dieses Gefährt sei er mit Hilfe eines Lichtstrahls befördert worden, bevor er das Bewußtsein verloren habe. Als er wieder erwacht sei, habe er sich in einem riesigen Gewächshaus befunden. Dort habe ihm ein Außerirdischer telepathisch zu verstehen gegeben, er brauche keine Angst zu haben. Dieser Außerirdische habe einen dreieckigen Kopf gehabt, die Haut sei olivfarben gewesen und habe ihn an einen Delphin erinnert. Nachdem Carpenter erneut das Bewußtsein verloren hatte, fand er sich auf der Erde wieder.

(AFP)

Einbrecher schläft am Tatort ein

In den Niederlanden ist ein Einbrecher am Tatort eingeschlafen. Die Zeitung *De Telegraaf* berichtete, der 22jährige sei nachts in eine Arztpraxis in Bilthoven bei Utrecht eingedrungen. Dort habe er Beruhigungspillen eingenommen. Als der Arzt am nächsten Morgen in die Praxis gekommen sei, habe er einen schlafenden Einbrecher entdeckt. Die alarmierten Polizisten sollen Mühe gehabt haben, den Schläfer aufzuwecken.

(dpa)

Filet ohne Knochen

Detlef Michel

In einer Metzgerei.
Vor dem Ladentisch steht eine Dame, dahinter der Metzger.

DAME Eine Scheibe Rinderfilet, bitte. Aber ohne Knochen.

METZGER Das ist gar nicht so einfach, meine Dame. Um nicht zu sagen, unmöglich. Wissen
5 Sie, wie es unsereins geht? Schlecht, sehr schlecht. Man wartet auf Kundschaft, und wenn sie endlich kommt, was verlangt sie dann? Unmögliches!

DAME Was ist daran unmöglich, wenn ich ein
10 Filet will?

METZGER Ohne Knochen!

DAME Ohne Knochen, allerdings.

METZGER Filet ohne Knochen gibts nicht. Filet ist ohne Knochen.

15 DAME Dann geben Sie mir bitte eine Scheibe.

METZGER Gern.

DAME Aber ohne Knochen.

METZGER Meine Dame, ich glaube, wir haben uns nicht richtig verstanden. Ich habe Ihnen
20 gesagt, daß Filet immer ohne Knochen ist. Wenn Sie ein Filet ohne Knochen verlangen, dann verlangen Sie etwas Knochenloses ohne Knochen. Merken Sie denn eigentlich nicht, daß das blödsinnig ist? Das geht nicht!

25 DAME Wenns bei Ihnen nicht geht, na schön. Hol ichs mir eben woanders. Die Konkurrenz lauert überall, mein Herr!

METZGER Aber nun stellen Sie sich doch mal vor, Sie gehen in ein Möbelgeschäft und verlangen einen Tisch, aber mit Beinen. 30

DAME Ausgeschlossen! Ich habe zwei Tische, einen im Wohnzimmer und einen in der Küche. Was soll ich mit noch einem? Da kommt man hier rein, will ein Filet ohne Knochen, und schon wird man über seine Wohnverhältnisse 35 ausgefragt. Finden Sie nicht auch, daß das zu weit geht?

METZGER Ihre Tische interessieren mich überhaupt nicht. Ich wollte Ihnen nur klarmachen, daß es unsinnig ist, von einem Tisch mit Bei- 40 nen zu reden, weil jeder Tisch Beine hat, weil – sonst wärs kein Tisch, sondern eine Holzplatte. Und genauso unsinnig ist es, von einem Filet ohne Knochen zu reden, weil ein Filet keine Knochen hat! Sonst wärs nämlich keins! 45

DAME Und was, wenn es doch welche hat?

METZGER Das gibt es nicht! Es gibt kein Filet mit Knochen.

DAME Will ich ja auch nicht! Ich will eins ohne! – Aber bitte, geh ich eben zur Konkurrenz und 50 hol mir ein Kotelett. Mit Knochen.

Ko·te·lett [kɔˈtlɛt, ˈkɔtlɛt] *das*; *-s, -s*; ein Stück Fleisch mit e-m (Rippen)Knochen vom Schwein, Kalb od. Lamm, das man brät od. grillt ‖ -K: **Kalbs-**, **Lamm-, Schweine-**

Fi·let [fiˈleː] *das*; *-s, -s*; **1** ein zartes Stück Fleisch ohne Knochen vom Rücken *bes* e-s Rinds od. Schweins ‖ -K: **Rinder-, Schwei**-ne- **Filet-, -braten, -steak** ‖ -K: **Rinder-, Schwei-ne- 2** ein Stück Fleisch aus der Brust des Geflügels ‖ -K: **Hähnchen-, Puten- 3** ein Stück Fleisch ohne Gräten vom Fisch ‖ -K: **Herings-, Makrelen-, Sardellen-**

Was tun ?

Geschäftsbesuch

Jürgen Becker

Sicher, wenn Sie in unserem Hause arbeiten, können Sie unser Haus auch betreten, nur, Sie müßten sich bitte legitimieren. Aber Sie kennen mich
doch, seufzte Johann. Natürlich kennen wir Sie,
5 jeden Morgen und jeden Abend passieren Sie
die Schleuse, nur, wir müßten Ihre Identifika-
tionskarte sehen. Die habe ich eben vergessen,
seufzte Johann, die steckt noch an der Jacke
von gestern. Dann wird es schwierig, Sie her-
10 einzulassen. Aber ich möchte doch, wie jeden Morgen, in mein Büro. Kein Zweifel, Sie
möchten in Ihr Büro, wie jeden Morgen,
aber Sie wissen auch, daß Sie jeden Morgen durch Vorzeigen Ihrer Identifikations-
15 karte den Nachweis zu erbringen haben, daß.
Sie sind völlig im Recht, seufzte Johann, aber soll ich denn meinem Büro heute fernbleiben, bloß weil? Wir können Ihnen einen Tagespassierschein ausstellen. Na wunderbar, seufzte Johann, dann stellen Sie mir einen
Tagespassierschein aus. Sie wissen, daß dieser Passierschein den Empfänger le-
20 diglich zu einem Besuch berechtigt und sein Besuch durch eine Unterschrift zu
beglaubigen ist. Ja, aber in meinem Fall durch eine Unterschrift wessen? Durch
die Unterschrift dessen, den Sie besuchen wollen. Ich will aber niemanden besuchen. Dann können wir Ihnen auch keinen Tagespassierschein ausstellen. Ich
will und muß aber in mein Büro, seufzte Johann. Kein Zweifel, es ist auch schon
25 gefragt worden, ob Sie bereits in Ihrem Büro sind. Und wer, bitte schön, hat
angefragt? Jemand, der Sie zu besuchen wünschte. Und wo befindet sich
dieser Jemand? In Ihrem Büro. Und sitzt dort und wartet, daß ich seinen Besuch durch Unterschrift auf dem von Ihnen angefertigten Tagespassierschein
bestätige? Genau so verhält es sich. Nach Lage der Dinge, seufzte Johann,
30 werde ich die Unterschrift ja kaum leisten können. Gewiß, für Ihren Besuch
entsteht da eine komplizierte Situation. Er wird das Haus erst mit meiner
Unterschrift verlassen können? So ist es. Ja, was machen wir dann, fragte Johann. Wir können Ihnen einen Tagespassierschein ausstellen. Und
wer unterschreibt? Na, Sie selber persönlich. Ich meine, seufzte Johann,
35 so weit wären wir fast schon gewesen. Richtig, aber nur fast, wir wollen
doch nichts überstürzen.

Wut am Steuer? Nerven bewahren!

HA München – „Trottel in Uniform" – wer seine Zunge nicht zügelt und so etwas zu einem Polizisten sagt, muß 3000 Mark berappen. Auch eine Äußerung wie „Idioten, ihr gehört in die Nervenheilanstalt" kostet drei braune Scheine. Der ADAC hat am Freitag eine Liste der gängigsten Beleidigungen und der dafür vorgesehenen Bußgelder veröffentlicht. Ein Autofahrer, der ausrastet, kann da schon mal einen
5 ganzen Monatslohn riskieren.

Auch wenn's oft schwerfällt: Verkehrsteilnehmer sollten beim verbalen Schlagabtausch untereinander, vor allem aber gegenüber den Ordnungshütern, die Zunge hüten und Fingerübungen besser unterhalb der Fensterkante machen. Sonst kann es teuer werden. Weitere Beispiele:

• Bullenschwein, gepaart mit Stinkefinger: 2000 Mark;
10 • Holzkopf, Vogelzeigen: 1500 Mark;
• Ihnen hat wohl die Sonne das Gehirn verbrannt: 1200 Mark;
• Polizisten duzen: 1200 Mark;
• Blödes Weib (Politesse): 1200 Mark.

Wer einem Autofahrer einen Ring aus Daumen und Zeigefinger zeigt, zahlt 1350 Mark. Wer einen an-
15 deren einen „Deppen" nennt, ist mit 500 Mark dabei.

Hamburger Abendblatt, 3. 12. 94

Verdammt! Bund gegen das Fluchen überarbeitet!

Veenendaal (dpa/taz) – Der niederländische Bund gegen das Fluchen ist im Streß: Wie die Vereinigung strenggläubiger Protestanten in ihrem Jahresbericht mitteilte, protestierte sie
5 im vergangenen Jahr 77mal „gegen konkrete Fälle von Fluchen oder Gotteslästerung in unserer Gesellschaft". Das sei eine Zunahme um 50 Prozent. Der Bund beschwerte sich unter anderem darüber, daß der niederländische Asthma-Fonds Patienten den Rat gab, sich 10 durch heftiges Fluchen zu erleichtern. Auch mehrere Fernsehmoderatoren und Komiker wurden getadelt. Die meisten entschuldigten sich. Der Kabarettist Youp van't Hek sagte dagegen, er werde so lange nicht mit Respekt 15 über Gott sprechen, „wie die Welt vor die Hunde geht".

Die Tageszeitung (taz), 21. 2. 97

Des Freundes Brief

Den so und so vielten

Sehr geehrter Herr!
Es ist schon kaum unglaublich, daß Sie sich erdreisteten
einen Freund, wie wir zu Ihnen sind, vielmehr waren, in so einer
einer unverschämten

Wenn Sie mir binnen

Hinsichtlich Ihres gegen uns erzeugten Benehmens Ihrerseits,
wo es sich um Familieneinmischungsdifferenzen handelte, werden Sie zukünftigerseits gegenseitigen Erachtens - Intrigen
ignoriert -, keinesfalls

Glauben Sie denn, Sie hundsgemeiner Sauhund, daß
Sie uns

Mein lieber guter alter Freund!
Die Wunde, die mir das so jäh zerrissene Freundschaftsband,
welches sich einst um uns geschlungen hat, verursacht hat,
blutet heute noch. Auch Du. lieber alter Freund, wirst es nie
vergessen, als wir in lauer Sommernacht im Hofbräukeller unter
duftenden Kastanienbäumen unsere Maßen in Massen schlürften,
und wir dann in der Sternennacht, schwer beladen, aber selig
heimtorkelten.
Ein Strauß himmelblauer Vergißmeinnicht sollen das Zeichen unserer Freundschaft wieder

Geehrter Herr,

ich beschließe nun mein Schreiben und erachte
die ganze Angelegenheit für erledigt.

Hochachtungsvoll

aus: Karl Valentin, Des Freundes Brief, 1940

Endstation Karlsruhe

Die Profi-Klägerin: Wenn das Gericht zum Hobbyraum wird

Angelika Boese

Es gibt die eigenartigsten Freizeitbeschäftigungen. Fritz etwa stiehlt Zündholzheftchen, wo immer sie herumliegen, ungeachtet der Tatsache, daß er eigentlich nicht mehr raucht. Tim vergreift sich an fremden
5 Servietten, vorzugsweise mit eingenähten Schriftzügen, und Elisabeth hat diesen glücklichen Ausdruck nur dann im Gesicht, wenn sie ihre Strafzettel nach Datum ordnet, nach Erledigung einheftet, ablegt und dabei versucht, den Namen der Politesse zu entzif-
10 fern.

Helene hingegen hortet Indizien für ihr gutes Recht. Wenn etwa einer die Gemeinschafts-Waschmaschine im Gemeinschafts-Waschraum ihrer Wohnanlage zu einer Zeit beansprucht, zu der sie sich zwei Stunden
15 zuvor eingetragen hat, penibel wie sie nun einmal ist. Oder wenn lautes Hundegebell nächtens ihren ohnehin so empfindlichen Schlaf stört, dann bricht sich ihre eruptive Empörung derart heftig Bahn, daß sie umgehend gerichtliche Klärung verlangt. Was sich
20 andere nicht trauen, sie setzt es durch, denn in jedem privaten Problem liegt schließlich auch öffentliches Interesse: Da geht sie glatt bis Karlsruhe*.

Nun ist Helenes Angetrauter zufällig Anwalt – doch der weigert sich nach wie vor, ihr einen Packen des
25 Kanzlei-Briefpapiers zur freien Verwendung zu überlassen, geschweige denn, bei jedwedem ihrer anfallartigen Anliegen den Rechtsweg einzuschlagen. Und so blieb Helene nichts anderes übrig, als sich erst an seinen meisterhaften Kollegen und dann an das ört-
30 liche Anzeigenblatt zu wenden, die Bekanntschaft eines dortigen Lohnabhängigen nutzend. Das Periodikum teilte ihre Einschätzung der Wichtigkeit ihrer Anliegen umgehend und berichtete tatsächlich über die prozessuale Eskalation einer nichtigen Streiterei.
35 So gestärkt, kontert Helene seither die Spötteleien ihres Gatten triumphal und ungewohnt souverän: „Ein Interesse der Öffentlichkeit kannst du ja nun wohl nicht mehr leugnen." (...)

In den Tagen sommerlicher Erfrischungsfreuden sah
40 man Helene mehrfach wütend einen Elektroladen stürmen. Das eingebaute Mikrophon des vor Jahresfrist erstandenen Radio-Cassetten-Geräts funktio-
nierte einfach nie, wenn Helene das formschöne Koffermodell auf das Balkongeländer balancierte, um die Plaudereien der schwäbischen Nachbarn während der 45 Mittagszeit zu dokumentieren. Denn hier handelte es sich ihrer Meinung nach eindeutig um Körperverletzung: 1) weil schwäbisch und 2) während in der Hausordnung festgelegter Ruhezeiten. Der Elektrohändler behauptete aber hartnäckig, die Garantie sei nun mal 50 abgelaufen.

Ihr Verhalten als Prozeß-Profi ist gleichermaßen routiniert wie raffiniert. Vom dezenten, modischen kleinen Kostüm für die Verhandlung, über dieses winzige Lächeln, das die grundsätzlich überpünktlich er- 55 scheinende Klägerin abwechselnd in Richtung Staatsanwaltschaft und Vorsitzenden sendet, bis zur Planung einer Selbsthilfegruppe für die verkannten Opfer des Apparats im Falle von Niederlagen: Für die Akten, die Helenes gerichtliche Auswüchse doku- 60 mentieren, hat sie den Platz im Bücherregal, der davor für Kochbücher reserviert war, gerne freigeräumt. Für die nicht abgelegten Papiere, Notizen, Beobachtungen und Belege wurde eine Hängetasche angeschafft. 65

Inzwischen ist Helene damit beschäftigt, die Hersteller von Klebstoffen herauszufinden, speziell für Preisschilder auf Pfeffermühlen, aber auch von Herstellernachweisen auf Brotlaiben und Schreibwaren. Ihnen allen droht Klage wegen ihrer elenden Kleber, die 70 man nicht ablösen kann, ohne daß gleichzeitig der Buchumschlag einreißt, man beim Brot ein Riesenstück Rinde abschneiden muß oder die Mühle von Kleberesten so pappt, daß man mit ihr nicht mahlen kann. Helene schließt auch hier starkes öffentliches 75 Interesse nicht aus.

Nicht minder beim daran wohl nahtlos anschließenden Verfahren: Da geht es den diversen Lieferanten von Küchenfolien an den Kragen. Hatte Helene doch bei zahllosen Versuchen, das Klarsichtmaterial 80 gleichmäßig abzurollen, niederschmetternde Erfahrungen gemacht. Durchaus möglich, daß Helene auch hier die Endstation Karlsruhe in Erwägung zieht.

---

* Karlsruhe: Sitz des Bundesverfassungsgerichts, der höchsten Rechtsinstanz in Deutschland.

(gekürzt): Süddeutsche Zeitung, 24./25. 9. 94

FAHREN

Grenzenlos glücklich

Interview mit einem Pendler

Jede Nacht das gleiche Bild: Mehrere Busse mit der Aufschrift „Quelle" fahren durch die Dörfer im thüringischen Grenzland und sammeln verschlafene, verknitterte Gestalten auf, setzen sie morgens in Nürnberg und Fürth ab und fahren sie nachmittags zurück. Dazwischen liegt eine Arbeits-
5 schicht. Damit auch ja die gestern beim Versandhaus „Quelle" bestellte genoppte Lammnappalederjacke morgen in Clausthal-Zellerfeld ankommt.

Ein Interview mit den Buspendlern aus dem Osten zu führen, ist allerdings nicht so einfach. Obwohl ich vom Busfahrer schon in der Frühe angekün-
10 digt wurde, „die freu'n sich schon auf Sie", sagt er mir, ist dies eine harte Nuss. Die meisten der in der Mehrzahl weiblichen „Quelle"-Mitarbeiter fallen augenblicklich in einen nächtlichen Tiefschlaf. Die Wachbleibenden vorne verweisen mich an die Wachbleibenden hinten im Bus. Die hinten an die vorne. Erst hinter Erlangen finde ich einen Gesprächspartner.

Hören Sie dazu ein Interview auf der Kassette.

Ohne Gepäck

Doris Dörrie

Ich war froh, ein Abteil für mich ergattert zu haben.
Als erstes zog ich die Vorhänge zu, um andere davon
abzuhalten, hereinzukommen. Als der Zug sich endlich in Bewegung setzte, war ich immer noch allein.
5 Ich zog die Schuhe aus und legte mich hin. Die acht
Stunden bis nach Hamburg wollte ich durchschlafen.
Vom Flughafen aus wollte ich meine Eltern anrufen
und ihnen sagen, ich hätte meinen Anschlußflug nach
Hannover verpaßt und würde in München über-
10 nachten. Ich hatte kein deutsches Kleingeld, und so
würden sie jetzt also in Hannover am Flughafen ver-
geblich auf ihren Sohn warten. Ich hatte nicht die geringste Lust, sie wiederzusehen, selbst nach zwei
Jahren Amerika nicht. Ich hatte überhaupt keine Lust,
15 wieder hier zu sein. Ich wollte als ersten deutschen
Menschen Marita in Hamburg sehen. Die war nicht
so unerträglich deutsch, oder war es wenigstens damals nicht gewesen. In den zwei Jahren hatte ich gelernt, wie ein Amerikaner zu reagieren. Als sich der
20 Kapitän der Lufthansamaschine über Mikrophon mel-
dete, fühlte ich mich an die Nazi-Schweinehunde in
amerikanischen Fernsehserien erinnert und an sonst
gar nichts.
Nein, ich hatte nicht zurückgewollt. In Augsburg riß
25 eine Frau die Abteiltür auf und setzte sich wortlos hin.
Sie fragte weder, ob noch ein Platz frei sei, noch sagte sie guten Tag. Ich drehte mich mürrisch auf die andere Seite und konnte nicht mehr einschlafen. Ich
fühlte mich beobachtet. Ich setzte mich auf. Sie war
30 vielleicht Anfang Dreißig, füllig, mit einem recht hübschen, klaren Gesicht. Ihre Augen waren leicht ge-
schwollen. Sie trug lange, silberne Ohrringe, die leicht
im Rhythmus des Zuges hin- und herschaukelten. Ich
sah kein Gepäck und war erleichtert. Sie konnte nicht
35 weit fahren. Ihre Handtasche hielt sie umklammert,
als habe sie Angst, ich wolle sie ihr entreißen. Als sich
unsere Blicke zufällig trafen, sah sie schnell weg. Ich
sah kleine Schweißperlen auf ihrer Stirn.
„Kann ich vielleicht das Fenster etwas öffnen" fragte

sie mit leiser, aber bestimmter Stimme. 40
Wenn ich jetzt antworte, erzählt sie mir ihr Leben,
dachte ich. „I'm sorry. I don't speak German."
Sie wiederholte ihre Frage. „Se window. Can I open?"
Ich nickte. Sie hielt den Kopf aus dem Fenster. Ihre
Haare flatterten. Mir wurde kühl. Ich zog meine Jacke 45
über. Sie schloß das Fenster und setzte sich wieder hin.
Ich wollte schon meine Zeitungen auspacken, da fiel
mir ein, daß ich nur deutsche dabei hatte. Ich ging nach
draußen, um zu sehen, ob ich ein anderes leeres Abteil finden würde. Aber selbst in der ersten Klasse wa- 50
ren alle belegt. Als ich zurückkam, tupfte sie sich mit
einem Taschentuch die Augen. Die Sonne ging unter.
Ein Mann in einer orangefarbenen Jacke kam mit einem Wagen vorbei und verkaufte Brote und Getränke. 55
„One coffee, white, and a salami sandwich", sagte ich
zu ihm. Er sah mich verständnislos an. „Einen Kaffee
und ein Salamibrot", übersetzte sie für mich. „Was er
mit weiß meint, weiß ich auch nicht."
„With milk", sagte ich. Sie lächelte mich kurz an. Da- 60
nach war ich nicht sicher, ob sie überhaupt gelächelt
hatte, denn es war sofort wieder vorbei, als hätte sie
einen Vorhang zugezogen. Sie starrte ausdruckslos
aus dem Fenster. Ich drehte das Licht im Abteil an.
„Sis is better." sagte sie, drehte es wieder aus und knip- 65
ste mir die kleine Leselampe über meinem Kopf an. Sie
saß im Dunkeln. Ihr Gesicht konnte ich kaum mehr
erkennen.
„You are from America?"
„Yes." 70
„Where?"
„New York?"
„It's a dangerous city, no?"
Ich hätte mich dafür ohrfeigen können, daß ich be-
hauptet hatte, kein Deutsch zu sprechen. Jetzt würde 75
sie mir in ihrem grauenhaften Englisch dennoch ihr
Leben erzählen.
„Ich spreche ein bißchen Deutsch", sagte ich mit stark

amerikanischem Akzent.

80 *„Aber sie haben doch vorher gesagt …"*

„Ich bin ein bißchen schüchtern. Habe lange nix gesprecht."

„Dafür sprechen sie aber gut. Wo haben Sie das gelernt?"

85 *„Meine Eltern sind Deutsche."*

Sie schwieg. Ich betete, sie möge nichts mehr sagen.

„Emigranten?" fragte sie. Ich antwortete nicht, um mich nicht noch tiefer zu verstricken.

„Mein Großvater ist im KZ gestorben", sagte sie. „Er
90 *war Kommunist." Der Zug hielt. Sie stieg nicht aus. Wie konnte man über vierhundert Kilometer ganz ohne Gepäck reisen? Und noch dazu als Frau? Ihre Handtasche war winzig, da paßte noch nicht einmal ein Kulturbeutel rein.*

95 *„Ich habe nur Glück gehabt mit meinen Eltern, wissen Sie. Es war reiner Zufall, daß sie keine Nazis waren … ich habe mich immer gefragt, wie das sein muß, von heute auf morgen alles verlassen und nicht wissen, ob man jemals wieder zurückkommt."*

100 *„Seien Sie froh, daß es nicht so ist, heute" sagte ich, und mein künstlicher, amerikanischer Akzent ging mir auf die Nerven. Er klang leichtfertig, ignorant und blöd.*

„Es könnte aber wieder so werden."

105 *„Meinen Sie?"*

„Ich weiß nicht."

Plötzlich saß sie neben mir und lehnte ihren Kopf an meine Schulter. Sie war mir sympathisch durch das, was sie gesagt hatte. Sie war keine typische Deutsche.
110 *Ich bewegte mich nicht. Sie seufzte, und ich sah einen Tropfen auf die roten Plastiksitze zwischen uns fallen. Ich legte meinen Arm um sie.*

„Warum weinen Sie denn?"

„Ich möchte nicht darüber sprechen", sagte sie und
115 *legte ihre Hand auf mein Knie. Ich ergriff sie und hielt sie fest. Man hätte uns für ein Liebespaar halten können.*

„Machen Sie Ferien in Deutschland?" fragte sie in bemüht leichtem Konversationston.
120 *Ich rede nicht gern über mich. Ich habe ihr alles erzählt. Vielleicht, weil sie geweint hat. Ich erzählte ihr meine ganze dumme amerikanische Liebesgeschichte in gebrochenem Deutsch. Nach einer Weile fand ich*

Gefallen daran, Wörter falsch auszusprechen, sie nach dem richtigen Ausdruck zu fragen, zu stammeln. 125
Ich war gezwungen, meine Leidensgeschichte mit einem Zweihundert-Wörter-Vokabular vor ihr auszubreiten, und je länger ich sprach, desto klarer wurde mir meine eigene Geschichte. Mit Cathy hatte es eigentlich von Anfang an keine Hoffnung gegeben. 130

„Wegen einer Frau verlassen Sie Ihr Land?"

„Ja", sagte ich „nur wegen eine Frau. Zerbrechtes Herz."

Sie küßte mich. Ich knipste die Leselampe aus.

Sie zog die Sitze aus und machte das Abteil zu einem 135
großen Bett. Wir hielten uns und küßten uns und hielten uns.

Als ich aufwachte, dachte ich für einen Moment, Cathy läge neben mir. Sie strich mir mit der Hand über die Augen. 140

„Nicht weinen", sagte sie. „Es gibt Schlimmeres."

Sie wollte das Rollo hochschieben. „Nicht", sagte ich. „Wir sind bald da."

„Ich möchte so bleiben. Nie aussteigen", sagte ich.

„Das geht nicht." Sie lachte zum ersten Mal in dieser 145
Nacht. Wir waren in Hamburg.

Sie schob die Sitze zurück und ließ das Rollo hoch. Ihre Handtasche hielt sie umklammert, sie sah mich an.

„Warum hast du kein Gepäck?" fragte ich leise. Sie sah zu Boden, hob dann den Kopf und sah mir gerade 150
in die Augen.

„Ich gehe nur Zigaretten holen", sagte sie.

Ich tat, als sei mir der Begriff unbekannt.

„Ich habe drei Kinder und einen Mann. Gestern abend bin ich aus dem Haus gegangen … Einfach so." Sie 155
sah erstaunt aus.

Wir gingen zusammen den Bahnsteig entlang. Ich wollte ihr alles sagen. Daß ich gar kein Amerikaner bin, daß meine Eltern keine Emigranten sind, daß ich deutsch spreche. Daß die Geschichte von Cathy eine 160
wahre Geschichte ist.

Als ich mich umdrehte, war sie verschwunden. Ich wartete eine halbe Stunde. Dann rief ich Marita an. Sie war nicht zu Hause.

Ich suchte in meinen Taschen nach einer Zigarette. 165
Ich fand einen langen, silbernen Ohrring.

Zwei Fahrer

Bertolt Brecht

Ich kenne einen Fahrer, der die Verkehrsregeln gut kennt, innehält und für sich zu nutzen weiß. Er versteht es geschickt, vorzupreschen, dann wieder eine regelmäßige Geschwindigkeit zu halten, seinen Motor zu schonen, und so findet er vorsichtig und kühn seinen Weg zwischen den anderen Fahrzeugen. Ein anderer
5 Fahrer, den ich kenne, geht anders vor. Mehr als an seinem Weg ist er interessiert am gesamten Verkehr und fühlt sich nur als ein Teilchen davon. Er nimmt nicht seine Rechte wahr und tut sich nicht persönlich hervor. Er fährt im Geist mit dem Wagen vor ihm und dem Wagen hinter ihm, mit einem ständigen Vergnügen an dem Vorwärtskommen aller Wagen und der Fußgänger dazu.

Bert(olt) Brecht, 1898 - 1956, begann als Dramaturg in München und Berlin; nach dem Exil von 1933 - 1947 gründete er mit Helene Weigel in Ost-Berlin das Brecht-Ensemble. Er erlangte Weltbedeutung als marxistisch orientierter, politisch engagierter Dichter. Er wurde sowohl als Lyriker wie auch als Dramatiker weltbekannt. Einige seiner Schauspiele: Die Dreigroschenoper (1928), Der Jasager und der Neinsager (1930), Mutter Courage und ihre Kinder (1941), Herr Puntila und sein Knecht Matti (1948).

Ich denke, ich bin meiner Zeit voraus

Der Mann, der über Autos geht

Hanns-Bruno Kammertöns

Es war im März 1988. Michael Hartmann weiß noch, daß er mit einer Freundin, die einen Kinderwagen schob, in der Nähe des
5 Siegestores spazierenging. Auf den Parkstreifen links und rechts der Straße standen die Autos, aber nicht nur da. Wieder einmal waren viele Fahrzeuge auch auf dem
10 Gehweg abgestellt, es war nicht einfach mit dem Kinderwagen. Plötzlich sei er stehengeblieben und habe auf eines dieser Autos gezeigt. „Regine, weißt du, ich werd'
15 jetzt drübersteigen über den." So fing alles an.
Er kletterte auf den Kotflügel, die Motorhaube hinauf, machte ein, zwei Schritte über das Dach, und
20 als er über den Kofferraum wieder hinuntersprang, sagte Michael Hartmann zu Regine: „Der Mensch steht doch über dem Auto" – und daß man dies den Leuten endlich
25 auch zeigen müsse, mit „Carwalking", wie er es nennen wollte.
In den nächsten drei Monaten stieg Michael Hartmann über mindestens 500 Autos, über einen Ferra-
30 ri, über so manchen Ford und BMW sowie auch einen Jaguar, allesamt auf Münchner Gehwegen geparkt. Sorgfältig vermied er es dabei, die Wagen zu beschädigen.
35 Beulen im Blech erkannte er als eine vorübergehende Erscheinung, „sie sprangen schnell wieder zurück".
Die Bilanz jener Zeit: In wohl
40 zwanzig Fällen führte ihn der Weg auch über Autos, in denen die Fahrer noch am Steuer saßen. Diese

konnten das Geschehen („Hey, du Arsch") meist nicht fassen, einige
45 wirkten wie gelähmt. Hartmann nahm sich die Zeit und erklärte sein Begehren: „Auf dem Bürgersteig soll der Bürger steigen."
Aber irgendwann dann, so räumt er
50 heute ein, habe er einen „Fehler" gemacht. Nach einem Carwalking habe ein BMW „eine Delle" im Dach aufgewiesen, die nicht zurücksprang. Eine Anzeige wegen
55 Sachbeschädigung war die Folge und eine Geldbuße von 150 Mark. Der Angeklagte habe rechts oder links an dem Auto vorbeigehen können, führte der Richter aus.
60 Diesen Satz merkt sich Hartmann gut.
Müßten Autos dann nicht auch um ihn rechts oder links herumfahren? Im November 1989 ist es soweit.
65 Ein Samstag, Mittagszeit, dichter Verkehr zwischen Siegestor und Münchner Freiheit, Michael Hartmann begibt sich zu einem Spaziergang auf die Leopoldstraße,
70 mittlere Spur, sein erstes „Streetwalking". Während er rechts und links überholt wird, muß er sich aus den heruntergekurbelten Fahrzeugfenstern einiges anhören:
75 „Hey du …, schlaf deinen Rausch woanders aus." – „Spinnst du denn?" will jemand wissen, bevor er wieder aufs Gaspedal tritt. – „Nein, ich spinne nicht", erwidert
80 Hartmann auf diese Frage, die ihm in seinem Leben oft gestellt worden ist.
Michael Hartmann, vor 28 Jahren in München geboren, sagt von

85 sich, daß er ein besonderes Gespür habe „für psychische Verhaltensweisen". Den Menschen möchte er sich widmen, das wußte er schon früh. Also studiert er nach dem
90 Fachabitur und seinem Zivildienst im Altenheim zunächst Sozialpädagogik, bricht dieses Studium aber kurz vor dem Vordiplom ab. Aus einer Schreinerlehre verab-
95 schiedet er sich nach nur vier Unterrichtsstunden, er hat ein schlechtes Gewissen, er hat Angst, seine Zeit zu vertun. „Mein Leben muß eines gegen die Autos sein, für
100 mehr Lebensqualität in den Städten."
Alle Vermutungen, dieser Entschluß könnte mit seinem schweren Verkehrsunfall im August 1988
105 zusammenhängen, weist Hartmann zurück. Damals war er am Straßenrand angefahren worden, lag elf Tage im Koma. Daß „ich deppert* werde", hätten die Ärzte
110 vermutet. „Den Gefallen habe ich ihnen aber nicht getan", fügt er hinzu.
Michael Hartmann geht nun öfter auf den Münchner Straßen spazie-
115 ren. Immer weniger will ihm in den Kopf, warum die Autos so viel Raum einnehmen dürfen, während sich „die Fußgänger an den Mauern der Häuser entlangschieben
120 müssen". Läßt sich von der Mitte der Boulevards aus die Umgebung nicht sehr viel besser erfassen, die urbane Architektur, die Baumkronen längs der Alleen, die Fassaden
125 der Häuser? Hartmann beschließt, nur noch auf den Straßen durch die

* ugs.: geistig verwirrt

Stadt zu gehen und, wenn ihm danach ist, „dort auch zum Frühstück zu verweilen".

Im Juni 1991 verurteilt ihn das Amtsgericht München wegen Nötigung zu 900 Mark Geldstrafe. Richter Unnützer erkennt einerseits zwar an, daß der Angeklagte mit seiner „Brotzeit" auf der Nymphenburger Straße „grundsätzlich auf einen Mißstand aufmerksam machen wollte …" Andererseits habe sich aufgrund dieses Verhaltens ein Stau gebildet, „so daß für den Weg von der Maillinger Straße bis zum Rotkreuzplatz ca. 20 Minuten Fahrzeit benötigt wurden …"

Michael Hartmann läßt sich nicht beirren und geht weiter auf den Straßen spazieren. Und gelegentlich macht er sogar ganz angenehme Erfahrungen. Autofahrer, die ihn nicht einfach nur überholen. Die eine Weile, das Fenster heruntergelassen, im Schrittempo mitrollen („Vielleicht hast du ja recht") und beim Abschied noch die Zeit finden für gute Wünsche („Und laß dich nicht überfahren!"). Aber lange dauert es meist nicht: Stau, Gehupe, Polizei. „Herr Hartmann erweckt den Eindruck, sich ständig in einem die freie Willensbildung erheblich beeinträchtigenden Zustand zu befinden", notiert Polizeihauptkommissar Karl Hilz im August 1992. „Er scheint unter dem Zwang zu leiden, sich auf dem Kraftfahrzeugverkehr vorbehaltenen Flächen bewegen zu müssen … Es besteht die Möglichkeit, daß Herr Hartmann durch übermäßigen Haschischkonsum diesem Rausch-

zustand nicht mehr entfliehen kann oder unkontrolliert durch sogenannte Flashbacks immer wieder in diese verfällt." Konsequenz: „Herr Hartmann wird deshalb zu seinem eigenen Schutz und zum Schutz der Allgemeinheit wegen Selbst- und Gemeingefährlichkeit ins Bezirkskrankenhaus Haar eingewiesen."

In der Psychiatrie („Wir müssen schauen, ob Sie hierbleiben müssen oder besser den Nobelpreis erhalten") wird Hartmann ausführlich untersucht. Fragen zur Kindheit, zu Vater und Mutter, zu seiner Sexualität: Er wird aufgefordert, rückwärts zu zählen („von 100, immer 7 abwärts") und den Unterschied zwischen einer Leiter und einer Treppe deutlich zu machen. Er sei „wach bzw. bewußtseinsklar und allseits orientiert",

wird ihm bestätigt. Ebenso aber wird der „Verdacht auf überwertige Ideen und Sendungsbewußtsein" attestiert, eine „etwas überwertige Sicht von der autofreien Zukunft", der ein „ungewöhnliches Engagement entgegengebracht" werde. Dann kann Hartmann nach Hause gehen.

Landgericht München, Ende vergangener Woche, Große Strafkammer. Michael Hartmann muß sich wegen „Gefährlichen Eingriffs in den Straßenverkehr" verantworten. Im Mittelpunkt steht sein letzter Spaziergang, der im Januar 1993 auf der Untermenzinger Straße mit einem Verkehrsunfall zu Ende gegangen war. Der Zeuge S., der den Fußgänger zu spät gesehen hatte, bremste seinen Passat so plötzlich ab, daß Zeuge D. mit seinem Renault-Kastenwagen ihm hinten hineinfuhr. Beide Fahrzeuge „wurden erheblich beschädigt", Hartmann, der einen gebrochenen Zeh davontrug, wurde verhaftet und für zwölf Tage in Untersuchungshaft nach Stadelheim gebracht. Die Große Strafkammer verurteilt den Angeklagten zu einer Freiheitsstrafe von zehn Monaten, die zur Bewährung ausgesetzt wird. Der Verteidiger spricht von Revision.

Und Michael Hartmann? Er hatte mit einem Freispruch gerechnet. Das hatte er jedem, mit dem er sprach, vorhergesagt. Und hinzugefügt: „Ich denke, ich bin meiner Zeit voraus."

Die Zeit, 28. 10. 1994

Aussteigen

Rainer Eberhard

Es war an einem dieser unfreundlichen Herbsttage. Kalter Regen zog durch die Straßen und ließ das Pflaster dunkel scheinen. Von Osten blies ein unangenehm kalter Wind; der Winter war nicht
5 weit.

Zögernd verließ er das Haus, um den Weg zur Haltestelle einzuschlagen. Die Nässe drang langsam durch das Leder seiner leichten Schuhe und erinnerte ihn daran, daß er hier nicht zu Hause war. Er
10 fluchte leise: „Dieses Land, dieses Wetter, diese Deutschen." Nicht zufällig dachte er gerade in diesem Moment an die Menschen, bei denen er als Gast lebte. Deutlich waren ihm noch jene endlosen Diskussionen im Gedächtnis, in denen es um die höhe-
15 ren Werte des Menschen ging – Pünktlichkeit, Pflicht, Disziplin – solche Worte klangen ihm noch jetzt im Ohr, zugleich konnte er sie aber nicht mehr hören.

Der leise Ärger über die ergebnislosen Gespräche
20 verband sich jetzt mit dem Mißmut über das feindselige Wetter und trieb ihn zornig, den Kopf leicht zwischen die Schultern eingezogen, gegen den Wind vorwärts. Mit dem Blick zur Seite beobachtete er all diese ordent-
25 lichen Vorgärten, die mit den drei Tannen links oder manchmal auch rechts neben der Haustür, aber es wa-
30 ren immer drei.

Eines dieser Drei-Tannen-Vorgartenhäuser war ihm vor ein paar Tagen besonders auf-
35 gefallen. Der Rasen war grün und kurz geschnitten, die Beete folgten der Grund-

stücksgrenze in immer gleichem Abstand, der Eingangsweg führte gerade zur Eingangstür, und da 40 war es: über der Tür stand in alter Schrift ,Daheim'. Er hatte zuerst im Wörterbuch nachschlagen müssen. Jetzt wußte er, daß es ungefähr ,zu Hause' bedeutete. ,Warum stand das am Haus?' hatte er sich die ganze Zeit gefragt. Gab es da einen Sinn, den 45 er nicht verstehen konnte? Jemand war dort zu Hause! Gut! Mußte er das dann – wie zur Sicherheit – noch einmal an die Hauswand schreiben? Wie würde es im Haus aussehen? Stand dort ,Wohnzimmer', ,Küche', ,Badezimmer' an den Tü- 50 ren? Er hatte so etwas schon einmal gesehen. Damals hätte es fast einen großen Krach gegeben, weil er über diese „Wegweiser" herzlich lachen mußte. Doch niemand hatte ihn verstanden, und heute war er vorsichtiger. Mit diesen Gedanken beschäftigt, 55 hatte er, fast ohne es selbst zu bemerken, die Haltestelle der Straßenbahn erreicht. Ihm wurde langsam kalt. Er spürte deutlich die Nässe und verlor die Lust an seinem Gedankenspiel. Sollten die anderen doch leben, wie sie wollten, er selbst suchte 60 jetzt nur noch einen trockenen, warmen Platz. Das

Wartehäuschen bot nicht viel Schutz. Niemand war da, mit dem er hätte sprechen können, um seine Gedanken abzulenken. Ungeduldig ging er hin
65 und her. Wann kam denn endlich die Straßenbahn? Gerade wollte er auf dem Fahrplan nachsehen, da sah er eine Straßenbahn herankommen. Sie fuhr in die falsche Richtung. ‚Egal', dachte er. Er wohnte kurz vor der Endstation und konnte ohne großen
70 Zeitverlust drei Stationen in die falsche Richtung fahren, um kurz darauf, jetzt auf der richtigen Seite, wieder zurückzukommen. ‚Nur 'raus aus der Kälte!' Er sehnte sich nach Geborgenheit und nach Wärme.
75 Der Straßenbahnzug hielt, die Türen öffneten sich. Schnell stieg er ein und setzte sich auf einen Platz am Fenster. Geordnete Vorgärten zogen an ihm vorbei. Quadratische oder rechteckige Rosenbeete begleiteten seinen Weg zur Endstation. Die Hei-
80 zung strahlte eine wohlige Wärme aus, drang in seinen ausgekühlten Körper und machte ihn müde. Sein Ärger von vorhin wurde beruhigt. ‚Sehr gut', dachte er, ‚die Straßenbahn ist pünktlich, und die Heizung ist auch angestellt.' Lächelnd dachte er an
85 zu Hause. Dort mußte er oft lange Zeit auf den Bus warten. Nie wußte er genau, wann der nächste kam, auch die anderen Wartenden konnten es meistens nicht sagen. Manchmal gab es sogar kleine Wettspiele. Wann kommt der Bus? In zwei, drei
90 oder fünf Minuten oder wann? ‚Wirklich, diese Organisation hier!', sagte er zu sich selbst. ‚Beeindruckend!', dachte er und lächelte nicht mehr. Durch die dumpf-monotonen Geräusche der Straßenbahn wurde er allmählich schläfrig und be-
95 gann, die Schwierigkeiten der letzten Zeit zu vergessen.
„Endstation! Alles aussteigen!" drang es von weitem an sein Ohr. Er blieb sitzen und genoß die Wärme. „Bitte aussteigen!" Dieses Mal kam die
100 Aufforderung etwas lauter, auch der Ton war energischer. Er wurde unsicher. Galt das ihm? Er war allein in der Straßenbahn, niemand, an dessen Beispiel er sich hätte orientieren können. Was sollte er machen? Er wollte doch nicht aussteigen. Plötzlich

kam der Fahrer. „Haben Sie nicht gehört?" fragte 105 er unfreundlich. „Endstation! Sie müssen aussteigen!" „Aber ich möchte …" Ihm fiel das passende Wort nicht ein. Was sollte er sagen? Umdrehen? Zurückgehen? Zurückfahren? Weiterfahren? Eine Pause entstand. „Hier Endstation! Hier aussteig- 110 en!" Der energische Ton des Fahrers erlaubte keinen Widerspruch. „Einsteigen da!" erklärte der Fahrer, indem er mit seinem Zeigefinger auf ein Wartehäuschen deutete, das ein paar Schritte entfernt stand. Er erschrak. Das war das ihm wohl be- 115 kannte Ausländer-Deutsch. Aber so hatte man schon lange nicht mehr mit ihm gesprochen, er war doch … Er fühlte sich vom Fahrer erkannt. Hier gab es nichts mehr zu sagen, er mußte hinaus. Mehr traurig als böse verließ er die Straßenbahn. Die Käl- 120 te hatte ihn wieder.
Wie zur Ironie blies ihm kalter Regen direkt ins Gesicht, und er bemerkte plötzlich wieder, daß seine Schuhe ganz durchnäßt waren. Er fror.
Neben ihm fing die Straßenbahn an, langsam wei- 125 terzurollen. Nach etwa 20 Metern blieb sie wieder stehen. Er beobachtete verwundert diesen Vorgang. Was war das? Die Straßenbahn stand immer noch. Minuten vergingen. Warum wartete sie immer noch? Doch nicht auf ihn? Er hatte sie gerade erst 130 verlassen müssen. Ohne große Hoffnung, fast ein bißchen trotzig, ging er auf den letzten Waggon zu und drückte auf den Türknopf. Die Tür öffnete sich, und heraus strömte die angenehme Wärme von vorher. Unsicher stieg er ein. Was würde passie- 135 ren? Würde der Fahrer schreien, ihn wieder hinausschicken? Er wartete. Gleich … Der Fahrer blieb sitzen. Er saß ruhig an seinem Platz und aß ein Stück Brot. Endlich fuhr die Straßenbahn los. Allmählich begann er zu verstehen. Endstation = 140 aussteigen! Haltestelle = einsteigen. Ausnahmen von dieser Regel waren nicht erlaubt.
‚Merkwürdiges Land', dachte er, ‚das die Menschen in die Kälte schickt, wenn es die Ordnung verlangt. Es ist nicht leicht, hier Freunde zu fin- 145 den.'

Aus
Forschung

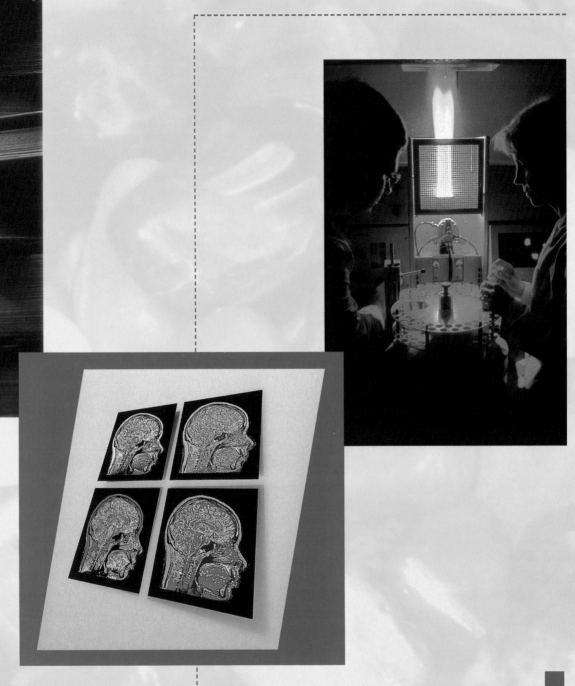

und Wissenschaft

Tiere

Meeressäuger lösen ihre Schlafprobleme

Delphine träumen nicht – Eine Hirnhälfte bleibt wach

Lutz H. Dröscher

Ganges-Delphine sind in ständiger Bewegung. Zum Schlafen gibt es für sie eigentlich keine Gelegenheit. Sie müssen regelmäßig auftauchen, um Luft zu holen. Außerdem würden sie im Schlaf gegen Felsen ge-
5 spült oder von Feinden überrascht. Daher sind sie so rastlos in Bewegung, daß sie selbst im sicheren Delphinarium noch ununterbrochen schwimmen. Schlafen sie also nicht? Beweisen sie die oft gehegte Vermutung, daß Schlaf eigentlich gar nicht lebensnot-
10 wendig ist? Im Gegenteil. Schlaf ist offenbar so notwendig, daß er sich auf eine besondere Weise auch bei unter Wasser lebenden Säugetieren einstellt.

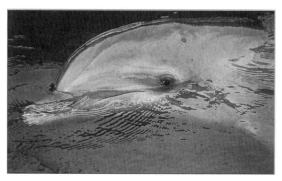

Delphine träumen nicht, und nur eine Hirnhälfte schläft jeweils – die andere muß wach bleiben.

Ergebnisse aus dem Schlaflabor

Die Zoologen um Lev Moukhametov am Moskauer
15 Severtsov-Institut richteten ein Schlaflabor für Meeressäuger ein. Diese können in einem Becken frei schwimmen, während ihre Gehirnströme und andere Meßwerte registriert werden. Obwohl der Schlaf bei allen Säugern normalerweise recht einheitlich ab-
20 läuft, registrierte Moukhametov bei sämtlichen Delphinen eine gänzlich neue Art von Schlaf. Die beiden Gehirnhälften wechseln sich dabei ab. Schläft die rechte Hälfte tief, so kann die linke hellwach sein. Sie kann aber auch dösen oder gerade einschlafen, wäh-
25 rend die andere gerade aufwacht. Die Hirnhemisphären wechseln sich so in einem Rhythmus von ein bis zwei Stunden ab. Die Entkopplung der Hirnhälf-

ten der Delphine betrifft nicht nur die Großhirnrinde, die ohnehin anatomisch weitgehend zweigeteilt ist, sondern auch die tieferen Teile wie das Zwischenhirn. 30 Die Hirntemperatur ändert sich ebenfalls je nach Munterkeit nur bei einer Hälfte.

Auf welchem Wege die Hirnhälften solche Unabhängigkeit voneinander erlangen, ist noch unklar. (...) Sieben Stunden am Tag schläft ein Delphin 35 durchschnittlich auf diese Weise. Für eine weitere Stunde liegen beide Hirnhälften in einem leichten Schlaf, der für Säuger normal ist.

Keine REM-Phasen

Sichere äußere Anzeichen von Schlaf gibt es bei den 40 Delphinen nicht. Außerdem spielt es für ihre Schwimmbewegungen auch keine Rolle, welche Hirnhälfte gerade schläft. Normalerweise ist die linke Hirnhälfte eher für die Bewegungen der rechten Körperhälfte zuständig und umgekehrt. Bei Delphinen aber kann die 45 wache Hirnhälfte den gesamten Körper steuern. Eine echte Ruhepause ist der Schlaf der Delphine nicht. Noch mysteriöser wird ihr Schlaf dadurch, daß ihm etwas fehlt, was ansonsten fester Bestandteil des Säugerschlafes ist: Die REM-Phase, auch Traumschlaf- 50 phase genannt.

Träumen Delphine nicht? Lev Moukhametov ging dieser Frage aufs genaueste nach. Er beobachtete die raschen Augenbewegungen oder ein anderes Anzeichen, das ansonsten mit dem Traumschlaf bei Men- 55 schen und anderen Säugern verbunden ist. Einige Delphine hielt er tagelang vom Schlafen ab, um sie beim anschließenden Erholungsschlaf zum Träumen zu bringen. Aber auch Verhaltensbeobachtungen gaben kein Anzeichen von Traumschlaf. 60
Entweder träumen Delphine ganz anders als andere Säuger, oder ihre ständigen Schwimmbewegungen machen eine Traumphase unmöglich. Allerdings wurden noch keine ganz jungen Delphine untersucht. Bei jungen Säugern spielt der Traumschlaf meist noch 65 eine größere Rolle als bei Alttieren. (...)

Südkurier (gekürzt), 8./9. 4. 95

Das listige Gesindel

Stephan Lebert

**Sie überstehen massenhafte Verfolgung, radioaktive Strahlung,
und auch die Zerstörung der Umwelt kann ihnen nichts anhaben.
Im Gegenteil: Die Ratten sind los.
Die Menschen haben den Kampf gegen sie endgültig verloren.**

Die Ratten

Es gibt weltweit 750 verschiedene Rattenarten,
in Europa lebt ausschließlich die Wanderratte.
Sie wird zwischen 21 und 28 Zentimeter groß,
hat einen etwa 23 Zentimeter langen Schwanz.
5 Ihr Rückenfell ist rot- oder graubraun. Die Ohren sind klein, rund und behaart.

Der Mensch und die Ratten

Wer ein Tier mit solchen Merkmalen z.B. in
10 Hamburg sieht, muß bei den Behörden Alarm
schlagen. So heißt es im Paragraph 2 der Hamburger Rattenverordnung vom 30. Juli 1963:
„Jedes Auftreten von Ratten ist unverzüglich
zu melden. Wenn nicht, droht eine Geldstrafe
15 …" Allein im vergangenen Jahr gingen in der
zuständigen Desinfektionsanstalt 4995 Ratten-
meldungen ein. Schädlingsbekämpfer Helmut
Stenglein schätzt, daß in der Hafenstadt derzeit
zwischen zwei und vier Millionen Ratten le-
20 ben, und erklärt die Faustregel: „Auf jeden
Menschen kommen in etwa ein bis zwei Ratten." (...)

Der kanadische Biologe Bennet G. Galef sagt,
der Mensch müsse endlich akzeptieren, daß die
25 Ratte ein ganz besonderes Lebewesen ist. Man
habe den Kampf gegen die Ratten verloren, es
sei einfach nicht gelungen, mit welchen Mitteln auch immer, ihre Population einzudäm-
men. Im Gegenteil, die Überlebenskünstler
30 seien überall auf dem Vormarsch. Man müsse

den „Reichtum dieser faszinierenden Wesen"
erkennen, man müsse versuchen, ihre genialen
Lebenszüge abzukupfern, schwärmt der Kana-
dier. (...)

Die Ratten
35

Ratten haben scharfe Zähne, mit denen sie sich
sogar durch Beton beißen können. Sie können
sich für längere Zeit von Papier, Steinen,
Kunststoff und anderen Dingen ernähren, wenn
nichts anderes zu essen da ist. Ratten sind sehr 40
sozial, die Männchen geben die besten Futter-
stücke an die Weibchen ab. Aber Ratten haben
auch einen extremen Ordnungssinn. Wenn
etwa vorübergehend in einem ansonsten recht
demokratisch strukturierten Rattenvolk so et- 45
was wie Chaos ausbricht, wenn also zum Beispiel Raufereien an der Tagesordnung sind,
dann schwingt sich eine von den Wissenschaftlern so genannte „Diktatorratte" auf und
herrscht vorübergehend mit brutaler Gewalt 50
über alle anderen, bis die Ordnung wiederher-
gestellt ist. Wir Menschen würden Militär-
putsch dazu sagen.

Ratten sind zärtlich, „legen viel Wert auf ihre
Liebesspiele", schreibt Rattenforscherin Gise- 55
la Bulla. Überhaupt verbringen sie viel Zeit am
Tag mit Spielen, sie sind vergnügt, was man
angeblich daran merkt, daß sie gleichzeitig einen bestimmten Quiekton von sich geben und
mit dem Schwanz wedeln. Ratten sind klug und 60
sensibel. (...)

Der Mensch und die Ratten

Die Ratten haben dem Menschen viele Niederlagen zugefügt. Zuerst hatte man normales
65 Gift, in das Futter gemischt, verstreut. Doch die
Ratten reagierten schnell – nicht nur, daß ein
toter Bruder das sofortige Signal für totalen
Stopp bei der Nahrungsaufnahme war; es schien
so, daß eine Ratte im Todeskampf noch Bot-
70 schaften aussendet, die die Kollegen einen
weiten Bogen um dieses Gift machen läßt.
Außerdem bestimmen die Ratten seither aus ihrer Gruppe einen Vorkoster, der jede Nahrung
testen muß und dann tagelang beobachtet wird,
75 ob es ihm auch bekommen ist. Dann fiel dem
Menschen eine neue, tückische Variante ein.
Dem neuen „Rattenfutter" wurden sogenannte
Antikoagulanzien beigemischt, Stoffe, die die
Blutgerinnung hemmen. Die Ratten verblute-
80 ten so innerlich, und zwar oft erst nach einer
Woche. Doch sie stellten sich auch darauf ein.
Zunächst wehrten sie sich durch Fressen von
ganz bestimmten Gräsern, die eigentlich nicht
auf ihrem Speiseplan stehen, aber die Blutge-

rinnung ankurbeln. Ratten müssen also spüren, 85
was in ihrem Körper vorgeht. Und seit Anfang
der neunziger Jahre mehren sich die Meldungen von Ratten, die inzwischen einfach immun
gegen die Antikoagulanzien geworden sind. In
Chicago hat eine Untersuchung ergeben, daß 90
mehr als fünfzig Prozent der Ratten bereits derartige „superrats" sind.

Die Ratten

Das meinen die wissenschaftlich gebildeten
Rattenfans: Die Tiere können sich blitzschnell 95
auf neue Situationen einstellen, und wenn es
sein muß, immunisieren sie ihren Körper auch
gegen die schwersten Giftstoffe. Sogar gegen
die tödlichen Strahlen der Radioaktivität: Ver-
suche auf dem Bikini-Atoll, einem Testgebiet 100
der Amerikaner für ihre Atombomben, haben
ergeben, daß Ratten nahezu die einzigen Tiere
sind, bei denen keinerlei Strahlenschäden gefunden werden konnten. (...)

SZ-Magazin (gekürzt), 3. 12. 93

Plädoyer gegen Ohropax

❶

Gehör, Gehörsinn, Hörsinn, beim Menschen und bei zahlreichen Tieren (außer vielen Wirbellosen) vorhandene Fähigkeit, mit Hilfe spezieller Gehörorgane (-> Ohr) Schallwellen wahrzunehmen und auszuwerten. Ein Gehör ist i. d. R. mit der Fähigkeit gekoppelt, Laute zu erzeugen, wobei das G. den Frequenzbereich umfaßt, in dem auch Laute hervorgebracht werden. Eine Ausnahme sind bestimmte Nachtfalter, die „stumm" sind, sich aber auf den Empfang der Orientierungslaute ihrer stärksten Freßfeinde, der Fledermäuse, spezialisiert haben. Weiterhin haben viele Fische ein ausgezeichnetes Gehör, können selbst jedoch nicht in jedem Fall Laute erzeugen.

(nach Brockhaus, 19. Aufl. Bd 8)

Hörfähigkeit verschiedener Lebewesen:

Mensch als Sechzigjähriger	20 -	12.000 Hz
Mensch als Kind	20 -	20.000 Hz
Hund	15 -	50.000 Hz
Katze	60 -	65.000 Hz
Fledermaus	1000 - 1	20.000 Hz

❷

Ohren wachsen bis zum Tod

London (dpa) – „Warum haben alte Menschen lange Ohren?" Im British Medical Journal wird von Tests mit 206 Menschen zwischen 30 und 93 Jahren berichtet, die ergeben haben, daß Ohren durchschnittlich 0,22 Millimeter pro Jahr wachsen. Der übrige Körper wachse nicht mehr.

Süddeutsche Zeitung 23.-26. 12. 1995

❸

Wenn Du nicht sehen würdest, so könntest Du doch versuchen, Dein Haus horchend Stück für Stück zu erkennen, indem Du jedes Geräusch von Schritten, jedes Husten an einem Punkt im Raum situierst. Dir um jeden Laut Wände, Decken, Einrichtungen vorstellst. Indem Du der Leere, in der sich die Geräusche ausbreiten, eine Form gibst, ebenso den Hindernissen, an die sie stoßen. Einfach indem Du zuläßt, daß die Töne selbst Dir die Bilder eingeben.

Italo Calvino, Der König horcht

❹

Ohr, bei den Wirbeltieren und dem Menschen paarig angelegtes Sinnesorgan, das primär ein Organ des statischen Sinns darstellt, wobei das Gleichgewichtsgefühl allein vom Innen-O. (Labyrinth) vermittelt wird. Darüber hinaus dient eine Reihe von bei den einzelnen Tiergruppen unterschiedlich ausgebildeten Hilfseinrichtungen (Mittel-O.; Außen-O.) der Hörfunktion. Das höchstentwickelte O. besitzen die Säugetiere einschließlich des Menschen. Es lässt sich in Außen-O. (Ohrmuschel und Gehörgang bis zum Trommelfell; häufig allg. als O. bezeichnet), Mittel-O. (Paukenhöhle mit Gehörknöchelchen – Hammer, Amboss und Steigbügel) und Innen-O. (Labyrinth; Lagena bzw. Schnekke und Bogengänge) gliedern. Das Außen-O. fängt die Schallwellen auf, das Mittel-O. verstärkt die Schwingungen und gibt sie weiter. Im Innen-O. werden die Schwingungen durch das Corti-Organ in Nervenreize umgewandelt und durch den Gehörnerv an das Gehirn weitergeleitet.

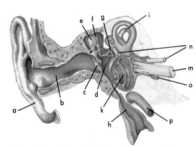

Ohr: Schematische Übersicht des ganzen Ohres; a Ohrmuschel, b äußerer Gehörgang, c Trommelfell, d Paukenhöhle, e Hammer, f Amboß, g Steigbügel, h Ohrtrompete, i Bogengänge, k Schnecke, m Gehör- und Gleichgewichtsnerv, n Gesichtsnerv, o innerer Gehörgang, p innere Kopfschlagader

Rechtsgeschichte: Im späteren MA. war das Abschneiden oder Schlitzen eines oder beider O. insbesondere als Strafe für Diebstahl oder Gotteslästerung üblich; es diente zugleich zur Kenntlichmachung des Täters. Als (privat) vollzogene Strafe an einem Knecht wegen mehrfachen Fluchtversuchs erstmals im 6. Jh. genannt.

(nach Brockhaus, 19. Aufl. Bd 16)

Hören Sie dazu ein Hörfeature von der Kassette.

... nicht nur scharfe Zähne

Claus-Peter Lieckfeld

Ein Hai hat faszinierende Sinnesorgane. Die Nasengrube vermag Geruchsspuren noch im Verdünnungsverhältnis 1:1 000 000 (ein Blut- oder Fleischmolekül auf eine Million Wasser- molekhe) wahrzunehmen und zu orten. Und entgegen früherer Lehrbuchmeinung sehen et- liche Haiarten auch vorzüglich – deutlich bes- ser als die Mehrzahl ihrer Beutetiere.

Das eigentlich faszinierende sind jedoch zwei Sinnesorgane (oder besser: Organ-Verbund- systeme), deren Leistung unsere Phantasie übersteigt: Auf der Körpermitte des Hais ver- läuft beidseits eine Seitenlinie, von der Na- senspitze bis zum Ende der Schwanzflossen. Diese Linie ist so etwas wie ein überdimensio- nal langgezogenes Ohr. Feine Haarzellen kön- nen noch unvorstellbar geringe Drucksignale registrieren. Diese mechanischen Reize verur- sachen einen Wechsel des elektrischen Zu- standes in den Zellen – einen Wechsel, der an Nervenzellen im Gehirn gemeldet wird und sich hier zu einer Information kristallisiert.

Nicht weniger faszinierend sind die Haitypi- schen „Lorenzinischen Ampullen", feine, schleimgefüllte Kanäle im Kopfbereich, die über Poren mit der Hautoberfläche verbunden sind. Haie können offenbar elektrische Span- nungsunterschiede im Hundertstel-Mikrovolt- Bereich registrieren und so Beute orten, die noch nicht sichtbar, hörbar oder riechbar ist. Sind schon die einzelnen Sinne frühe Meister- werke der Evolution, so begeistert vollends de- ren perfektes Zusammenspiel. Den Weg eines Hais zu einer blutenden Robbe könnte man sich etwa so vorstellen: Der Hai registriert eine A- nomalie des elektrischen Feldes, die erfah- rungsgemäß etwas Eßbares bedeuten könnte. Er schwimmt Suchschleifen, bis sein „Seiten- ohr" die gewünschte Information liefert: auf- fällige Drucksignale genau von rechts, Objekt mit „kranken" Schwimmbewegungen. Der Hai eilt in erhöhter Reisegeschwindigkeit in diese Richtung, sein Geruchsorgan notiert stärker werdenden Blutgeschmack, so daß er seinen Kurs beständig feinabstimmen kann. Schließ- lich sieht der Hai – schon aus großer Entfer- nung – die charakteristische Silhouette einer schwimmenden Robbe – oder dessen, was er dafür hält: eines Surfbrettes, auf dem ein Sport- ler mit blutendem Fuß steht ...

SZ-Magazin, 18. 11. 94

Bestialisch

Die Lebensgeschichte eines Hais

Claus-Peter Lieckfeld

Negapra wurde unruhig. In den letzten Stunden hatte sie im weißen Sand ein paar Meilen vor der Karibikinsel Rum Cay gelegen und neun gut sechzig Zentimeter lange Zitronenhaifischbabys zur Welt gebracht. Gerade schwamm das letzte davon. Jetzt litt sie unter Sauerstoffmangel. Als großer Hai brauchte sie die Bewegung, um richtig atmen zu können. Mühsam begann sie sich zu bewegen, dann wurde sie schneller.

Aus dem Fisch, der unbeweglich dagelegen hatte, wurde wieder eines dieser Lebewesen, die seit 450 Millionen Jahren die Ozeane durchkämmen, zu Zeiten, als weder Insekten noch Blütenpflanzen auf den Urkontinenten existierten. Nachdem Negapra genügend Sauerstoff getankt hatte, wurde ein anderes Gefühl überdeutlich: Hunger! Sie verringerte ihre Geschwindigkeit; das Geräusch des vorbeiströmenden Wassers auf ihrer Haut hätte sonst ihre elektrische Hörfähigkeit behindert.

Was war zu hören? Da war zunächst einmal das alles überlagernde Rauschen des nahen Riffs: uninteressant! Negapra drehte ihren Körper in alle Richtungen. Die Sensoren in ihrer Haut nahmen immer neue Reize wahr, die das Gehirn auf Eßbarkeit überprüfte. Nach der dritten oder vierten geschwommenen Kurve stand der Körper des Hais wie erstarrt im Wasser. Da war ein Signal, zu schwach, um heftige Reflexe auszulösen, doch gerade deutlich genug, um alle anderen Sinne zu alarmieren.

Negapra drehte sich vollständig in diese Richtung und nahm Fahrt auf. Konzentriert ließ sie das Wasser über das Riechorgan in der Nasengrube strömen. Die Nase mußte jetzt die Ahnung bestätigen.

Und die Duftspuren verstärkten sich: Beute vom Feinsten. Der unwiderstehliche Geruch nach Fischfleisch lag plötzlich als deutliche Duftstraße im Wasser. Der große Fisch schwamm, so schnell er konnte.

Auge und Ohr brachten Negapra schließlich die gewünschte Sicherheit: Als sie das unglaubliche Rauschen eines Makrelenschwarms wahrnahm und fast gleichzeitig die Wolke erkannte, die sich knapp unterhalb der Wasseroberfläche ausbreitete, nahm sie abrupt die Geschwindigkeit zurück. Jetzt keine dramatischen Bewegungen. Ein satter Hai kann unbeachtet wie eine Suppenschildkröte durch einen Makrelenschwarm schwimmen. Aber Negapra war hungrig, brüllend hungrig und der Schwarm würde es merken. Negapra schob sich ohne sichtbare Bewegung bis auf zwei Meter an den äußeren Rand des Schwarms heran.

Die erste Attacke gelang. Den zweiten Fisch verfehlte sie, Angriff drei und vier waren wieder erfolgreich: packen, schnell schlucken, abdrehen, um die Irritation des Schwarms so gering wie möglich zu halten, dann erneuter Angriff.

Doch aus dem Nichts waren da plötzlich drei Schatten über ihr, schnelle Schatten, schneller als sie, begleitet von einem höllischen Gurgelgeräusch, wie es nur Wale, Robben und eben … Delphine zustande bringen können: Lungenatmer.

Negapra schwenkte ab. Vor Jahren hatte ein Delphin seine Schnauze in ihren Unterbauch gerammt. Nur ein glücklicher Umstand hatte Negapra vor Schlimmerem gerettet. Aber es hätte dieses Erlebnisses nicht bedurft: als Zitronenhai weiß man instinktiv, daß ein Delphin zu den wenigen Dingen gehört, denen man ausweichen sollte. Und dann noch drei von dieser Sorte!

Negapra schwamm einige Dutzend Meter parallel zum Schwarm. Irgendwann würden die furchtbaren Drei satt sein. Negapra taxierte Größe und Geschwindigkeit der Delphine. Wenn jetzt der Trupp da wäre, ihr Trupp, dann bräuchte man ihnen nicht auszuweichen. Einen Trupp von acht Zitronenhaien würden auch die Delphine respektieren. Der Trupp fehlte. Als sie sich vor etlichen Stunden zum Gebären auf dem weißen Sand vor Rum Cay niedergelassen hatte, waren die sieben großen Fische nach einigem Zögern davongezogen. Nun fehlte der Trupp.

Der nächste Tag, der erste nach der Geburt, begann mit einer unerbittlichen Forderung: Beute, möglichst schnell, möglichst viel! Negapras Suche beschränkte sich nicht nur auf Beute. Nun waren es schon 24 Stunden, daß sie sich von

ihrer Gruppe getrennt hatte. Die Nähe der vertrauten Gestalten, an deren Seite sie seit Jahren herum-
130 streifte, wäre ihr in diesem Moment ebenso lieb gewesen wie Beute. Die Jagd in der Gruppe war einfacher, erfolgreicher. Beute wäre gut, aber die Gruppe wäre bes-
135 ser.

Eine Meldung ließ Negapra aufschrecken. Sie spürte einen sehr starken Reiz, so stark, daß der große Zitronenhai erst eine ungläubi-
140 ge Orientierungsrunde schwamm. Kein Zweifel! Etwas Großes im Todeskampf war in der Nähe … Und da waren sogar schon Geruchsspuren. Der Impuls „Angriff" war
145 stark, aber etwas anderes verlangte Zurückhaltung. Dieses andere war die Narbe einer Erfahrung: es hatte schon einmal diese absolute Überdeutlichkeit der Signale ge-
150 geben. Damals war es ein Fleisch, aus dem beim Zubeißen ein nie gespürter Schmerz wurde. Ein Schmerz, der festhielt. Mit einer besinnungslosen Alles-oder-nichts-
155 Kraft hatte sich Negapra damals gegen das Unbekannte gestemmt. Schließlich hatte es einen Ruck am Maul gegeben, den Geschmack des eigenen Bluts, und sie war frei.
160 Das lag nun bald ein halbes Haileben zurück.

Vielleicht hätte diese zum Warnreflex gewordene Erinnerung aus-

gereicht, um Negapras Angriff zu
165 stoppen. Aber da war plötzlich noch etwas: Spuren, schon etwas verwischt, aber eindeutig! Der Trupp! Er war hier! Sie hatte ihn gefunden! Alles paßte. Beute. Der
170 Trupp. Das Leben fand wieder statt.

Negapra hatte den Bremsreflex völlig überwunden, direkt schoß sie auf ihr Ziel zu. Als der Geruch
175 überall war, ging sie tiefer. Sie würde von unten, aus dem Dunkel kommend angreifen. Und die anderen würden schon da sein.

Plötzlich ein Reißen an Kopf und
180 Flossen. Etwas Hartes schnitt beiderseits in Negapras Kiemen.

Die Männer auf dem Spezialschiff hatten von der Reling aus den enormen Ruck im Netz gese-
185 *hen. Es hatte an diesem Abend schon etliche Male geruckt, aber noch nie so stark. Typisch für einen Zwei-Meter-fünfzig-Hai, vielleicht war es sogar ein dollar-*
190 *schweres Drei-Meter-Tier. Ein kurzes Kommando in koreanischer Sprache, und das Netz wurde an Bord gezogen.*

Die ertrunkenen Delphine beach-
195 *teten die Männer nicht. Über die zuckenden Fischleiber stiefelten sie uninteressiert hinweg. Ihre Messer fuhren in die heftig peit-*

schenden Haileiber. Schnelle
200 *Schnitte, die viel Übung verrieten, waren das. Rücken- und Bauchflosse platschten aufs Deck: einige Tausend Dollar, Delikatessen für die Gourmetküchen der fei-*
205 *nen Welt. Der Ertrag eines Tages wurde zwischen hilflos schnappenden Haikiefern eingesammelt. Schnell, diszipliniert, geschäftsmäßig.*

210 *Das Haifleisch würde man nicht brauchen; beim derzeitigen Weltmarktpreis für Haikoteletts lohnten Kühlung und Transport nicht. Die verstümmelten Leiber von*
215 *acht Haien warf man einfach ins Meer.*

Negapra taumelte in einer Wolke aus Blut und Schmerz abwärts. Die Schwanzflosse zuckte krampfar-
220 tig, konnte aber den großen Leib nicht mehr aufrichten. Negapra stürzte in die Tiefe des Meeres wie ein abgeschossenes Flugzeug.

An Bord der Star of Seoul unter-
225 *brach man die Tagesroutine mit einer Runde australischer Dosenbiers. Man feierte die Beute und besonders den großen Fisch. Es kam in letzter Zeit nicht mehr*
230 *oft vor, daß sich unter den gefangenen Zitronenhaien Drei-Meter-Exemplare befanden.*

SZ-Magazin (gekürzt), 18. 11. 94

FEIERABEND!

Typisch?

Busfahren

Peter Handke

(…) Es war, als seien, trotz der vielen freien Plätze, in dem Bus mehr Leute versammelt als irgendwo draußen in dem ganzen kahlen Hochland. (…) Ein junges Mädchen knackte und knabberte, wie sonst in den (…) Kinos oder auf den Promenaden, mit ernstem Gesicht und träumerisch weiten Augen, ohne je einzuhalten, Sonnenblumenkerne, von denen zugleich ein

5 Regen von Hülsen[1] zu Boden fiel; eine Gruppe von Burschen mit Sporttaschen brachte immer neue Kassetten ihrer Musik nach vorne zum Fahrer, welcher sie bereitwillig, statt des nachmittägigen Radioprogramms, aus dem sich über jedem Sitzpaar befindenden Lautsprecherpaar schallen[2] ließ; das eine alte Paar in dem Bus saß stumm und ohne Bewegung, und der Mann schien es gar nicht zu spüren, sooft einer der Burschen ihn im Vorbeigehen, unvorsätzlich,

10 anrempelte; auch als einer der Jugendlichen, im Reden aufgestanden und in den Gang getreten, sich bei seinen Ausführungen an des Alten Rückenlehne stützte und zugleich ihm vor dem Gesicht gestikulierte, duldete er es reglos, rückte nicht einmal seine Zeitung beiseite, deren Blattkanten im Luftzug des über ihm Fuchtelnden[3] umschlugen. Das ausgestiegene Mädchen ging dann allein draußen auf einer kahlen Kuppe[4], den Mantel um sich gezogen, in einer wie weg-

15 losen Steppe[5], ohne ein Haus in Sicht; am Boden ihres verlassenen Sitzes ein Haufen von Schalen, weniger als erwartet. (…)

1. die Schale einer Nuss, eines Kerns;
2. klingen;
3. jemand, der mit den Armen gestikuliert;
4. flacher Berggipfel;
5. flaches Gebiet, auf dem nur Gras wächst

Peter Handke, geboren 1941 in Griffen (Kärnten), Österreich. Er brach sein Jurastudium ab, um Schriftsteller zu werden und schrieb etliche Theaterstücke, z.B. „Publikumsbeschimpfung", 1966. Bekannt wurde er auch durch seine Erzählungen wie „Die Angst des Tormanns beim Elfmeter" (1970; Film von Wim Wenders), „Der kurze Brief zum langen Abschied", 1972 oder „Versuch über die Jukebox", 1980. 1994 verfasste er die Autobiographie „Ein Jahr in der Niemandsbucht", 1996 einen kontrovers diskutierten Text über Serbien: „Eine wirkliche Reise zu den Flüssen Donau, Save, Merawa und Drina oder Gerechtigkeit für Serbien".
Handke lebt heute in einem Vorort von Paris und arbeitet als Schriftsteller und Übersetzer für Slowenisch.

Busfahren

Christine Nöstlinger

(…) *Gestern um neun sind wir zur Bushaltestelle gelaufen. Damit wir
den Autobus nicht versäumen. Doch dann haben wir eine Stunde warten
müssen. Die Busse hier halten sich nicht an die Fahrzeiten. An der Haltestelle waren viele Leute, und es war affig heiß. Papa hat geschimpft, er fährt
nie mehr ohne Auto … Endlich ist dann der Bus gekommen. So was von ei-* 5
*nem Vehikel habe ich noch nie gesehen. Der Bus hat gerattert und geschep-
pert. Weil überall die Schrauben locker waren oder gefehlt haben. Bei den
Sitzen und bei den Fensterrahmen und dort, wo der Schaffner sitzt. Und die
Fußbodenbleche waren auch locker. Darum hat der Bus so gescheppert. Aber
später hat man das nicht mehr gemerkt, weil so viele Leute zugestiegen sind.* 10
So viele, daß überhaupt kein Platz mehr zum Scheppern war.

*Alle drei Minuten hat der Bus gehalten. Bei jeder Haltestelle hab' ich mir
gedacht: Jetzt geht aber nicht einmal mehr eine Maus in den Bus! Ich habe
mich aber immer geirrt. An jeder Haltestelle sind noch mindestens fünf
Leute zugestiegen.* 15

Christine Nöstlinger *wurde
1936 in Wien geboren, studierte Kunst und begann dann,
Fernseh- und Rundfunkserien
sowie Kinderbücher zu schreiben. Häufig schildert sie die
Welt aus der Sicht eines Kin-
des oder eines Jugendlichen
und beschreibt dabei das Leben in einfachen Verhältnis-
sen. Für ihr Schaffen bekam sie
zahlreiche Jugendbuchpreise.*

*Die Mama hat neben mir gestöhnt, daß sie gleich ohn-
mächtig wird, und der Papa hat gesagt, daß sie
dann zum erstenmal im Stehen ohnmächtig
wird. Denn zum Umfallen war kein Platz.
Da hat es die Mama bleiben lassen und hat* 20
nur mehr leise vor sich hingewimmert.

*Mir ist es gut gegangen, obwohl ich nur auf
einem Bein habe stehen können, weil ich einmal
kurz den einen Fuß hochgehoben habe, und als ich
ihn wieder hinstellen wollte, war kein Platz mehr* 25
*dazu da. Aber vor meinem Bauch war ein Korb mit
Weintrauben, und die Frau, der der Korb gehört hat, hat mir
ein Zeichen gemacht, ich soll mir welche nehmen. Außerdem hat es
im Bus so gerochen, wie ich es mag. Nach Weintrauben und Staub und Tomaten und Schmalzbrot. Und irgendwie auch nach nassem Hund, obwohl* 30
kein Hund im Bus war.

*Vom H (…) bis nach S (…) sind es nur zwanzig Kilometer. Trotzdem hat
die Fahrt fast eine Stunde gedauert. I. hat geheult, als wir ausgestiegen sind.
Sie war im Bus zwischen zwei große Einkaufsnetze mit Tomaten einge-
klemmt. Und Tomaten platzen ja leicht. I. hatte vorn auf der Brust und hin-* 35
*ten am Popo lauter rote Flecken. Sogar Tomatenkörnchen haben darauf
geklebt.*

Mama hat eine Minute lang tief geatmet, dadurch hat sie sich erholt. (…)

Travnicek am Mittelmeer

Helmut Qualtinger

Das Deck eines Mittelmeerschiffes. Zwei Deckstühle. Darauf zwei Österreicher.
Es ist Vollmond, im Hintergrund Gitarrengeklimper.

TRAVNICEK (mißmutig) *Des is a Land! Schaun S' da abi …*
FREUND *Ja – und?*

TRAVNICEK *Nix wia a Salzwasser … und die Gitarren! Net
zum anhören … Wann s' wenigsten Schrammeln hätten … Und*
5 *der Mond scheint an ins G'sicht … es is net zum Aushalten …*
FREUND *Südliche Nächte, Travnicek!*

TRAVNICEK *Hern S' ma auf mit dem Süden. In der Bahn is' ja
noch gangen. Da hab ich kalte Schnitzeln mitg'habt von z'Haus.
Und an Erdäpfelsalat im Glasl. Aber da herunt … Diese Cevap-*
10 *cici wollen s', daß i essen soll.*
FREUND *Was?*

TRAVNICEK *Na dö Hundstrümmerl – mit Zwiefel – und ka
Schnitzel weit und breit. Ka Erdäpfelsalat … Für des Geld, was
ich da ausgib, halten s' mi am Wörther See für an Ausländer …*
15 *und an guten Wein gibt's net. Nur so an Sauerampfer und an Sli-
bowitz, an scharfen … und mit niemand kann man sich unter-
halten … nur mit Ihnen. Ka Ansprach …*
FREUND *Jetzt steigt die Küste aus dem Wasser, TRAVNICEK …*

TRAVNICEK *Na, was brauch i des? Gibt's da a Strandcafé? Na!*
20 *Und was für Leut? Tschuschen. Wann mi des Reisebüro net vermittelt hätt …*
FREUND *Wären S' nach Italien g'fahren …*

TRAVNICEK *Des kenn i … Die Paradeiser und der Kaas staubt
mir scho aus die Ohren außi …*
25 FREUND *Na und die Sehenswürdigkeiten? Die Kultur, Travnicek!*

TRAVNICEK *Lassen S' mi in Ruh … Zeigen S' mir a Ring-
straßen in Italien!*
FREUND *Na und die Ruinen?*

30 **TRAVNICEK** *Was wollen S' denn? De san do hinig … alles
baufällig … wann mi des Reisebüro net vermittelt hätt …*
FREUND *Hätten Sie sich halt nach dem Norden vermitteln lassen. Ins Land der Mitternachtssonne, Travnicek!*

TRAVNICEK *Wollen S' mi pflanzen? Was brauch i um Mitter-*
35 *nacht a Sunn …?*

Schrammeln, die /Plural/: „Quartett
von [Wiener] Volksmusikern, meist aus
Violinen, Gitarre und Ziehharmonika be-
stehend": *Bacchusstube Dornbirn. Jeden
Samstag Heurigen-Abend bei Kerzenlicht
und Schrammeln* (Vorarlberger Nachrichten 23. 11. 1968, Anzeige).

Erdapfel, der; -s, Erdäpfel: „Kartoffel"
(mdal. in versch. süddt. und schweiz. Ge-
bieten, hochsprachl. nur in Österr.): *Bei
Besserung wird eine Diät mit gegrilltem
Kalbfleisch und Huhn, Gemüse und in der
Schale gekochten Erdäpfeln eingehalten*
(Kronen-Zeitung 5. 10. 1968). →**Geröste-
te, geröstete Erdäpfel, Kartoffel.**

Tschusch, der; -en, en ⟨slaw.⟩ (ugs., ab-
wertend): „Fremder aus einem [angeb-
lich] wenig kultivierten Land"; das Wort
wird – je nach Situation – für die Bewohner Südosteuropas oder des Vorderen
Orients gebraucht: *Eines Tages sagt ma
mir:* „Wissen S', wer oben war? A Fremd-
arbeiter! A Ausländer! A Tschusch!" (H.
Qualtinger/C. Merz, Der Herr Karl 18).

Paradeiser, der; -s, -er: österr. (außer Tirol und Vorarlberg) auch für „Tomate":
*Die Paradeiser zerteilen und mit den Papri-
kas zu der Zwiebel geben* (Kronen-Zei-
tung-Kochbuch 29); *Nach der Feier, als
die Ehrengäste das Haus verließen, warfen
die Störer faule Paradeiser* (Express 18. 10.
1968).

pflanzen, pflanzte, hat gepflanzt: bedeutet österr. ugs. auch „zum Narren halten":
*Also das is eine Gemeinheit – du – pflanz
wen andern* (K. Kraus, Menschheit I 107).
pflanz deine Großmutter: „halte jmd. anderen zum Narren, aber nicht mich!": *„Ja,
das wären dann eben Klubabende, ein Klub
muß doch Abende haben, oder nicht?"
„Pflanz deine Großmutter!"* (F. Torberg,
Die Mannschaft 56).

FREUND *Na und die Fjorde?*

TRAVNICEK (verächtlich) *Fjorde? Nirgends kann ma baden …
So was wie das Gänsehäufel haben die dort net … Und die Lap-
pen? G'scherte im Pelz …! Wann mi des Reisebüro net vermit-*
40 *telt hätt …*

FREUND *Wie wär's mit Frankreich gewesen? Die Côte d'Azur,
Travnicek!*

TRAVNICEK *Krumpendorf – aber haaßer …*

FREUND *Das Casino …*

45 **TRAVNICEK** *Heeren S', „Stoßspielen" kann i in jedem Kaffeehaus. Brauch i net an' Baccarat-Tisch gehen … Und die Grace
Kelly kann i im Rabenhof-Kino seh'gn … Und was mir da zum
Essen geben hab'n? Die Bouillon-a-baisse – a stinketes G'schla-
der …! Nicht zu vergleichen mit aner Gulaschsuppen … Wann*
50 *mi des Reisebüro net vermittelt hätt …*

FREUND *Und was sagt Ihnen Spanien?*

TRAVNICEK *Offen gestanden – nichts. Die Stierkämpf' – a mat-
te Sache … Simmering-Kapfenberg, das nenn i Brutalität … Der
Malaga is ka Heuriger … und die Regierung? A Diktatur! Aber*
55 *nix gegen 'n Hitler! Wann mi des Reisebüro net vermittelt hätt …*

FREUND *Waren Sie in Griechenland?*

TRAVNICEK *Natürlich. Des scheenste, was' dort haben, is die
Akropolis. Die schaut aus wie 's Parlament. Da kann i mit'n J-
Wagen hinfahren und hab no die Pallas Athene davur. Wann mi*
60 *des Reisebüro …*

FREUND *Was lassen Sie sich denn dann immer vom Reisebüro
vermitteln?*

TRAVNICEK *Was soll i denn machen? I bin der Chef!*

gschert, geschert (salopp): „dumm,
grob" (auch süddt.). In den Städten wird
das Wort vor allem in bezug auf die
Landbewohner gebraucht, in Wien auch
allgemein für „zu den Bundesländern ge-
hörend, nichtwienerisch": *ein gscherter
Provinzler.*

Helmut Qualtinger, geboren
1928 in Wien, dort 1986 gestorben. Er war Schriftsteller,
Kabarettist und Schauspieler.
Bekannt wurde er z. B. als Dar-
steller und Autor des „Herrn
Karl", einer Satire auf den typischen Durchschnittsösterrei-
cher.

Wörther See:	bekannter Badesee, größter See Kärntens
Ringstraße:	Prachtstraße Wiens, die die Innenstadt wie ein Gürtel umgibt
Kaffeehaus:	Markenzeichen Wiens, sozialer Treffpunkt, zur Jahrhundertwende auch Treffpunkt für Literaten
Rabenhofkino:	Kino in Wien
Gänsehäufel:	Freibad in Wien
Simmering:	Wiener Stadtbezirk, *hier*: die dortige Fußballmannschaft
Kapfenberg:	Ort in Österreich, *hier*: die dortige Fußballmannschaft
Krumpendorf:	Badeort am Wolfgangsee
J-Wagen:	Straßenbahnlinie in Wien

Sind die Deutschen merkwürdig?

Seit zwei Jahren arbeite ich in Deutschland, und ich kann sagen, dass diese Ein-schätzung vieler Italiener, die Deutschen würden die Genauigkeit lieben, in weiten Teilen zutrifft: Es ist wahr, dass meine deutschen Kollegen zur Arbeit – mit wenigen Ausnahmen – pünktlich erscheinen. Auf Geschäftsreisen ist wohl kein Deutscher je zu spät gekommen. Es ist auch wahr, dass meine deutschen Kollegen in der Arbeit eine 5
„Standardmethode" verfolgen. Der Vorteil davon ist, dass Schwierigkeiten vermieden werden, der Nachteil allerdings ist, dass sie manchmal nicht flexibel genug reagieren können, und so erst Probleme verursachen.

Giancarlo, 35 Jahre alt, Italiener, arbeitete drei Jahre in Deutschland

Ich arbeite schon seit einem Jahr in Deutschland, und ich muss sagen, für mich gibt es keinen großen Unterschied in der Mentalität zwischen Dänen und Deut-schen. Lediglich habe ich den Eindruck, dass die Deutschen mehr arbeiten und alles „perfekt" haben wollen. Im Büro ist es wichtig, dass man „Herr Doktor ..." und „Sie" sagt, das war für mich eigentlich die größte Überraschung. 5

Gerda, 20 Jahre alt, Dänin

Gerrit Komty, ein holländischer Schriftsteller, hat in einem Vorwort eines Buches, das Holländer aus dem Blickwinkel eines Ausländers betrachtet, festgestellt: „... dass wir alle das Gefühl brauchen, normal zu sein ...".
Selbstverständlich denken wir Holländer von uns, dass wir „normal" sind, wenn man aber 200 Seiten Kommentare von Ausländern über uns liest, wird man eines Besseren belehrt. "Holländer essen rohen 5
Fisch, haben keine Gardinen und rauchen ständig Haschisch", heißt es da.
Ich glaube, dass jedes Volk seine Besonderheiten hat. Diese Besonderheiten sind abhängig vom Beobach-ter. Wenn man in ein anderes Land geht, muss man sich anpassen und versuchen, die Besonderheiten he-rauszufinden und zu verstehen.
Werde ich also nach meiner Einschätzung der Deutschen gefragt, so fallen mir nur die Unterschiede zu den 10
Holländern auf: Die Deutschen schenken beispielsweise dem Essen viel Aufmerksamkeit. Eine ganze Ess-kultur gibt es, der Höhepunkt davon ist Weihnachten. Ich finde das schön! Außerdem sind die Deutschen sach-lich. Das hat den Vorteil, dass man immer weiß, woran man ist. Der Nachteil ist, dass es sogar für das Leeren der Mülltonnen ein Verfahren gibt. Improvisation gibt es kaum.
Persönlich halte ich es für einen großen Nachteil, dass die Deutschen Unbekannten nur schwer Vertrauen 15
schenken. Beinahe alle Freunde, die ich hier in Deutschland habe, sind Ausländer. Deutsche laden nur sehr selten ein, es ist undenkbar, einen Deutschen unangemeldet zu besuchen oder spontan einzuladen: „Kommst du heute abend zum Essen zu mir?" ... „Oh, das geht leider nicht, aber Moment, ich hole meinen Terminka-lender". Das habe ich oft gehört.
Nein, die Deutschen sind nicht merkwürdiger als jedes andere Volk. Es kommt nur darauf an, andere Kulturen 20
zu akzeptieren, ohne sie gleich zu adaptieren.

Peter, 28 Jahre alt, Holländer

Die Deutschen haben sehr viel Respekt vor der Meinung anderer und sie haben vielleicht Angst, in die Privatsphäre anderer einzudringen. Ich habe ein Beispiel dafür: Eines Tages ging ich in meiner Firma in eine andere Abteilung, um mit einem bestimmten Kollegen zu sprechen. Er war sehr anmaßend; doch als ich ein Foto auf dem Schreibtisch stehen sah, fragte ich ihn: „Ist das Ihre Tochter?" Er antwortete: „Ja." 5
Und ab sofort wurde er freundlicher, und wir kamen richtig ins Gespräch.

Celso, 45 Jahre alt, Brasilianer, arbeitete ein Jahr lang in einer deutschen Firma

Kinder, Ampeln und Teutonen

von Pascale Hugues

Alle Ausländer, die einige Stunden in den Straßen einer deutschen Stadt verbracht haben, kennen diese kafkaeske Szene und regen sich darüber auf: Am Fußgängerübergang leuchtet das kleine
5 rote Männchen, aber weit und breit ist kein Auto zu sehen. Der Franzose geht rüber. Der Deutsche bleibt stehen. Schlimmstenfalls läßt er einen beleidigenden Spruch oder eine autoritäre Bemerkung auf den Fremden los, der so frech gegen die Regeln verstößt:
10 „Haben Sie nicht gesehen, daß rot ist!". Oder noch schlimmer, er hält eine Moralpredigt: „Sie müssen den Kindern mit gutem Beispiel vorangehen!"
Nachdem ich seit sieben Jahren in diesem Land lebe, habe ich das Problem auf meine Art gelöst. Vor al-
15 lem nicht aufregen, mit den Leuten reden oder streiten. Mit anderen Worten: Seit sieben Jahren ignoriere ich ganz einfach das kleine rote Männchen und die moralingesäuerten Vorhaltungen der deutschen Passanten. Ich gehe trotzdem rüber und schlängle
20 mich manchmal sogar durch die Autos wie in Paris. Zumindest eine Möglichkeit, sage ich mir, in diesem Land meiner Wahl ein kleines Stück meiner französischen Identität zu bewahren. Kein Grund so zu werden wie sie! Vielleicht ein lächerlicher Kampf,
25 der jedoch gut tut, wenn man im Ausland lebt.
Seit vier Monaten ist alles anders. An jedem Übergang bleibe ich abrupt stehen und setze meinen Fuß erst auf die Straße, wenn das kleine Männchen auf grün umspringt. Selbst wenn die Straße leer ist. Dis-
30 ziplinierter als der diszipliniertste Deutsche. Meine Freunde in Frankreich sind ganz erschrocken.

Was ist mit Dir los? Du wirst immer teutonischer! Geh doch rüber! Unerschütterlich bleibe ich wie festgenagelt auf dem Bürgersteig stehen, die Augen fest auf die Ampel gerichtet. Ich traue mich nicht.   35
Und noch etwas anderes. Wenn man in Paris schnell etwas erledigen muß, parkt man immer dort, wo es zufällig geht und wenn es ein bißchen auf dem Bürgersteig ist, dann ist es auch nicht so schlimm. Welch ein Skandal in Deutschland! Es gibt immer einen 40
wachsamen Passanten, der empört den Zeigefinger hebt, ans Wagenfenster klopft oder mit der Polizei droht. Eines Tages hat ein anonymer Anwohner am Stuttgarter Platz einen Kleber auf meine Windschutzscheibe gedrückt: „Parke nicht auf unseren 45
Wegen!" Das kleine Stück Papier blieb lange Zeit mitten auf der Scheibe kleben. Eine schmierige Masse. Ein ganzer verregneter Berliner Herbst war nötig, um die Erinnerung an mein Vergehen auszulöschen. Auch hier haben die Deutschen immer das nötige 50
Wort parat, um ihre Ordnungsliebe zu rechtfertigen: Das Parken auf dem Bürgersteig versperrt den Müttern mit Kinderwagen den Weg!
Sie erraten es schon … Seit vier Monaten fahre ich zehn Mal um den Block, um einen freien Parkplatz 55
zu erwischen, und nehme sogar einen Kilometer Fußweg in Kauf. Und wenn mir die Stoßstange eines anderen Wagens den Weg versperrt, dann bin ich die erste, die schimpft, daß die Autofahrer die Mütter ignorieren. Aus dem Kinderwagen schaut mich 60
mein kleiner deutsch-französischer Sohn mit großen blauen Augen an.

Der Tagesspiegel, 23. 11. 96

„Unser

Was ausländischen Mitbürgern in Deutschland auffällt –

aufgezeichnet von Dorothee Wenner

Bestimmt ist es auf der ganzen Welt so, daß Männer eigentlich ihr Leben lang egoistische Kinder bleiben. In Deutschland fällt mir das aber besonders auf, weil viele Männer hier
5 auf den ersten Blick so selbstbewußt und stark wirken. Wenn man sie dann näher kennenlernt, merkt man, wie wenig erwachsen sie innerlich sind. Egal, ob sie grundlos geizig oder herrschsüchtig oder unhöflich sind: Sie er-
10 klären ihre schlechten Angewohnheiten meistens damit, daß in ihrer Kindheit irgend etwas passiert ist.
Mittlerweile glaube ich sogar, daß sie damit recht haben. Mir erscheinen fast alle Kinder
15 in Deutschland irgendwie gestört. Zwar sind die jungen Eltern heute liebevoller zu ihren Kindern als frühere Generationen, aber zumindest die reichen Leute pumpen doch mehr Geld als Liebe in ihre Kinder. Seit ich hier
20 lebe, ist mir bewußt, daß ich im Vergleich zu vielen Leuten viel stärker und selbstbewußter bin, weil meine Eltern mir immer alles gegeben haben, in jeder Beziehung. Überhaupt ist das Familiäre in Birma viel ausgeprägter
25 – das hat viele Konsequenzen!
Zum Beispiel das Verhalten der Deutschen am Arbeitsplatz. Wenn jemand Krach zu Hause hat oder Schulden, Eheprobleme oder Beziehungsstreß, dann kriegt das jeder mit,
30 weil die Leute hier ihre Launen einfach loslassen. Ich kann das nicht ertragen, wenn mich eine Kommilitonin heute zur Begrü-

ßung in den Arm nimmt und küßt, weil sie einen Verehrer hat, und mich morgen total un-
35 verschämt anrempelt, obwohl ich zu ihr genauso freundlich bin. Andererseits ist dieses Verhalten auch verständlich, denn hier sind alle Einzelkämpfer, die wenigsten können ihre privaten Probleme zu Hause, bei der Familie oder bei Nachbarn loswerden.
40
Die Launen der Menschen können aber auch damit zu tun haben, daß sich die Stimmung hier durch die Jahreszeiten sehr stark verändert. Im Winter sind alle so verschlossen, die ganze Stadt ist wie tot. Im Frühling merkt man
45 dann, daß mit den Knospen die Kraft des Lebens wiederkehrt, und im Sommer sind alle sehr offen und freundlich.
Von heute aus betrachtet, habe ich in Birma wie ein Frosch im Brunnen gelebt. Die Frei-
50 heit, die es in Deutschland gibt, genieße ich sehr – man kann hier gut seinen Horizont erweitern, etwas über andere Länder erfahren und sogar offen seine Meinung über Helmut Kohl sagen, das finde ich toll. Freiheit ist aber
55 auch, daß man in alten Klamotten herumlaufen kann und niemand schlecht darüber redet. Mit der Kleidung, besonders im Sommer, gibt es dafür andere Probleme. Ich beobachte zum Beispiel oft Frauen, die sich sehr auffällig an-
60 ziehen und durchsichtige Blusen tragen, damit sie beachtet werden. Dabei verliert man bei so viel Offensichtlichkeit doch jedes Interesse. Viele Frauen brauchen aber diese Be-

Ausland"

Mala Khaing, 28 Jahre alt, Physikstudentin aus Birma

65 stätigung. Und viele Männer, besonders die ohne Partnerin, macht der Anblick solcher halbnackten Frauen aggressiv. Das ist der Nachteil der großen Freiheit.

Sehr schön finde ich, daß man hier in Deutsch-
70 land auch ohne große Kosten schöne Partys feiern kann, es gibt ein paar Früchte, und jeder bringt etwas mit. Jedenfalls muß man nicht unbedingt aufwendiges Essen kochen, wenn man Freunde einlädt. Ich habe bei sol-
75 chen Gelegenheiten schon viele nette Leute kennengelernt, und ich mag es, daß man auf Partys mit fremden Menschen offen über persönliche Dinge reden kann. Probleme habe ich dagegen mit Freundschaft. Um einen
80 Freund oder eine Freundin zu behalten, muß man immer im Fluß mitschwimmen. Selbst wenn man eine Zeitlang sehr eng miteinander lebt, zusammen ißt und stundenlang über alles redet – in dem Moment, wo man im
85 Studium oder mit der Karriere ins Stocken kommt, kann es sein, daß man plötzlich nichts mehr miteinander zu tun hat und sich vielleicht nicht einmal mehr grüßt.

Mit meinen Freundinnen in Birma war das
90 ganz anders. Ich erinnere mich an die Zeit, als ich mal krank war: Ich hatte das Gefühl, für immer und ewig mit diesen Mädchen befreundet zu sein. Hier in Deutschland hatte ich noch nie eine wirkliche Freundin. Man-
95 ches macht dieses andere Verständnis von Freundschaft aber auch einfacher, denn wenn mich jemand verletzt und ich mit diesem Menschen nichts mehr zu tun haben will, dann sage ich „tschüß", und das war's. Das führt am Ende aber dazu, daß viele Leute hier 100 die menschliche Wärme vermissen und sich danach sehnen, in anderen Ländern, vielleicht in Portugal, zu leben.

Aber solche Träume scheitern dann meistens daran, daß es in diesen Ländern keine Versi- 105 cherungen und kein Sozialamt gibt wie in Deutschland. Versicherungen, Bankkonten und so weiter – dieser ganze Papierkram hat mir in der ersten Zeit viele Schwierigkeiten gemacht. Bei uns haben Papiere einfach kei- 110 nen Wert, und wie viele Ausländer mußte ich erst lernen, daß man wichtige Unterlagen nicht zerknittert in die Tasche stecken darf, sondern sie ordentlich in Plastikhüllen und Ordnern aufbewahren muß. 115

Dieser Ordnungssinn ist schon etwas Besonderes, ich kann mich zum Beispiel noch an diese alte Omi erinnern, die war schon über neunzig, und der war es so wichtig, daß das Handtuch genau hier und nicht an einer an- 120 deren Stelle hängt. Die alten Leute in Deutschland tun mir oft sehr leid, sie werden von den Versicherungen sehr schlecht behandelt. Ich weiß, daß viele von ihnen den Krieg mitverschuldet haben, aber müssen sie deswegen 125 heute noch bestraft werden?

Die ZEIT, 22.11.96

Die Sprachfamilien der Welt

Sprache
Sprachen
Sprechen

Legende

Algonkin	Drawidisch	Indopazifisch	Makro-Siouan	Penuti
Altaisch	Eskimo-Aleutisch	Japanisch	Nadene	Sino-Tibetisch
Anden-Äquatorialisch	Ge-Pano-Karib	Kaukasisch	Niger-Kongo	Tai
Australische Ureinwohnersprachen	Hamito-Semitisch	Khoisan	Nilo-Saharanisch	Tano-Aztekisch
Austro-Asiatisch	Hokanisch	Koreanisch	Oto-Mangue	Uralisch
Austronesisch	Indoeuropäisch	Makro-Chibchan	Paläosibirisch	

Die übrigen Gebiete enthalten isolierte, unklassifizierte oder unbekannte Sprachen, sofern sie überhaupt bewohnt sind.

Die 20 bedeutendsten Sprachen der Welt

Muttersprache*

1. Chinesisch (1000)
2. Englisch (350)
3. Spanisch (250)
4. Hindi (200)
5. Arabisch (150)
6. Bengali (150)
7. Russisch (150)
8. Portugiesisch (135)
9. Japanisch (120)
10. Deutsch (100)
11. Französisch (70)
12. Pandschabi (70)
13. Javanisch (65)
14. Bihari (65)
15. Italienisch (60)
16. Koreanisch (60)
17. Telugu (55)
18. Tamil (55)
19. Marathi (50)
20. Vietnamesisch (50)

Amtssprache**

1. Englisch (1400)
2. Chinesisch (1000)
3. Hindi (700)
4. Spanisch (280)
5. Russisch (270)
6. Französisch (220)
7. Arabisch (170)
8. Portugiesisch (160)
9. Malaiisch (160)
10. Bengali (150)
11. Japanisch (120)
12. Deutsch (100)
13. Urdu (85)
14. Italienisch (60)
15. Koreanisch (60)
16. Vietnamesisch (60)
17. Persisch (55)
18. Tagalog (50)
19. Thai (50)
20. Türkisch (50)

Geschätzte Zahl der Sprecher, die eine Sprache als Muttersprache sprechen (in Millionen Menschen)

**Geschätzte Bevölkerungszahl der Länder, in denen die jeweilige Sprache offiziellen Status hat (in Millionen Menschen)*

Wie deutsch ist die deutsche Sprache?

„Fremde" Wörter in der deutschen Sprache

Im Folgenden finden Sie eine Chronologie des Einflusses europäischer Sprachen auf das Deutsche und eine Liste von Beispielen. Welche Beispiele gehören zu welchem Einfluss?

1. 1. Jh. v. Chr. - 4. Jh. nach Chr.: lateinische Wörter für alle Gebiete der Zivilisation
2. seit dem 3. Jh. n. Chr: lateinische Wörter für das religiöse christliche Leben
3. 11.-13. Jh.: französische Wörter für das höfische Leben und die Ritterkultur
4. 12./13. Jh.: slawische Wörter für die Kolonisation und den Handel
5. 14./15. Jh.: italienische Wörter für den Handel und das Bankwesen
6. 14.-16. Jh.: griechische/lateinische Wörter für Bildung und Wissenschaft
7. 16./17. Jh.: italienische Wörter für die Musik
8. 17./18. Jh.: französische Wörter für das gesellschaftliche Leben
9. seit 1800 englische Wörter für das bürgerliche Leben und die moderne Welt

a) *Abenteuer, Lanze, Panzer, Reim, Turnier;*
b) *Akademie, Grammatik, Horizont, Technik, Klasse, Professor, studieren, Universität, Vokabel;*
c) *Altar, Kloster, Messe, nüchtern, predigen;*
d) *Balkon, Ball, charmant, Etage, Frisur, Gelee, Kabinett, Karussell, Kavalier, Kompliment, Korridor, Mama, Möbel, Mode, nett, nobel, Omelette, Papa, pikant, Sofa, spendieren, Taille, Teint;*
e) *Bank, Konto, netto, Prozent;*
f) *Bestseller, Dampfmaschine, Debatte, Film, Hobby, Hostess, Lokomotive, Opposition, Parlament, Partner, Picknick, Reporter, Rocker, Standard, Team, Teenager, Toast, Zelle;*
g) *Cembalo, Fagott, Stakkato, Violine;*
h) *Fenster, kaufen, Keller, Kelter, Küche, Mauer, Pfanne, pflanzen, Schule, Schüssel, Straße, Wein, Ziegel;*
i) *Grenze, Gurke, Peitsche, Quark.*

Fremdwort, aus einer fremden Sprache übernommenes Wort, das sich in Schreibung, Lautung und Flexion der aufnehmenden Sprache nicht angepaßt hat. Hierdurch unterscheidet es sich vom →Lehnwort, dessen fremde Herkunft dem Normalsprecher nicht bekannt ist, und vom Erbwort, das dem heimischen Sprachbereich entstammt. Eine strikte Trennung zw. F. und Lehnwort ist jedoch nicht möglich. Dasselbe Wort kann in einer Sprache als F. und als Lehnwort vorkommen, z. B. im Deutschen lat. signare als ›signieren‹ (F.) und ›segnen‹ (Lehnwort). Alle Lehnwörter waren urspr. F., jedoch werden nicht alle F. zu Lehnwörtern. Der Zeitpunkt der Übernahme ist für die Klassifizierung als F. oder Lehnwort nicht ausschlaggebend; so wird z. B. ›Revolution‹ nach wie vor als F. empfunden, ›Spurt‹ (obwohl erst seit dem 20. Jh. im Deutschen üblich) jedoch nicht. Ursache für das Eindringen von F. ist bes. die Übernahme der durch sie bezeichneten Sache (z. B. bei den durch das Italienische vermittelten Wörtern aus dem Geldverkehr: ›Giro‹, ›Agio‹, ›Storno‹ und der Musik: ›Capriccio‹, ›Concerto grosso‹, ›Sonate‹). So lassen sich an F. auch kulturelle Strömungen ablesen, die auf einen bestimmten Sprachraum eingewirkt haben. Die Haltung der Sprachgemeinschaften oder ihrer einzelnen Schichten F. gegenüber ist unterschiedlich. Einer positiven Einstellung zu F. (z. B. der ritterl. Gesellschaft des MA., die zahlreiche Ausdrücke ritterlich-höf. Kultur aus dem Französischen übernahm) stehen Bestrebungen zur Vermeidung von F. (Purismus) gegenüber, v. a. als Folge des Willens zu nationaler Selbstbehauptung. Solche Bestrebungen traten schon im 1. Jh. v. Chr. in Rom auf, wo sie gegen den Einfluß der griech. Kultur gerichtet waren. In Dtl. waren u. a. nach dem Dreißigjährigen Krieg in den →Sprachgesellschaften und erneut um die Wende vom 18. zum 19. Jh. (J. H. CAMPE) purist., eine Befreiung der dt. Sprache von fremdsprachl. Einflüssen erstrebende Tendenzen zu beobachten. In neuerer und neuester Zeit hat die Entwicklung bes. von Wissenschaft und Technik die Anzahl der F. stark vermehrt. Im Rahmen der zunehmend von Internationalität und Standardisierung gekennzeichneten →Fachsprachen spielen F. eine wichtige Rolle.

K. HELLER: Das F. in der dt. Sprache der Gegenwart (Leipzig 1966); P. VON POLENZ: Fremd- u. Lehnwort, sprachwiss. betrachtet, in: Muttersprache, Jg. 77 (1967); L. MACKENSEN: Traktat über F. (1972); WOLFGANG MÜLLER: F.-Begriff u. Fremdwörterbuch, in: Probleme der Lexikologie u. Lexikographie (1976); F.-Diskussion, hg. v. P. BRAUN (1979); Studien zum Einfluß der engl. Sprache auf das Deutsche, hg. v. W. VIERECK (1980); Mediterrane Kulturen und ihre Ausstrahlung auf das Deutsche, bearb. v. O. LENDLE u. a. (1986); B. VOLLAND: Frz. Entlehnungen im Deutschen (1986); F.-Orthographie, hg. v. H. ZABEL (1987).

Brockhaus Enzyklopädie 1988

Lösung: 1 h; 2 c; 3 a; 4 i; 5 e; 6 b; 7 g; 8 d; 9 f.

Das Leben der Sprachen

Walkman, Software, Airbag: Fremde Wörter und Wendungen strömen in immer größerer Zahl und immer schnellerem Tempo zu uns. Wir können und dürfen ihnen die Einreise nicht verwehren, aber wir sollten sie einbürgern.

Sonst stirbt die deutsche Sprache

Dieter E. Zimmer

Der Zustrom von Fremdwörtern: gestern

In der Vergangenheit war der Einstrom fremder Wörter und Wendungen jeweils zeitlich begrenzt und auf bestimmte Sprechergruppen beschränkt: Der Adel und das
5 Militär riefen Französisch zu Hilfe, Kaufleute und Musiker Italienisch, die Wissenschaften Latein und Griechisch, Seefahrer und später Sportsleute Englisch. Sofern es sich nur um Moden handelte, verschwanden die Importe von alleine wieder. Sofern sie sich aber nützlich machten, weil
10 sie nämlich Dinge und Vorgänge benannten, für die das Deutsche keine ebenso handlichen Begriffe bereitstellte, wurden sie eingebürgert, und im Laufe der Zeit konnten oft höchstens noch studierte Etymologen ihnen die fremde Herkunft ansehen: dem Fenster die *fenestra*, der Mau-
15 er den *murus*.

Der Zustrom von Fremdwörtern: heute

Der heutige Zustrom aber wird nicht in naher Zukunft versiegen: im Gegenteil. Er wird mit der wachsenden weltweiten Verflechtung der Lebensbereiche weiter anschwel-
20 len. Außerdem wird die Beschleunigung der technischen und wissenschaftlichen Entwicklung dazu führen, daß wir es häufiger mit neuen, bislang namenlosen Dingen zu tun bekommen, die zunächst einmal ihren fremden Namen mitbringen. Es ist auch nicht abzusehen, daß sich an der
25 Richtung dieses Stroms etwas ändert. (…)
Außerdem ist das ausländische Wort heute nicht mehr auf die eine oder andere Fach- oder Sondersprache beschränkt. Es ist in alle Bereiche des alltäglichen Lebens vorgedrungen. Auch ist es heute keine Sache der Mode, mit der es
30 kommt und eines Tages wieder geht. Im Gegensatz zur Vergangenheit kommen die meisten, um zu bleiben, und sie sind allgegenwärtig. Das ist angesichts der Internationalisierung des Lebens nicht nur völlig unvermeidlich; es wäre sogar eine große Bereicherung für unsere Sprachen,
35 wenn … wenn wir sie nicht nur kommen ließen, sondern sie dann auch einbürgerten. Gerade diese Fähigkeit, fremde Wörter unseren Sprachen anzupassen, haben wir jedoch immer mehr verloren. (…)

Wie gut funktioniert das „Einbürgerungssystem"
40 *von Sprachen noch?*

Um dies zu testen, habe ich verglichen, wie sieben europäische Sprachen mit sechzig der gebräuchlichsten Computerbegriffe umgegangen sind, und dann eine Art „Einbürgerungsquote" berechnet. Sie soll ausdrücken, wie hoch der Anteil jener ursprünglich durchweg englischen 45 Begriffe ist, für welche die einzelnen Sprachen auf irgendeine Weise eigene Entsprechungen gefunden haben. Jede ist legitim: die Neuprägung (französisch *logiciel* für *software*), die sinngemäße Übersetzung (deutsch *Speicher* für *memory*), die Scheinübersetzung durch direktes Über- 50 setzen (deutsch *herunterladen* für *download*), die Ausstattung eines irgendwie ähnlich wirkenden einheimischen Wortes mit einer neuen Bedeutung (deutsch *Treiber* für *driver*) oder die orthographische und phonetische Veränderung des Fremdworts (deutsch *Mausklick* für *mouse* 55 *click*)
Der Computerjargon ist ein gutes Beispiel. Alle Sprachen sind hier dem gleichen Druck ausgesetzt. Es handelt sich um keine bloße Mode, sondern um eine neue Welt voller neuer Dinge, für die keine Sprache der Welt Namen hatte 60 und die alle einen Namen benötigten. (…)

Das Testergebnis

Die folgenden Zahlen geben an, zu welchem Prozentsatz diese Sprachen das englische Wort durch ein ihrem System angepaßtes ersetzt haben: 65

Französisch	82 %	Dänisch	59 %
Schwedisch, Spanisch	80 %	Italienisch	58 %
Niederländisch	64 %	Deutsch	50 %

Französisch, Schwedisch und Spanisch sind danach also die intaktesten europäischen Sprachen. Deutsch und Itali- 70 enisch die kaputtesten. (…)

Die Zukunft

(…) Wenn wir heute nichts gegen den Zustrom fremder Wörter unternehmen, dann werden die Kids, die heute ihre Trail-and-Error-Odysseen beim Zappen von Quiz-Show 75 zu Actionfilm zu Talk-show erleben, eines nicht so fernen Tags genau diese „Trümmersprache" für die einzige gute und richtige halten. Es ist sicher ja auch eine Sprache, doch nur ein besseres Pidgin. Aber die Brücke zum Deutsch der Vergangenheit wird dann abgebrochen sein. Das wird 80 dann eine tote Sprache sein, eine von vielen.

DIE ZEIT, 23.06.1995 (bearbeitet und gekürzt)

Das Leben der Sprachen

Trauer der Linguisten

Ein Sprachen-Atlas zeigt vergangene und künftige Verluste

Peter Nonnenmacher

LONDON. Im Urteil seiner Herausgeber ist es „eine Tragödie von enormem Ausmaß": Der neue „Atlas der Sprachen der Welt" (*Atlas of the World's* 5 *Languages*, herausgegeben von Christopher Moseley und R. E. Asher), just in London veröffentlicht und von der Zeitung *The Independent* vorgestellt, beklagt das globale Sprachen- 10 sterben. Von den 6000 Sprachen, die noch auf der Erde existieren, werden in 100 Jahren die Hälfte und in 200 Jahren höchstens noch 10 Prozent übrig bleiben, prophezeit das Werk – 15 die Aussicht sei „düster", die bevorstehende Verarmung eine kulturelle Katastrophe.

Die pessimistische Voraussage ist das Ergebnis einer achtjährigen Ko- 20 operation (…) von 27 Akademikern, die den neuartigen Sprachenatlas kompilierten.

Vor circa 15 000 Jahren habe die Welt den Höhepunkt sprachlicher Di- 25 versität erlebt – mit zwischen 10 000 und 15 000 gleichzeitig existierenden Sprachen, gesprochen von Gruppen von etwa 600 Menschen.

Seit dem Seßhaftwerden der 30 menschlichen Rasse vor rund 10 000 Jahren reduzierte sich die Zahl der Sprachen, zunächst nur im Schneckentempo. Erst im letzten halben Jahrtausend beschleunigte sich der Vor- 35 gang – von rund 7000 Sprachen habe sich in dieser Zeit die Zahl der gesprochenen Sprachen um rund 1000 vermindert. Die imperiale Ausdehnung Europas, die Kolonialisierung 40 Amerikas und Australiens werden als Hauptgrund für diese Reduktion betrachtet: Allein in diesen Kontinenten fielen hunderte von Sprachen den Kolonisations-Bewegungen und ihren 45 Völkermorden zum Opfer.

Verglichen mit dem, was der Sprachenvielfalt in den nächsten paar hun- 80 dert Jahren bevorsteht, war das allerdings noch ein Vorgeplänkel: Von 50 den gegenwärtig 6000 Sprachen wird in 200 Jahren höchstens noch ein Zehntel übrig bleiben. Zwischen 300 85 und 600 Sprachen seien einigermaßen „sicher", meint Michael Krauss von 55 der Universität von Alaska. Der Rest müsse befürchten, ersatzlos vom Sprachenmenü der Welt gestrichen zu 90 werden. In Alaska, wo Krauss lehrt, lernen die Kinder nur noch zwei der 60 vorhandenen 20 Sprachen; die übrigen sterben, mit ihren letzten Sprechern, in absehbarer Zeit aus. 95

An der Weitergabe einer Sprache läßt sich ihre Überlebensaussicht recht 65 präzise ablesen. In Nordamerika, so zeigt der Atlas, werden von 187 lebenden Sprachen nur noch 38 weiter- 100 gegeben; in Südamerika von rund 400 nur noch etwas über hundert. In Aus- 70 tralien gehen in Kürze 90 Prozent der Ureinwohner-Sprachen verloren.

Auch in Europa – das ehemalige 105 Sowjetgebiet nicht eingerechnet – droht einem Dutzend Sprachen, die 75 von jeweils weniger als 15 000 Menschen gesprochen werden, das baldige Aussterben: Das Sorbische, das Nordfriesische und das Ostfriesische

zählen ebenso zu diesem Kreis wie vier Samen-Sprachen in Nordskandinavien oder, in Griechenland, die tsokanische Sprache. (…)

Was der beschleunigte Sprachverlust in absoluten Zahlen signalisiert, ist die Tatsache, daß die bedrohten Sprachen keine Chance mehr haben, sich weiterzuentwickeln, in neuen Sprachen aufzugehen, wie es in den alten Tagen der Menschheits-Geschichte der Fall war. Statt Mutation steht heute Kapitulation auf der Tagesordnung – Sprachverdrängung durch die Sprachen mächtigerer Kulturen.

Der Atlas geht dabei auf die globale Rolle des Fernsehens, auf die Zerstörung gewachsener Lebensformen, das Auswuchern der Millionenstädte der Dritten Welt, den internationalen Nationalismus und seine verheerenden Folgen ein. Was, fragen sich die Linguisten, sind die Folgen? Das Ende einer immensen sprachlichen Vielfalt, mündlicher Überlieferungen, literarischer Traditionen; der Verlust „einzigartiger Systeme an Grammatik und Wortschatz, die ebenso einzigartige Denksysteme und Lebensweisen reflektierten" (*The Independent*).

Frankfurter Rundschau Nr. 19, 24. Jan. 1994
(gekürzt)

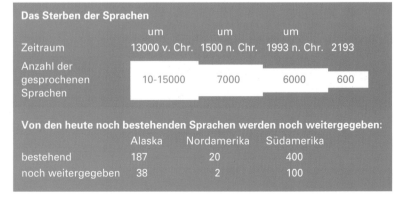

Das Sterben der Sprachen

Zeitraum	um 13000 v. Chr.	um 1500 n. Chr.	um 1993 n. Chr.	2193
Anzahl der gesprochenen Sprachen	10-15000	7000	6000	600

Von den heute noch bestehenden Sprachen werden noch weitergegeben:

	Alaska	Nordamerika	Südamerika
bestehend	187	20	400
noch weitergegeben	38	2	100

Das Leben der Sprachen

Kleine Geschichte der deutschen Sprache

Für die deutschen Sprachforscher im 17. Jahrhundert war die teutsche – so schrieb man damals meist das Adjektiv deutsch – Sprache so alt wie die
5 Sprachen der Bibel, Hebräisch und Griechisch. Sie war eine der Ursprachen, die in der Sprachenteilung beim Turmbau zu Babel, das heißt nach der damaligen Auffassung von Geschich-
10 te im Jahr 2347 vor Christus entstanden. Doch war sie ihrer Ansicht nach reiner erhalten, besser gebaut sowie ausdrucksstärker als alle anderen Sprachen.

15 *Die Ursprünge*

Wie viel Phantasie diese Ideen enthielten, hat die Sprachforschung in den letzten 150 Jahren gezeigt. Das

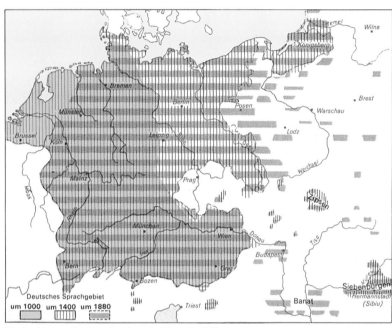

Die Ausdehnung des deutschen Sprachgebietes bis 1880

Titelblatt der 1. Lutherbibel

abgesicherte Wissen über die Geschichte der deutschen Sprache beginnt streng genommen erst mit 20
dem Auftreten schriftlicher Dokumente in deutscher
Sprache im 8. Jahrhundert nach Christus. Allenfalls
kann man heute die germanischen Sprachen Mittel-
europas seit der Völkerwanderung (5. Jahrhundert)
als „vordeutsch" bezeichnen. Durch ihren Vergleich 25
lässt sich dieses „Vordeutsche" bis in die indoeu-
ropäische Sprachfamilie zurückverfolgen: indische,
persische, slawische, romanische und germanische
Sprachen weisen Gemeinsamkeiten auf, doch eine
Ursprache, die sich dann in verschiedene Tochter- 30
sprachen aufgespalten hätte, hat es wahrscheinlich
nie gegeben.

Zu Beginn ihrer Geschichte besteht die deutsche Na-
tion aus vielen Völkern, die miteinander verwandte
Sprachen sprechen. Sprachlich ist das deutsche 35
Reich zweigeteilt in das Niederdeutsche in der nörd-
lichen Hälfte und an der Küste – in den niedrig ge-
legenen Landschaften, deshalb Niederdeutsch –,
und das Hochdeutsche in der südlichen Hälfte, den
Mittelgebirgen und den Alpen – deshalb Hoch- 40
deutsch. Aus ihm wird im Laufe der nächsten tau-

send Jahre die deutsche Standardsprache entstehen, während das Niederdeutsche in Deutschland zum Dialekt und als Niederländisch bzw. Flämisch Amts-
45 sprache in den Niederlanden und in Belgien wird. Noch eine weitere Sprache entsteht aus dem mittelalterlichen Deutsch, das Jiddische, die Sprache der Juden in Mittel- und Osteuropa.

Die Entwicklung

50 Bis ins 15. Jahrhundert hinein ist Deutsch eine überwiegend gesprochene Sprache, geschrieben wird in vielen Lebensbereichen meist Latein. Im Laufe der gesellschaftlichen, wirtschaftlichen und technischen Entwicklung nehmen aber die Kontakte zwischen
55 den einzelnen Regionen immer weiter zu, sodass auch die deutschen Dialekte zunehmend geschrieben werden. Dabei nähern sich die verschiedenen Schriftdialekte immer weiter an bzw. die Dialekte der politisch und wirtschaftlich
60 bedeutenden Regionen beeinflussen die anderen. Eine in dieser Hinsicht wichtige Region ist im 16. - 18. Jahrhundert Mitteldeutschland
65 (Erfurt, Leipzig, Meissen). Ein wichtiger Einschnitt in der Entwicklung der deutschen Sprache ist die Übersetzung der Bibel ins Deutsche durch
70 Martin Luther (1522-1534). Luthers Sprache ist, abgesehen von bestimmten Wörtern und Redewendungen, dem heutigen Deutsch schon
75 so ähnlich, dass man sie noch heute ohne größere Mühe lesen kann. Grammatisch entspricht sie im Wesentlichen dem heutigen Stand. Das
80 Hochdeutsche verdrängte in der Folgezeit das Niederdeutsche aus vielen Regionen und setzte sich auch in Norddeutschland in wichtigen Le-
85 bensbereichen (z.B. Justiz und Verwaltung) gegen das Niederdeutsche durch. Gut 250 Jahre später, zur Zeit Goethes und Schillers (deut-

sche Klassik) erreicht auch die lexikalische Entwick- 90 lung einen Stand, der es ermöglicht, damals geschriebene Texte auch heute ohne jede Schwierigkeit zu lesen. Der nächste Schritt, die orthographische Vereinheitlichung, kommt 1901 auf einer Konferenz der deutschen Länder, Österreichs und der Schweiz 95 zustande. 1998 ist eine weitere Orthographiereform in Kraft getreten.

Aussprache und Dialekte

Was die Aussprache des Deutschen betrifft, so merkt man heute noch, dass das Deutsche aus vielen Dia- 100 lekten entstanden ist. Diese Dialekte bestehen, natürlich in veränderter Form, noch heute. Auch unterscheidet sich die Aussprache der Standardsprache von Region zu Region. Erst durch die Bevölkerungsmischung als Folge des zweiten Weltkriegs und die 105 immer weiter zunehmende Mobilität der Menschen

Die deutschen Mundarten um 1965

sowie den Einfluss von Radio und Fernsehen nähern sich die regionalen Varianten der Umgangssprache immer mehr dem „Standarddeutsch" an. Auf der Straße hört man dieses „Standarddeutsch" am ehesten in der Region um Hannover.

110

Wortschatz

Seit es die deutsche Sprache gibt, unterliegt sie fremdsprachigen Einflüssen, wie sämtliche Sprachen der Erde. Natürlich sind die Einflüsse aus benachbarten oder kulturell verwandten Ländern die häufigsten. Die meisten Entlehnungen in der Geschichte der deutschen Sprache stammen aus dem Lateinischen. Dieser Einfluss blieb von der römischen Besetzung Germaniens (1. Jh.) bis ins 18. Jahrhundert erhalten, als Latein endgültig vom Deutschen als Gelehrtensprache abgelöst wurde. In früher Zeit betreffen sie natürlich Kriegswesen sowie Staats- und

115

120

Rechtsleben, aber stärker noch Handel, Garten- und Weinbau, Hausbau und Inneneinrichtung, dann Kirche, Volksbildung und schließlich Wissenschaft und Verwaltung. Weitere Sprachen, aus denen das Deutsche zahlreiche Wörter aufgenommen hat, sind: Griechisch, Französisch, Englisch und Italienisch. In dem Maß, wie Europa in Kontakt mit anderen Kontinenten und Kulturen tritt, kommen neue Bezeichnungen und Begriffe aus allen Sprachen der Erde ins Deutsche.

125

130

Deutsch heute

Deutsch wird heute von ca. 100 Millionen Menschen als Muttersprache gesprochen. Es ist eine der Amts- und Arbeitssprachen der Europäischen Gemeinschaft. Weltweit lernen ungefähr 20 Millionen Menschen Deutsch als Fremdsprache.

135

Proben deutscher Dialekte
(von Norden nach Süden)

Hochdeutsch:	*Heinrich, geh vom Bürgersteig, da kommt eine Dame.*
Dialekte:	
Plattdeutsch (Emsland):	*Hinneck, ga vonn Bürgersteig, dor kummt ne Frow.*
Berlinerisch:	*Ejh, Heinrich, jeh vom Bürjerschteich runter, da kommt Eene.*
Aachen:	*Heini, jan van der Bordsting eronge, do kött en Madam.*
Köln:	*Hein, jon vom Trottoir eraaf, do kött en Madam.*
Rheinfränkisch (Saarland):	*Heinrich, geh vom Böjersteisch eronner, do kemmt e Dame.*
Kasseler Dialekt:	*Henner, gehe ma vom Drottewar, es kimmet ne Daame.*
Fränkisch:	*Heiner, geh na a wengla auf d'Seidn, do kummt a feins Madla.*
Badisch:	*A her Heinrich her, paß' ä mol uff, da kommdt e Fra, gesche mol vom Bürgersteh.*
Schwäbisch:	*Heine, gang ronder vom Trottewar, da kommdt a Froau.*
Oberbayerisch:	*Heini, geh vom Trottoir oba, do kimmt a Dame.*
Schweizerdeutsch (Aargau):	*Heiri, gang vom Trottoir ahe, es chonnt e Frau.*

Warum wir uns versprechen

Hören Sie dazu, wenn Sie möchten, zusätzlich zum folgenden Lesetext eine Rundfunksendung.

Im sechsten Kapitel seiner Grundzüge der Psycho-analyse geht der nordamerikanische Psychoanaly-tiker Charles Brenner auf die Erscheinungen des psychischen Geschehens des Menschen ein, die uns allen wohlbekannt sind und die Sigmund Freud un-ter der Bezeichnung Psychopathologie des Alltags zusammengefasst hat.

Fehlleistungen und Witz

Charles Brenner

Zur „Psychopathologie des Alltags" gehören: Ver-sprechen, Verschreiben, Gedächtnisversagen und viele der kleinen Pannen und Unfälle im Leben, die wir gewöhnlich dem Zufall zuschreiben. Schon vor
5 Freuds systematischen Untersuchungen dieser Er-scheinungen waren die Menschen unbestimmt des-sen gewahr, daß hinter diesen Phänomenen eine Absicht verborgen ist – daß sie nicht bloß zufällig sind. So sagt beispielsweise ein altes Sprichwort
10 „Das Versprechen verrät die wahre Meinung". Wei-ter wurden nicht alle solche ,Ausrutscher' als Zu-fälle behandelt. Schon vor der Zeit Freuds war es so, daß, wenn Herr Maier Fräulein Müllers Namen ver-gaß oder sie ,versehentlich' Fräulein Schmidt nann-
15 te, Fräulein Müller darauf als auf eine absichtliche Kränkung oder ein Zeichen der Interesselosigkeit reagierte und Herrn Maier nicht gerade mit Wohl-wollen betrachtete. Um einen Schritt weiterzugehen: wenn ein Untertan bei der Anrede seines Souveräns
20 eine Vorschrift der Etikette ,vergaß', so wurde er dafür bestraft, auch wenn er geltend machte, das Ver-gessen sei rein zufällig gewesen. Die in Frage ste-hende Autorität sprach seinen Handlungen Absicht zu, auch wenn er sich selber keinerlei Absicht be-
25 wußt war. Geradeso ging es vor etwa 300 Jahren ei-nem Drucker, als in einer Bibel bei einem der Zehn Gebote versehentlich ,Du sollst ...' anstatt ,Du sollst nicht ...' gedruckt wurde; der Drucker wurde eben-so streng bestraft, wie wenn er absichtlich eine Got-
30 teslästerung begangen hätte. Im großen ganzen wurden jedoch derartige Phänomene entweder dem Zufall zugeschrieben oder – dem Einfluß böser Gei-ster. Freud war der erste, der ernsthaft und konse-quent die Meinung vertrat, Versehen oder ähnliche Phänomene seien das Ergebnis absichtlichen Han-
35 delns des Betreffenden, auch wenn die Absicht dem Handelnden selbst unbekannt, also anders ausge-drückt unbewußt ist. (...)

So hat zum Beispiel ein Versprechen oder ein Ver-schreiben oft seine Ursache darin, daß es nicht ge-
40 lingt, einen unbewußten Gedanken oder Wunsch vollständig zu verdrängen. In solchen Fällen drückt der Sprecher oder Schreiber das aus, was er unbe-wußt gern sagen oder schreiben wollte, trotz seines Bemühens, es verborgen zu halten. Manchmal wird
45 der verborgene Sinn durch das Versehen offen aus-gedrückt, d. h. er ist für den Hörer oder Leser deut-lich erkennbar. Bei anderen Gelegenheiten ist das Resultat der Fehlleistung nicht verständlich, und der verborgene Sinn kann nur aus den Assoziationen der
50 Person, der das Versehen unterlief, erschlossen wer-den.

Zur Illustration einer Fehlleistung, deren Bedeutung klar ist, können wir folgendes Beispiel anführen. Ein Industrieanwalt prahlte mit den vertraulichen Mit-
55 teilungen, die ihm seine Klienten machten, und woll-te sagen, sie kämen mit „ihren schwierigsten Proble-men" zu ihm. Statt dessen sagte er jedoch tatsäch-lich, „mit ihren schmierigsten Problemen". Durch das Versprechen enthüllte er dem Zuhörer, was er
60 gerade verbergen wollte, nämlich, daß seine Klien-ten ihn oft wegen recht zweifelhafter Geschäfte kon-sultierten, bei denen ihm selber nicht wohl war. (...)

Wir müssen hinzufügen, daß, wenn eine Fehlleistung auch noch so eindeutig zu sein scheint, die Deutung
65 ihres unbewußten Sinns durch den Hörer oder Leser nicht mehr als eine Vermutung sein kann, solange sie nicht durch die Assoziationen der Person be-stätigt wird, der die Fehlleistung selbst unterlaufen ist. Natürlich kann die Vermutung durch Beweis-
70 material, wie zum Beispiel durch die Kenntnis der Umstände, unter denen die Fehlleistung erfolgte,

Hohes Haus, ich stelle fest, es gibt eine stimmfähige Mehrheit von Abgeordneten im Saal und erkläre deshalb die Sitzung für geschlossen!

Was weiß die Wissenschaft über den Versprecher?

Sicherlich erinnern Sie sich an den einen oder anderen Versprecher. Ganz schön peinlich ist es manchmal. Verbinden wir doch einen Großteil unserer Persönlichkeit mit der Art, wie wir uns ausdrücken. Andererseits können wir beruhigt sein, denn nach den 5 Forschungen der Psycholinguistin Helen Leuninger [1] bemerken nicht nur wir nur etwa 25 % unserer Versprecher, sondern auch für unsere Zuhörer bleiben viele Versprecher verborgen, da sie beim Zuhören 10 mitdenken und etwaige Fehler meist automatisch korrigieren. Das liegt daran, dass Sprecher und Hörer über dasselbe Sprachwissen verfügen, im Prinzip auf denselben Wortschatz zurückgreifen können und ihre Äußerungen denselben Gesetzen gehorchen. 15

Trotzdem ärgern sie uns, die Versprecher. Was hilft es uns, dass sie ganz alltägliche sprachliche Pannen sind, die jedem von uns unterlaufen können. Auch kommen sie gar nicht so oft vor, wie man meinen könnte. Professor Leuninger schätzt in ihrem Buch 20 über Versprecher, dass im Durchschnitt pro tausend Wörter ein Versprecher vorkommt. Das bedeutet, würden wir in normaler Sprechgeschwindigkeit ununterbrochen reden, dann würden wir alle zehn Minuten einen Versprecher produzieren. Aber glückli- 25 cherweise reden wir selten so viel.

In welchen Situationen kommt es zu Versprechern? Nach wissenschaftlichen Beobachtungen haben wir fast keine Chance, Versprecher zu vermeiden, weil sowohl besondere Konzentration als auch besondere 30 Erschöpfung uns häufiger versprechen lassen. Fehlerfrei zu sprechen, gelingt offenbar dann besonders gut, wenn der Sprecher sich in einem Zustand harmonischen Gleichgewichts zwischen höchster Konzentration und äußerster Entspannung befindet. Dies 35 hängt wiederum von vielen Faktoren ab, die der Sprecher kaum beeinflussen kann. Da beruhigt es, dass die Wissenschaft betont, dass Versprecher nicht auf Defizite unserer geistigen Fähigkeiten hinweisen, sondern kurzzeitige Beeinträchtigungen unseres inneren 40 „Sprachplanungsapparats" darstellen.

1) Helen Leuninger, *Reden ist Schweigen, Silber ist Gold. Gesammelte Versprecher*, Zürich 1993

und durch die Kenntnis der Persönlichkeit und der Lebenssituation der betreffenden Person so nachhaltig bekräftigt werden, daß sie unwiderlegbar erscheint. Trotzdem kann prinzipiell die Bedeutung jeder Fehlleistung nur durch die Assoziationen der betreffenden Person sicher festgestellt werden. (…)

Das Vorkommen von Versprechen und Verschreiben wird oft auf Ermüdung, Unaufmerksamkeit, Hast, Erregung und ähnliches zurückgeführt. Der Leser stellt vielleicht die Frage, ob Freud der Ansicht war, daß derartige Faktoren bei der Entstehung von Fehlleistungen eine Rolle spielen? Darauf lautet die Antwort, daß er diesen Faktoren einen lediglich hilfsweisen, unterstützenden Anteil an dem Prozeß beimaß. Er war der Meinung, daß derartige Faktoren unter gewissen Umständen die Einwirkung unbewußter Prozesse auf die bewußte Absicht, ein bestimmtes Wort oder einen bestimmten Satz zu sagen oder zu schreiben, erleichtern – mit dem Ergebnis, daß eine Fehlleistung eintritt, die nicht eingetreten wäre, wenn der Betreffende nicht ermüdet, unaufmerksam, in Eile etc. gewesen wäre. Er glaubte jedoch, daß die unbewußten psychischen Prozesse des Betreffenden bei der Entstehung einer Fehlleistung die Hauptrolle spielen. Um diesen Punkt zu erläutern, bediente er sich der folgenden Analogie. Wenn ein Mann in einer dunklen und einsamen Straße angehalten und ausgeraubt wird, würden wir nicht sagen, daß er durch die Dunkelheit und Einsamkeit beraubt wurde. Er wurde durch einen Räuber beraubt, der jedoch durch Dunkelheit und Einsamkeit unterstützt wurde.

Ein großer Teil der Sprachplanung betrifft das „Heraussuchen" von Wörtern und Redewendungen aus dem Gedächtnis, unserem inneren Lexikon. In diesem mentalen Lexikon sind die Wörter nicht alphabetisch gespeichert, sondern nach Bedeutung und Form. So sind aufgrund ihrer Bedeutung Wörter wie *klein* und *groß*, *Baum* und *Zweig* oder *Karotte* und *Erbse* sowie aufgrund ihrer Form *Verbrecher* und *Versprecher* oder *Abszess* und *Exzess* im Gedächtnis verbunden. Je mehr Gemeinsamkeiten Wörter oder Teile von Wörtern haben, um so enger sind sie im Gedächtnis miteinander vernetzt und um so größer ist die Wahrscheinlichkeit, dass sie in Fehlplanungen, Versprechern, vorkommen. So gibt es zwei allgemeine Typen von Versprechern:

A) Versprecher, die durch eine Ähnlichkeit in der Bedeutung zustande kommen und

B) Versprecher, die durch eine Ähnlichkeit in der Form zustande kommen.

Wenn man sich genauer anschaut, was bei Versprechern passiert, so kommt man nach Leuninger auf 5 Arten von Versprechern:

1. Verschmelzung

Hierbei werden bedeutungsverwandte Redewendungen und Wörter entweder in einem Satz (a) oder einem Wort (b) zusammengefügt: a) *Das ist ein dickes Stück.* (aus *Das ist ein starkes Stück.* und *Das ist ein dicker Hund.*); b) *Schlende* (aus *Schluss* und *Ende*).

2. Vertauschung

Bei diesem Fehler wechseln Wörter (a) oder Laute (b) ihren Platz: a) *Ich fahr mit der Uschi zum Fahrrad.* (statt *Ich fahre mit dem Fahrrad zu Uschi.*); b) *Das ist ein ganz zwecktischer Prak* (statt *praktischer Zweck*).

3. Ersetzungen

Dabei wird das geplante Wort durch ein anderes ersetzt, das entweder von der Bedeutung (a) oder von der Form (b) her ähnlich ist: (a) *Das Wochenende war schön, wir waren Pilze fangen* (statt *sammeln*); oder (b) *Die Wohnung ist frisch renommiert* (statt *renoviert*).

4. Antizipation

Hier denkt der Sprecher schon an das Wort, das erst später kommen wird, und prompt schmuggelt es sich zu früh in den Satzverlauf: *In der Schnegel geht es schneller.* (statt *In der Regel …*) oder *Kaminkalender* (statt *Terminkalender*)

5. Postposition

Bei diesen Versprechern sind bereits geäußerte sprachliche Einheiten noch präsent und werden fälschlicherweise noch einmal verwendet. *Und schon hat er den Ball, unser Boris Bepper* (statt *Becker*) oder *er wünscht zu wünschen* (statt *zu wissen*).

Versprecher kommen in der Regel nur innerhalb eines Satzes vor, was mit der Kapazität des menschlichen Gedächtnisses zu tun hat. Es kann aber passieren, dass die Äußerungen des Sprechers einen Versprecher in der sprachlichen Reaktion des Hörers verursachen, wie z.B.: A: *Es sei denn, du hast großes Pech.* – B: *Und du großes Glüch.* Aber auch hier liegen beide Äußerungen nicht weit auseinander.

Grammatik-Übersicht

Einfache Sätze und ihre Struktur

1

Aussagen, Fragen, Aufforderungen, Wünsche: die Grundstruktur des Satzes

1.1

In der Grundstellung des Aussagesatzes steht das Verb im Deutschen in der zweiten Position.

Es	**war**	einmal ein Königssohn.

➤ **MB, S.12f.**

> Ein Grundprinzip des Satzbaus im Deutschen ist die Satzklammer: den linken Klammerteil bildet der finite, d.h. veränderliche Verbteil, den rechten – wenn vorhanden – der infinite, d.h. unveränderliche Verbteil (trennbares Präfix, Infinitiv oder Partizip).

Der König	**zog**	in der Welt	**umher**	mit seinem Diener.
Er	**kann**	das Rätsel nicht	**lösen.**	
Am Ende	**findet**	er das Glück.		
Vorfeld	finiter Verbteil	**Mittelfeld**	infiniter Verbteil	**Nachfeld**

└──── (Haupt)-Satzklammer ────┘

Aussagesätze, Fragesätze, Aufforderungssätze und Wunschsätze unterscheiden sich vor allem darin, ob der **finite Verbteil** an der ersten, zweiten oder letzten Stelle steht.

Der König	**konnte**	das Rätsel nicht	lösen.	Aussagesatz: Zweitstelle
Wer	**kann**	das Rätsel	lösen?	w-Frage: Zweitstelle + w-Wort
	Wird	der König sein Glück	finden?	Entscheidungsfrage: Erststelle
	Geht	nicht in den Wald!		Aufforderungssatz: Erststelle + Imperativform
	Könnte	ich doch die Lösung	finden!	Wunschsatz: Erststelle + Konjunktiv
Wenn		ich doch die Lösung	**fände!**	Wunschsatz: Letztstelle + wenn + Konjunktiv

Modalverben, Passiv, Tempus, Nebensatz: Satzklammern

1.2

Einfache Satzklammern

1.2.1

Ein König	zog	in der Welt	umher.	trennbare Verben
Ein König	wollte	in der Welt	umherziehen.	Modalverben
Ein König	war	in der Welt	umhergezogen.	zusammengesetzte Tempus-Formen
Das Rätsel	wurde	lange nicht	gelöst.	Passiv

Übrigens bilden auch Nebensätze eine Satzklammer: aus Konjunktion und finitem Verbteil.

Es wird erzählt,	dass	ein König in der Welt	umherzog.
	Konjunktion	Mittelfeld	finiter Verbteil

Nebensatz-Klammer

1.2.2 Satzklammern mit mehreren Teilen:

➤ vgl. auch 6.1 für subjektiv gebrauchte Modalverben und 7.1 für Passiv

Im Hauptsatz stehen alle infiniten Verbteile am rechten Klammerrand nebeneinander. Die Klammer wird dabei immer von rechts angebaut:

zweiteiliges Verb + Modalverb + zusammengesetzte Tempusform

Ein König	zog	in der Welt	umher.
Ein König	wollte	in der Welt	umherziehen.
Ein König	hatte	in der Welt	umherziehen wollen.

einteiliges Verb + Passiv + Modalverb + zusammengesetzte Tempusform

Am Ende	löste	sie das Rätsel.	
Am Ende	wurde	das Rätsel	gelöst.
Am Ende	konnte	das Rätsel	gelöst werden.
Beinahe	hätte	das Rätsel nicht	gelöst werden können.

Nebensatzklammern: Achtung bei Nebensatz-Klammern mit zusammengesetzten Tempusformen (Futur, Perfekt, Plusquamperfekt): das **finite Verb** steht nicht am Ende.

Man erzählt,	dass	ein König in der Welt	umherzog.
Man erzählt,	dass	ein König in der Welt	umherziehen wollte.
Man erzählt,	dass	ein König in der Welt	hatte umherziehen wollen.
Man erzählt,	dass	das Rätsel	gelöst wurde.
Man erzählt,	dass	das Rätsel	gelöst werden konnte.
Man erzählt,	dass	das Rätsel	hätte gelöst werden können.

1.3 Alles auf die Reihe bringen: die Stellung im Satz

Die Stellung der Satzteile im Vorfeld und Mittelfeld ist nicht ganz streng geregelt, es gibt aber einige Tendenzen.

1.Tendenz: Je wichtiger, desto näher zum Ende des Mittelfelds
2.Tendenz: Bekanntes steht vor Neuem
3.Tendenz: Kürzeres steht vor Längerem

Diese drei Tendenzen bewirken im **Mittelfeld** im Normalfall Abfolgen wie hier:

➤ MB, S. 52 ff.

Er	gab	dem Mädchen	eine Lakritzstange.	Nomen: Dativ vor Akkusativ
Er	reichte	ihr den Taufschein.		
Er	reichte	ihn dem Mädchen.		Pronomen vor Nomen
Er	reichte	ihn ihr.		Pronomen: Akkusativ vor Dativ
Er	reichte	ihr diesen.		Personalpronomen vor Demonstrativpronomen
Er	reichte	ihn dieser.		
Also	bat	er den Pfarrer	um den Taufschein,	Nomen/Pronomen vor Präpositionalgruppe
	damit	Katharina	zu seiner Frau wurde.	
Er	sah	dann rasch	zum Stall hinüber.	Adverb: temporal vor modal
Sie	lag	auf den Knien	am Flüßchen.	modal vor lokal/direktional
Er	begab	sich deshalb	zum Pfarrer.	kausal vor lokal/direktional
Er	fand	sich um fünf Uhr morgens beim Pfarrer	ein.	temporal vor lokal/ direktional

Um Informationen besonders hervorzuheben, – z. B. im Kontrast – kann man von diesen Stellungstendenzen auch abweichen.

Er	wollte	ihr den Taufschein	reichen.	
Er	hatte	den Taufschein zuerst ihr	gereicht,	dann der alten Guschke.

Im Prinzip dürfen im Mittelfeld beliebig viele Satzteile stehen, aber zu viele Informationen in einem Satz bereiten natürlich Verstehensprobleme.

Gritzan	hatte	nach langem Überlegen mit errötendem Kopf und der knappen Frage „Willst?" der schönen Wäscherin Katharina, in die er sich soeben ganz plötzlich verliebt hatte, eine Lakritzstange	gegeben.

Uff!

Im **Vorfeld** steht in der Regel nur ein Satzglied. Sehr häufig ist es das Subjekt, ein an den vorangehenden Text anknüpfendes Adverb, ein Temporal-Adverb oder ein Nebensatz. Das ist stilistisch ganz normal. Achtung: ein Satzglied kann aus mehreren Wörtern bestehen!

Joseph Gritzan	wurde	von der Liebe	heimgesucht.
Aus diesem Grund	möchte	ich um einen Taufschein	bitten.
Dann	erfolgte	wieder etwas Ungewöhnliches.	
Aber auf einmal	rief	die alte Guschke.	
Wenn du Zeit hast,	kannst	du mir den Garten	umgraben.

Stellt man ein anderes Satzglied mit wichtiger Information ins Vorfeld, kann man damit einen Teil der Aussage besonders hervorheben oder einen Kontrast betonen. Solche kontrastierten Elemente erhalten dann auch in der Aussprache einen stärkeren Akzent.

Empfangen	hatte	er diese Axt von Amor.		
Die Schuhe	zog	er sich nicht	aus.	
Beim Einweichen	haben	wir noch nichts gewußt,		
und beim Plätten	ist	es schon	soweit.	
Um einen Taufschein	möchte	ich deshalb	bitten.	

Das normale Stellungsfeld für umfangreiche Satzglieder, vor allem für Nebensätze, aber auch für präzisierende Zusatzinformationen ist das **Nachfeld** .

Gritzan	sah		zu,	wie sie aß und lutschte.
Er	machte	sich	auf	zu der Stelle am Flüßchen, wo ihn die Axt Amors getroffen hatte.
	Wie	es zu gehen	pflegt	in solchen Lagen.
	Komm	später	wieder,	nach dem Frühstück.
Er	versperrte	ihr schon den Weg,		dieser Mensch.

Ungewöhnlich und auffällig sind im Nachfeld Nominal- und Präpositionalgruppen mit einem unbestimmten Artikel, die wichtige Informationen geben.

Deshalb	möchte	ich	bitten	um einen Taufschein.

(In diesem Beispiel aus der Geschichte von Siegfried Lenz sollen sie die besondere Sprechweise der deutschsprachigen Bevölkerung in Masuren kennzeichnen.)

2   Komplexe Sätze und ihre Struktur

Im Deutschen kann man Äußerungen auf drei Arten verbinden: ► KB Kp. 3.3, S. 48

1. mit koordinierenden Konjunktionen: Sie betraten das Haus, denn sie waren müde.

2. mit subordinierenden Konjunktionen: Sie betraten das Haus, weil sie müde waren.

3. mit Adverbien oder Präpositionen: Sie waren müde. Deshalb/Aus diesem Grund betraten sie das Haus.

2.1   Koordinierende Verbindung: *und, oder, denn ...*

Die Verbstellung in den verbundenen Sätzen ändert sich nicht.   ► MB, S. 12 f.

Sie	**traten**	ins Haus	ein,	**denn**	sie	**waren**	müde.	
	Geht	nicht	weiter,	**sondern**		**ruht**	euch	aus!
Jetzt	**ist**	das Märchen	aus,	**aber**		**erzähl**	mir ein Neues!	
	Wollt	ihr noch	weiter,	**oder**		**bleibt**	ihr	da?

| Entweder | wir | ziehen | noch | weiter, | oder | wir | bleiben | | da. |

| Weil | es finster | war | und | | weil | sie müde | waren, |

betraten sie das Haus der Hexe.

Übersicht über die sprachlichen Mittel

und, oder, denn, aber, doch, sondern, das heißt, weder ... noch, entweder ... oder, sowohl ... als auch

---

Subordinierende Verbindung (Hauptsatz – Nebensatz): *als, weil, wenn ...*   2.2

Subordinierende Konjunktionen bewirken, dass das Verb im Nebensatz an letzter Stelle steht. Der Nebensatz kann vor und nach dem Hauptsatz stehen.

| | Sie | **traten** | in eine Herberge | **ein,** | **weil** | sie müde | **waren.** |

Hauptsatz-Klammer — Nebensatz-Klammer

| **Als** | der Abend | **kam,** | **traten** | sie in eine Herberge | **ein.** |

Nebensatz-Klammer — Hauptsatz-Klammer

Verbindung mit Adverbien und Präpositionen: *deshalb, aus diesem Grund, während ...*   2.3

Satzverbindende Adverbien und Präpositionalgruppen stehen im Mittelfeld oder im Vorfeld.

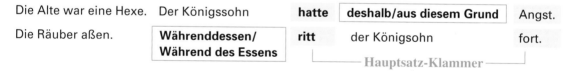

| Die Alte war eine Hexe. | Der Königssohn | **hatte** | **deshalb/aus diesem Grund** | Angst. |
| Die Räuber aßen. | **Währenddessen/ Während des Essens** | **ritt** | der Königsohn | fort. |

Hauptsatz-Klammer

Konjunktionen, Adverbien, Präpositionen   3

Sachverhalte und ihre Folgen nennen: Kausalsatz, Konsekutivsatz, Finalsatz *weil, sodass, damit ...*   3.1

➤ KB Kp. 9.1, S. 101; Kp. 10.3, S. 119, Kp. 14.1, S. 149;
➤ MB, S. 103 f.

betont wird:	Ausgangs-Sachverhalt		Folge
die Ursache: Kausalsatz	**Weil** Ratten sehr vorsichtig **sind,**	**sind**	sie vor Gift geschützt.
die Folge: Konsekutivsatz	Ratten **sind** sehr vorsichtig,	**sodass**	sie vor Gift geschützt **sind.**
das Ziel: Finalsatz	Ratten **sind** sehr vorsichtig,	**um**	vor Gift geschützt **zu sein.**

Übersicht über die sprachlichen Mittel

	koordinierende Verbindung	subordinierende Verbindung	Verbindung mit Adverbien und Präpositionen	
die Ursache: Kausalsatz	*denn*	*weil, da*	*nämlich*[2]	*wegen* (+Gen), *aufgrund* (+Gen), *infolge* (Gen), *aus* (+Dat), *vor* (+Dat.)[3]
die Folge: Konsekutivsatz		*sodass*[1], *so ...*, *dass*	*also, daher, darum, deswegen, folglich, infolgedessen, somit*	
das Ziel: Finalsatz	*damit, um ... zu*[4]		*dazu, dafür*	*zu* (+Dat), *für* (+Akk)

➤ **zur Verbstellung in den verbundenen Sätzen vgl. GR, Kp. 2**

☞

1) Zwischen Sätzen mit *sodass* und *so ..., dass* gibt es einen kleinen Unterschied.

   a) Viele Menschen werfen Essensreste weg, | **sodass** | Ratten angezogen werden.

   b) Viele Menschen ernähren sich | **so, dass** | sie krank werden.

   In (a) bezeichnet der Nebensatz die Folge einer Handlung, nämlich hier des Wegwerfens.
   In (b) die Folge der bestimmten Art und Weise einer Handlung, nämlich hier des sich Schlecht-Ernährens.

2) Unter den Adverbien hat *nämlich* eine Sonderstellung: es steht in dem Satz, der die Ursache angibt, während alle anderen Adverbien in dem Satz stehen, der die Folge angibt.

   a) Hausratten sind sehr friedlich. Sie sind | **nämlich** | Vegetarier.

   b) Hausratten sind Vegetarier. | **Deshalb** | sind sie auch sehr friedlich.

3) Kausale Angaben mit *aus* bezeichnen die Ursache für eine beabsichtigte, geplante Handlung:

   | **aus** | Liebe heiraten, | **aus** | Wut etwas zerstören, | **aus** | Bosheit handeln.

   Kausale Angaben mit *vor* bezeichnen dagegen die Ursache für einen Vorgang, der nicht kontrollierbar ist:

   | **vor** | Kälte zittern, | **vor** | Schmerzen weinen, | **vor** | Wut platzen, | **vor** | Hunger sterben.

4) *Um ... zu* leitet einen Nebensatz mit einem **infiniten** Verb an der letzten Position ein. Man verwendet es, wenn das Subjekt in Haupt- und Nebensatz identisch ist, andernfalls nimmt man die Konjunktion *damit.*
   Wir arbeiten, | **um** | gut | **zu** | leben. (= **wir** arbeiten, damit **wir** gut leben).

   Wir arbeiten, | **damit** | unsere Chefs gut leben.

Großmutter, warum hast du so große Zähne?
Damit ich dich besser fressen kann!

Äußerungen inhaltlich ordnen ◄ -

Gr

Sachverhalte und ihre Bedingungen nennen: Konditionalsatz *wenn* ...   3.2

> Wenn ich ein Vöglein wär,
> und auch zwei Flüglein hätt ...

➤ KB Kp. 3.3, S.48; Kp. 11.2, S.126; Kp. 12.1., S.129

Reale Bedingung: der Sachverhalt kann in der Zukunft eintreten	Folge	
Wenn ich an meinen Arbeitsplatz **will**,	(dann) **muss** ich den Ausweis **zeigen**.	Indikativ (Präsens, Futur)
Wenn ich im Lotto **gewinnen würde**,	(dann) **würde** ich ein Haus **kaufen**.	Konjunktiv II

Irreale Bedingung: in der Vergangenheit nicht eingetretener Sachverhalt	Folge	
Wenn ich im Lotto **gewonnen hätte**,	(dann) **hätte** ich mir ein Haus **gekauft**.	Konjunktiv II Vergangenheit

➤ LHB Kp.15,5

Übersicht über die sprachlichen Mittel

	koordinierende Verbindung	subordinierende Verbindung	Verbindung mit Adverbien und Präpositionen	
Bedingung-Folge: Konditionalsatz	*vorausgesetzt*[1] *angenommen*	*wenn*[2]; *falls; sofern; vorausgesetzt dass; unter der Bedingung, dass*	*in diesem Fall; unter dieser Voraussetzung; sonst; andernfalls*	*bei* (+Dat); *mit* (+Dat); *im Falle* (+Gen); *ohne* (+Akk)

➤ zur Verbstellung in den verbundenen Sätzen vgl. GR, Kp. 2

☞

1) Beachten Sie die Verbstellung bei *vorausgesetzt*:

Jeder darf die Firma betreten, **vorausgesetzt** er **hat** einen Ausweis.

Jeder darf die Firma betreten, **vorausgesetzt** , **dass** er einen Ausweis **hat** .

2) Statt mit *wenn* kann man einen konditionalen Nebensatz auch mit dem finiten Verb einleiten:

Steht man unter großem Leistungsdruck, (so) fällt einem das Lernen schwer.

Würde Johann nicht immer zu spät **kommen** , könnte das nicht passieren.

Hätte Johann einen Ausweis **gehabt** , hätte ihn der Pförtner auch einlassen müssen.

➤ MB, S.87

3.3 Sachverhalte kontrastieren: Konzessivsatz, Adversativsatz *obwohl, aber, während, trotz…*

➤ KB Kp. 9.1, S. 101; Kp. 10.3, S. 119;
➤ MB, S.87

Sachverhalt — Kontrast-Sachverhalt

Obwohl ich meinen Ausweis **zeigte,**	**durfte** ich nicht an meinen Arbeitsplatz.	Konzessivsatz:
Ich **wurde** zwar durchsucht,	**aber** ich **durfte** nicht eintreten.	erwartete Folge nicht eintretend
Er **zeigte** seinen Ausweis,	**trotzdem ließ** man ihn nicht ein.	
Während ich gestern noch Zutritt **hatte,**	**wurde** ich heute nicht eingelassen.	Adversativsatz:
Die Frau vor mir **wurde** eingelassen,	ich **musste** **jedoch** draußen bleiben.	einfacher Kontrast

Übersicht über die sprachlichen Mittel

	koordinierende Verbindung	subordinierende Verbindung	Verbindung mit Adverbien und Präpositionen	
Konzessivsatz:	*zwar …, aber*	*obwohl, obgleich, obschon, auch wenn, wenn auch*	*trotzdem, dennoch*	*trotz* (+Gen), *ungeachtet* (+Gen)
Adversativsatz:	*aber, doch*	*während*	*jedoch, allerdings, dagegen, demgegenüber, einerseits – andererseits*	*entgegen* (+Dat)

➤ zur Verbstellung in den verbundenen Sätzen vgl. GR, Kp. 2

☞ *aber* ist ein Sonderfall: es kann auch wie ein Adverb im Mittelfeld stehen, nicht aber allein im Vorfeld: Der Pförtner durchsuchte mich zwar; ich durfte *aber* nicht eintreten.

3.4 Sachverhalte und Begleit-Sachverhalte nennen: Modalsatz, Instrumentalsatz, Substitutivsatz *indem, wobei, anstatt, ohne… zu*

➤LHB, Kp.3,3

Sachverhalt — begleitender Sachverhalt

Begleitender Sachverhalt: Modalsatz, Instrumentalsatz	Sie nehmen an der Veranstaltung teil,	**indem** Sie eine Gebühr **bezahlen.**
	Sie legen den Kopf in die Arme,	**wobei** Sie Schlaf vortäuschen **können.**
	Melden Sie sich an	**unter** Bezahlung einer Gebühr.
Nicht eintretender begleitender Sachverhalt: Substitutivsatz	Kommen Sie nie,	**ohne** ein Buch bei sich **zu tragen.**
	Laden Sie den Lehrer zum Essen ein,	**(an)statt** sich **zu entschuldigen.**
	Täuschen Sie Interesse vor,	**und gähnen** Sie **dabei** nicht.

Übersicht über die sprachlichen Mittel

	koordinierende Verbindung	subordinierende Verbindung	Verbindung mit Adverbien und Präpositionen	
Begleitender Sachverhalt: Modalsatz, Instrumentalsatz	*und dabei*	*wobei, indem, dadurch dass, wodurch, womit*	*dadurch, damit, dabei*	*mit* (+Dat.), *durch* (+Akk.), *unter* (+Dat.)
Nicht eintretender begleitender Sachverhalt: Substitutivsatz	*und ... dabei ... nicht*	*anstatt dass, ohne dass, anstatt ... zu, ohne ... zu*	*stattdessen*	*ohne* (+Akk), *statt* (+Gen)

➤ **zur Verbstellung in den verbundenen Sätzen vgl. GR, Kp. 2**

Sachverhalte vergleichen: Komparativsatz, Proportionalsatz *wie, als, je ... desto ...*　　3.5

	Sachverhalt	Vergleichbarer Sachverhalt
Gleichheit	(So) wie Sie das hier **machen**,	(so) geht das anderswo auch.
Ungleichheit	Sie machen weniger Fehler,	als Sie gedacht **haben**.
Proportionalität	Je mehr Sie **üben**,	desto sicherer **können** Sie auftreten.

☞ Neben *je ... desto* gibt es in derselben Bedeutung auch *je ... umso.*

➤ **zu irrealen Vergleichssätzen (*als ob ... hätte*) vgl. GR, Kp. 6.3**

Tempusformen, Temporalsätze, Temporaladverbien　　4

Ereignisse zeitlich charakterisieren: Tempus-Formen　　4.1

Im Deutschen haben die meisten grammatischen Tempus-Formen (vor allem das Präsens) mehrere Bedeutungen, und andererseits kann eine bestimmte Zeitstufe (Gegenwart, Vergangenheit …) meist mit mehreren Tempus-Formen ausgedrückt werden. (Das gilt besonders für die Vergangenheit.)

Bedeutung	Beispielsatz	Tempusform
zeitlos:	Märchen **gibt** es in jeder Kultur.	Präsens
Vergangenheit:	Jakob und Wilhelm Grimm **waren** Philologen.	Präteritum
	Sie **haben** eine wichtige deutsche Grammatik **geschrieben**.	Perfekt
	1812 **erscheint** der erste Band der Grimmschen Märchen, der schnell sehr große Verbreitung findet.[1]	Präsens
	Davor **hatte** man Märchen nur mündlich **erzählt**.	Plusquamperfekt

[1] Das „historische Präsens" für Ereignisse der Vergangenheit verwendet man, um eine Geschichte oder Teile einer Geschichte „in die Gegenwart zu holen" und so spannender zu erzählen.

Bedeutung	Beispielsatz	Tempusform
Gegenwart:	**Stör** mich nicht, ich **lese** gerade.	Präsens
Zukunft:	Heute abend **lese** ich dir ein Märchen vor.	Präsens
	Morgen **werde** ich dir eine Geschichte **erzählen** .[2]	Futur

➤ **MB, S.12**

[2] Für Voraussagen über zukünftige Ereignisse verwendet man im Deutschen eher das Präsens als das Futur. Mit dem Futur bringt man meist eine Vermutung oder Absicht zum Ausdruck.   ➤ **vgl. GR, Kp. 6.1**

Zum Gebrauch von Präteritum und Perfekt:

schriftlicher Bericht

In China hat gestern erneut die Erde gebebt. In der Ortschaft Lishui kam es gestern zu einem leichteren Beben. Gegen Mitternacht war zuerst Donner zu hören, danach gab es mehrere heftige Stöße. Die meisten Häuser wurden rechtzeitig geräumt, es gab aber auch mehrere Verletzte. Alle Bewohner haben inzwischen den Ort verlassen und sind in die Provinzstadt geflohen.

mündlicher Augenzeugenbericht

„Gegen Mitternacht bin ich aufgewacht und habe ein lautes Donnern gehört. Dann konnte ich auch schon das Beben spüren. Ich bin aus dem Bett gesprungen und sofort ins Freie gerannt, wo schon die Nachbarn waren. Wir haben gesehen, wie die Häuser geräumt wurden. Dann haben wir uns um die Verletzten gekümmert, die aus den Häusern getragen wurden."

das Präteritum

ist zusammen mit dem Plusquamperfekt die Tempusform des (**schriftlichen**) Erzählens. Ereignisse, über die im Präteritum gesprochen wird, sind **vergangen**, und werden als **für den aktuellen Sprechzeitpunkt nicht direkt wichtig** dargestellt. In Zeitungsberichten erscheint der Rahmentext bisweilen im Perfekt.

das Perfekt

ist zusammmen mit dem Präsens die Tempusform des **mündlichen** Sprechens. Ereignisse, über die im Perfekt gesprochen wird, **sind abgeschlossen, haben aber Folgen für den Sprechzeitpunkt.**
Sein und *haben* und Modalverben wie *dürfen, sollen* etc. werden wegen der kürzeren Formen generell eher im Päteritum als im Perfekt verwendet.

4.2 Ereignisfolgen ausdrücken: Tempus-Folgen

➤ **KB Kp. 1.3, S.29**

4.2.1

Ereignisse finden <u>gleichzeitig</u> statt: *während*

<u>Gleiche</u> Tempusformen

Während die Alte den Trank **holte**,	**ritt** der Königssohn fort.
Solange es hell **ist**,	**reiten** wir weiter.
Wenn meine Mutter mir früher ein Märchen **erzählt hat**,	**habe** ich immer ganz aufmerksam **zugehört**.

Der Diener **war** allein noch da,	**als** die böse Hexe **kam.**	☞ *als nur mit Vergangenheits-tempora*
Der Diener **sattelte** die Pferde.	**Währenddessen** **wurde** es hell.	

▸ Das Ereignis im Nebensatz (bzw. im 1. Hauptsatz) ist zu dem im Hauptsatz (bzw. im 2. Hauptsatz) <u>vorzeitig</u>: *nachdem* — **4.2.2**

Gleiche oder unterschiedliche Tempusformen

Nachdem sie lange **herumgezogen waren,**	**kamen** sie in eine Stadt.	☞ *nachdem, als, kaum:* eher ver-schiedene Tem-pusformen
Als sie die Pferde **gesattelt hatten,**	**ritten** sie weiter.	☞ bei Zustands-verb im Nebensatz (*schlafen, sein*): eher gleiches Tem-pus. Zustandsverände-rungsverb (ein-schlafen): eher verschiedene Tem-pora
Kaum **hatten** sie ein paar Bissen **geschluckt,**	**fielen** sie alle tot nieder.	
Wenn du **schläfst,**/	**lese** ich in deinem Buch.	
Wenn du **eingeschlafen bist,**		
Sobald sie fertig **waren,**/	**ritten** sie los.	
Sobald sie **gepackt hatten,**		
Sie **zogen** lange herum.	**Danach** **kamen** sie in eine Stadt.	
Sie **waren** aber in eine Mörder-grube **geraten,**	**und** in der Dunkelheit **kamen** zwölf Mörder.	

➤ KB Kp.1.1, S.22
➤ MB, S.12 f.

▸ Das Ereignis im Nebensatz bzw. im 1. (oder im 1. Teil-)Satz ist zu dem im Hauptsatz bzw. im 2. (oder im 2. Teil-)Satz <u>nachzeitig</u>: *bevor* — **4.2.3**

Gleiche oder unterschiedliche Tempusformen

Bevor sie sich ans Werk **machten,**	**setzten** sie sich zu Tisch.	☞ **Adverbien:** eher verschiedene Tempusformen
Ehe du dich **umschaust,**	**löst** die Königstochter das Rätsel.	
Bis du das Rätsel **gelöst hast,**	**habe** ich es schon **herausgefunden.**	
Ehe der Morgen **kam,**	**hatte** der König das Rätsel **gelöst.**	
Der König **kam** in eine Stadt.	**Davor** **war** er lange Zeit **umher-gezogen.**	
Vor seiner Ankunft in der Stadt	**war** er durch den Wald **gezogen.**	

Übersicht über die sprachlichen Mittel

	koordinierende Verbindung	subordinierende Verbindung	Verbindung mit Adverbien und Präpositionen	
Gleich-zeitigkeit: *während,* ...	*und*	*während, als, wenn, solange, bis, seit(dem), sooft*	*in diesem Augenblick, inzwischen, unterdes-sen, währenddessen, gleichzeitig*	*während* (+ Gen) *seit* (+ Dat), *bis zu* (+ Dat), *bei* (+ Dat)

	koordinierende Verbindung	subordinierende Verbindung	Verbindung mit Adverbien und Präpositionen	
Vorzeitigkeit: *nachdem ...*	und	nachdem, als, kaum, sobald, wenn	danach, hinterher, daraufhin, dann, später	nach (+ Dat)
Nachzeitigkeit: *bevor ...*		ehe, bevor, bis	vorher, zuvor, davor	vor (+ Dat)

☞ **Gleichzeitigkeit** *kann man auch mit einem* **Partizip I** *ausdrücken,* **Vorzeitigkeit** *mit einem* **Partizip II**:
Gleichzeitigkeit: **Freundlich lächelnd** bat die Hexe den Königssohn zu Tisch.
Vorzeitigkeit: Der Königssohn, **von ihrer Schönheit geblendet,** wollte sein Leben wagen.

➤ GR, Kp. 9.2

5 Formen der Redewiedergabe

5.1 Direkte und indirekte Redewiedergabe

➤ KB Kp. 11.3, S. 125 f.

Mit sogenannten Zitiersignalen bringt ein Sprecher zum Ausdruck, dass er eine fremde Äußerung wiedergibt, für deren Wahrheit er selbst nicht haftbar gemacht werden kann. Zitiersignale sind redeeinleitende Ausdrücke, Konjunktiv-Formen, die Nebensatzstellung, die Modalverben *sollen* und *wollen* und bestimmte Adverbien.

Dr. Abrams berichtet auf einer Pressekonferenz: „Ich bin im Besitz von Einsteins Augäpfeln. Jetzt liegen sie in einem Marmeladenglas. Es gibt aber bereits Interessenten dafür."

➤ MB, S. 84

Ein Reporter erzählt seiner Frau:	In der Zeitung steht am nächsten Tag:	Zitiersignale
„Abrams hat wörtlich gesagt:	Dr. Abrams gab gestern eine Pressekonferenz. Er erklärte,	
Ich **bin** im Besitz von Einsteins Augäpfeln.	er **sei** im Besitz von Einsteins Augäpfeln.	Konjunktiv I
Jetzt **liegen** sie in einem Marmeladenglas.	sie **lägen** in einem Marmeladenglas. sie **würden** in einem Marmeladenglas **schwimmen.** sie **würden** in einem Marmeladenglas ruhen.	Konjunktiv II/ *würde*-Form
Es **gibt** aber bereits Interessenten dafür."	Es heißt, **dass** es bereits Interessenten dafür **gebe/gibt.** Es gibt **laut Abrams** bereits Interessenten dafür. Es **soll** bereits Interessenten dafür geben. Abrams **will** bereits einen Interessenten gefunden haben.	Nebensatz Adverb *sollen* *wollen*

Übliche Konjunktiv-Formen bei der Redewiedergabe 5.2

sein	haben	Modalverben	schwache Verben	starke Verben
ich **sei**	hätte	**könne**	*würde ruhen*	<u>läge</u> *(würde liegen)*
du **sei(e)st**	hättest	könntest	*würdest ruhen*	<u>lägest</u> *(würdest liegen)*
er **sei**	habe	**könne**	**ruhe**	**liege** *(würde liegen)*
wir **seien**	hätten	könnten	*würden ruhen*	<u>lägen</u> *(würden liegen)*
ihr **sei(e)t**	hättet	könntet	*würdet ruhen*	<u>läg(e)t</u> *(würdet liegen)*
sie **seien**	hätten	könnten	*würden ruhen*	<u>lägen</u> *(würden liegen)*

☞

1. Die Konjunktiv-I-Formen werden heute fast nur in der 3. Person gebraucht. Die Form ist ganz einfach zu bilden: Infinitiv ohne *-n*: **er sitze̸, sie sei̸, sie könne̸, es gehe̸, man müsse̸, er habe̸** …

2. Gebräuchlich sind heute nur noch die Konjunktiv-II-Formen von häufig verwendeten starken Verben: <u>käme</u>, <u>ginge</u>, <u>nähme</u>, <u>sähe</u>, <u>spräche</u>, <u>gäbe</u>, <u>läge</u>, <u>säße</u>, <u>stände</u>/<u>stünde</u>. In all diesen Fällen kann man aber genauso gut die *würde*-Form verwenden.

▌ *Konjunktiv I, Konjunktiv II und würde-Form sind in der indirekten Rede bedeutungsgleich.*

Indirekte Redewiedergabe in verschiedenen Textsorten 5.3

1. In der gesprochenen Sprache werden Zitiersignale mitunter sparsamer verwendet; z. B. wird auch in der indirekten Redewiedergabe manchmal auf den Konjunktiv verzichtet:

   Dr. Abrams **hat erzählt**, es **gibt** bereits Interessenten für die Augäpfel.

2. In den meisten schriftlichen Texten, vor allem aber in Pressetexten, werden Zitiersignale (hauptsächlich der Konjunktiv), sehr sorgfältig verwendet.

3. Eine Häufung von Zitiersignalen und bestimmte zitierende Ausdrücke in einer wiedergegebenen Äußerung können die Distanz und Zweifel des Sprechers an der Wahrheit des Wiedergegebenen ausdrücken. Das sind vor allem die Modalverben *wollen* und *sollen*, redeeinleitende Verben wie *behaupten* und das Adverb *angeblich*.

   a) **Angeblich soll** jetzt auch Einsteins Skelett versteigert werden.
   b) Ein Reporter **behauptet**, er **habe** die Wahrheit herausgefunden.
   c) Der Unbekannte **will** ein Nachkomme Einsteins sein.

Komplexe Formen der Redewiedergabe: Perfekt und Futur, Fragen, Aufforderungen, Modalverben 5.4

Vergangenheitstempora 5.4.1

Dr. Abrams und M. Jackson erklären:

Ich **ging** nach Einsteins Tod ins Krankenhaus von Princeton.
Ich **bin** nach Einsteins Tod ins Krankenhaus von Princeton **gegangen**.

In der Zeitung steht am nächsten Tag:

Abrams berichtete, er **sei** nach Einsteins Tod ins Krankenhaus von Princeton **gegangen**.

Perfekt mit sein

Vergangenheitstempora und Futur

Dort **erhielt** ich die Erlaubnis, die Augäpfel mitzunehmen. Dort **habe** ich die Erlaubnis **erhalten**, die Augäpfel mitzunehmen.	Dort **habe** er die Erlaubnis **erhalten**, die Augäpfel mitzunehmen.	*Perfekt mit haben*
Ich **werde** Einsteins Augäpfel **kaufen**.	Michael Jackson erklärte, er **werde** Einsteins Augäpfel **kaufen**.	*Futur*

5.4.2 Fragen und Aufforderungen

Ein Leserbrief:	In der Zeitung steht am nächsten Tag:	
Stimmt diese Geschichte denn wirklich?	Ein Leser fragt, **ob** diese Geschichte wirklich **stimmt**.	*Entscheidungsfrage*
Wer hat sich diese Geschichte bloß **ausgedacht**?	Der Leser will wissen, **wer** sich diese Geschichte **ausgedacht hat**.	*w-Frage*
Schreiben Sie lieber über Einstein selbst.	Er empfiehlt uns, besser über Einstein selbst **zu schreiben**. Er rät uns, wir **sollten** besser über Einstein selbst **schreiben**.	*Aufforderung*

☞ *Ob* und *w*-**Wort** sind bereits Zitiersignale, ein zusätzlicher Konjunktiv ist nicht zwingend:

Ein Leser fragte, **ob** diese Geschichte wirklich **stimmt/stimme**.
Der Leser wollte wissen, **wer** sich diese Geschichte ausgedacht **hat**.

5.4.3 Modalverben

➤ vgl. zur Satzklammer GR, Kp. 2.1

Direkte Rede	Dr. A erklärt: „Ich	**durfte**	Einsteins Augäpfel	**mitnehmen.“**
Redewiedergabe	Dr. A. erklärt, er	**habe**	Einsteins Augäpfel	**mitnehmen dürfen.**
Direkte Rede	Dr. A berichtet: „Sie	**mussten**	sorgfältig	**konserviert werden.“**
Redewiedergabe	Dr. A berichtet, sie	**hätten**	sorgfältig	**konserviert werden müssen.**

6 Modalverben, Konjunktiv, Wunschsätze, Vergleichssätze, Negation

6.1 Eigene Einstellungen ausdrücken: subjektiv gebrauchte Modalverben, Futur, Adverbien

➤ KB Kp. 11.1, S. 125 ff.

Im Deutschen kann man subjektive Einstellungen mit Modalverben, dem Futur und bestimmten Adverbien zum Ausdruck bringen.

➤ MB, S. 80 f.

Der Sprecher ist sich ziemlich sicher

muss	Es **muss** etwas Interessantes sein, was die drei Frauen beobachten.	Das trifft **sicherlich** zu.
müsste	Das **müsste** in den Vereinigten Staaten sein.	Das trifft **(höchst-)wahrscheinlich** zu.
dürfte	Der Mann auf dem Dach **dürfte** ein Akrobat sein.	Das trifft **vermutlich** zu.
wird	Der Mann **wird** die Figur **wohl** gewonnen haben.	Das trifft **vielleicht** zu.
kann	Das Bild **kann** auch eine Fälschung sein.	Das trifft **möglicherweise** zu.
könnte	Es **könnte** auf einem Schiff spielen.	Das trifft **unter Umständen, eventuell** zu.

Der Sprecher ist sich ziemlich unsicher

mag [1]	Das Bild **mag** zwar eine Fälschung sein, aber es gefällt mir trotzdem.	Der Sprecher denkt: Das trifft vielleicht zu, aber es ist mir egal.
soll	Der Mann in der Badewanne **soll** ein Betrüger sein.	Der Sprecher zweifelt an der Geltung der Aussage: Das behaupten andere.
will	Der Mann **will** das Geld beim Roulette gewonnen haben.	Der Sprecher zweifelt an der Geltung der Aussage: Das wird vom Subjekt behauptet (hier: der Mann).

[1] **mag wohl:** oft in Fragen: Wer mag das wohl gewesen sein?

Behauptungen über vergangene Ereignisse äußern: das Modalverb bleibt im Präsens.

Die Straße	**soll**	nass	**gewesen sein.**	Die Straße **war** vermutlich nass.
				Die Straße **ist** vermutlich nass **gewesen.**
Die Bremsen	**könnten**	nicht	**gegriffen haben.**	Die Bremsen **griffen** vielleicht nicht.
				Die Bremsen **haben** vielleicht nicht **gegriffen.**

Sein und Nicht-Sein, Haben und Nicht-Haben. Wunschsätze: *wenn ... doch bloß*   6.2

Im Deutschen kann man Wünsche auf zwei Arten ausdrücken:

a) mit einem Verb im Konjunktiv II an der ersten Satzposition
b) mit der Konjunktion *wenn* und einem Verb im Konjunktiv II an der letzten Satzposition.
Die Wunschsatz-typischen Partikeln *doch, nur, bloß, doch nur, doch bloß* sind fast immer dabei.

Wirklichkeit		Wunsch		
Der König ist krank.	(Ach)	**wär(e)**	er doch gesund!	
	(Ach),	**wenn**	er doch gesund	**wäre!**
Der Glückliche hatte kein Hemd.	(Ach),	**hätte**	er doch bloß ein Hemd	gehabt!
	(Ach),	**wenn**	er doch bloß ein Hemd	gehabt **hätte!**

➤ **zu irrealen Konditionalsätzen** (Wenn der Glückliche ein Hemd gehabt hätte, wäre der König gesund geworden) **vgl. GR, Kp. 3.2**

6.3 Nur so tun als ob: irreale Vergleichssätze

➤ KB Kp. 7.3, S. 86

Irreale Vergleiche kann man im Deutschen auf zwei Arten ausdrücken:

a) mit der Konjunktion *als ob* und einem Verb im Konjunktiv II an der letzten Satzposition;
b) mit der Konjunktion *als* und einem Verb im Konjunktiv II oder I an der zweiten (!) Satzposition.

Sachverhalt			Vergleich	
Der alte Mann lächelte,	**als ob**		er glücklich	**wäre.**
Seine Haare waren so weiß,	**als**	**habe**	es darauf	geschneit.
Seine Augen blitzten,	**als**	**wären**	sie eine blanke Eisbahn.	

➤ MB, S. 58 f.

6.4 Formen der Negation und ihre Stellung

➤ LHB Kp. 13,4

6.4.1 Aussagen und Teile von Aussagen verneinen: *nicht* als Satz-Negation und als Satzteil-Negation

a) Als **Satz-Negation**, d. h. wenn es einen ganzen Satz negiert, steht das Negationswort *nicht* eher am Ende des Mittelfelds. Bestimmte Ausdrücke können aber noch auf die Negation folgen.

Herr K.	hat	Herrn B. **nicht**		geohrfeigt.	
Herr K.	behindert	den Verkehr **nicht.**			
Herr K.	ist	**nicht**	zu schnell	gefahren.	*Auf die Negation folgen:* Modaladverbiale
Herr K.	hat	Herrn B. **nicht**	Bescheid	gegeben.	eng zum Verb gehörende
Herr K.	kann	Herrn B. **nicht**	aus der Ruhe	bringen,	Teile
	sodass	er **nicht**	auf die linke Spur	wechselt.	Direktional- und Lokaladverbiale
Herr K.	besteht	**nicht**	auf seinem Recht.		Präpositionalergänzungen

b) Als **Satzteilnegation**, d. h. wenn es nur einen Teil einer Aussage negiert, steht *nicht* unmittelbar vor dem Teil der kontrastierten Aussage. Die kontrastierten Satzglieder werden dann stark betont.

Herr K.	hat	**nicht Herrn B.**	geohrfeigt,	**sondern dessen Beifahrer.**
Nicht Herr K.	hat	den Verkehr	behindert,	**sondern der Fahrer vor ihm.**
Herr K.	hat	**nicht**	**angehalten,**	**sondern ist weitergefahren.**

6.4.2 Der „Negations-Artikel" *kein*

Die Negation *kein* negiert Aussagen, die ein unbestimmtes oder artikelloses Nomen enthalten. Sie hat im Singular die Form des unbestimmten Artikels *ein / eine / ein*, im Plural *keine*.

Negation mit *nicht*: bestimmt	**Negation mit *kein*: unbestimmt**
Herr K. ist **nicht** der gute Fahrer, für den er sich hält.	Herr S. ist **kein** guter Fahrer.
Herr K. hat den Konflikt mit Herrn B. **nicht** gesucht.	Herr S. hat **keine** Konflikte gesucht.
Herr K. ist das Risiko **nicht** eingegangen.	Herr S. ist **kein** Risiko eingegangen.
Der andere Fahrer hat **nicht** gehalten.	**Kein** anderer Fahrer hat gehalten.

Die „Negations-Pronomen": *keiner / niemand, nichts, nie(mals), nirgends / nirgendwo*   6.4.3

positiv generalisierend	Negation *kein-*	Negations-Pronomen
alle (Menschen), jeder (Mensch)	*kein Mensch*	*niemand, keiner*
alles	*(kein Ding)*	*nichts*
zu jeder Zeit, immer	*zu keiner Zeit*	*nie, niemals*
überall	*an keinem Ort*	*nirgends, nirgendwo*
auf jeden Fall	*auf keinen Fall*	*keinesfalls*
unter allen Umständen	*unter keinen Umständen*	*keineswegs*

Mehrere Aussagen negieren: *weder ... noch*   6.4.4

Aussage	negierte Aussage
Sowohl der eine **als auch** der andere Fahrer hat / haben gebremst.	**Weder** der eine **noch** der andere Fahrer hat / haben gebremst.
Der Fahrer hat geblinkt **und auch** abgebremst.	**Weder** hat der Fahrer geblinkt **noch** hat er abgebremst.

Negation im Wort: Negations-Präfixe und Suffixe   6.4.5

nicht-	nichtöffentlich, nicht rostend, nichtstaatlich, nicht leitend, nichtamtlich, nichtchristlich	meist mit neutralen Adjektiven
un-	unschön, ungenau, unberechenbar, unsicher, unklug, unästhetisch, unchristlich	überwiegend mit positiv bewertenden Adjektiven
miss-	Missgeschick, misslungen, missvergnügt, missachten, missbrauchen, Missverhältnis, missgestaltet	überwiegend mit positiv bewertenden Adjektiven, Verben und Nomen
a-, non-, dis-, des-, in-[1]	apolitisch, nonverbal, disharmonisch, desinteressiert, inkompetent	nur mit Fremdwörtern
-frei, -los, -leer	straffrei, schulfrei, alkoholfrei, rechtlos, staatenlos, menschenleer, blutleer	selten mit Fremdwörtern

[1] das Präfix *in* wird an den nachfolgenden Konsonanten angeglichen: *inkompetent, inhuman,* aber: *illoyal, illegal, irrational, irreal, immateriell, immobil*

Lexikalische Negation   6.4.6

Statt mit den grammatischen Mitteln der Negation kann man eine Aussage natürlich auch mit lexikalischen Mitteln negieren, indem man das lexikalische „Gegenteil" (Antonym) verwendet.

Aussage	Gegenteil
Herr B. **fährt weiter**.	Herr K. **bricht die Fahrt ab**.
Herr B. **gibt** seine Schuld **zu**.	Herr K. **leugnet** seine Schuld.
Herr B. **bremst**.	Herr K. **unterlässt das Bremsen**.
Herr B. **gewährt** eine Bitte.	Herr K. **verweigert** die Bitte.
Herr B. ist **verheiratet**.	Herr K. ist **ledig** / ist **Junggeselle**.
Herr B. fährt **noch**.	Herr K. fährt **nicht mehr**.
Herr B. ist **schon** abgefahren.	Herr K. ist **noch nicht** abgefahren.

6.5 Modalpartikeln: *eben, doch, nur, mal*

➤ KB Kp. 8.1, S. 90

Modalpartikeln (Abtönungspartikeln) sind das „Schmiermittel" der Kommunikation. Sie beeinflussen den Verlauf von Gesprächen, indem sie Behauptungen, Fragen und Aufforderungen verstärken oder abschwächen, Erwartungen, Überraschung, Drängen oder Drohung ausdrücken. Mit manchen kann man rein „rhetorische" Fragen oder Aufforderungen äußern, das heißt ohne dass man eine Antwort oder eine Handlung erwartet. Modalpartikeln werden vor allem in der gesprochenen Sprache verwendet. Sie sind meist einsilbige, unbetonte und nicht flektierte Wörter, die nur im Mittelfeld stehen. Sie können untereinander kombiniert werden. Hier die häufigsten Partikeln mit ihren Hauptbedeutungen.

	Beispiele	kommt vor in:	bringt zum Ausdruck:
auch	Das schmeckt ja scheußlich! – Das hat **ja auch** der Lehrling gekocht!	Aussagesatz	Bestätigung, Begründung
	Ich bin müde! – Warum gehst du **auch** so spät ins Bett?	*w*-Frage	rhetorische Frage mit negativer Tendenz
bloß **ja**	Hau **bloß** ab! Lass dich hier **ja** nicht wieder blicken!	Aufforderung	Verstärkung der Aufforderung, Drohung
denn	Was ist **denn** hier los? Kommt **denn** hier kein Polizist?	Frage	Verstärkung der Frage, (z. B. Überraschung, Neugier)
doch	Der spinnt **doch** total! Ich bin **doch** nicht blöd! Du bist **doch** blöd. (betont)	Aussagesatz, Ausruf	korrigiert andere Erwartungen oder Einwände
	Gehen Sie **doch** endlich hier weg! Wär ich **doch bloß** daheim geblieben!	Aufforderung Wunsch	Verstärkung der Aufforderung Verstärkung des Wunschs
eben **halt** **nun mal**	So sind die Hamburger **eben**. Männer sind **halt nun mal** so. Das ist **nun mal** die Vorschrift.	Aussagesatz	Bekräftigung einer Tatsache, Bestätigung ihrer Unveränderbarkeit
eigent- **lich**	Sind die Hamburger **eigentlich** alle so? Wo warst du **eigentlich** gestern abend?	Frage	Themawechsel, Verstärkung der Frage
etwa	Sind die Hamburger **etwa** alle so grob? Sie wollen **doch nicht etwa** hier sitzen bleiben!	Frage, Aussagesatz	rhetorische Frage mit negativer Antworterwartung
ja	Das ist **ja** jetzt modern! Hamburg ist **ja** eine alte Stadt.	Aussagesatz	Bekräftigung einer Tatsache, ‚bekanntlich'
mal	Gehen Sie **mal** bitte zur Seite. Könnten Sie **mal** kurz zur Seite gehen?	Aufforderung	macht Aufforderung höflicher
nur	Bleiben Sie **nur** sitzen, es stört mich nicht.		
schließ- **lich**[1]	Zahle bitte den Schaden, **schließlich** hast du ihn auch verursacht. Ich bin ja **schließlich** nicht blöd!	Aussagesatz	Begründung
schon	Was macht das **denn schon** aus! Wer kann das **schon** sagen.	*w*-Frage	rhetorische Frage mit negativer Antworterwartung
viel- **leicht**	Na, der hat **vielleicht** Nerven! Na, das hast du ja **vielleicht** wieder toll gemacht!	Ausruf	ironische Bemerkung (gemeint ist das Gegenteil)
wohl	Das ist **wohl** jetzt modern. Du spinnst **wohl**!	Aussagesatz Ausruf	Abschwächung einer Behauptung
	Wer mag das **wohl** sein? Ob das **wohl** stimmt?	Frage *w*-Frage	Vermutung

[1] *schließlich* kann im Unterschied zu den übrigen Modalpartikeln auch im Vorfeld stehen.

Aktiv und Passiv

Aktiv und Passiv sind wie zwei Seiten einer Münze: sie geben verschiedene Perspektiven eines Ereignisses wieder. Das kann man mit einem Spiel vergleichen.

Aktiv: im Mittelpunkt stehen ein handelnder Mitspieler eines Ereignisses und sein Handeln. In einer Gruppe **bestimmt** **Spieler A** einen anderen Spieler B.

Passiv: im Mittelpunkt stehen ein anderer Mitspieler des Ereignisses und das, was ihm passiert. Ein **Spieler B** aus der Gruppe **wird bestimmt**.

Das Passiv wird dann bevorzugt verwendet, wenn der Handelnde nicht genannt werden kann (weil unbekannt) oder nicht genannt werden soll (weil selbstverständlich oder uninteressant). Das gilt zum Beispiel für Anweisungstexte (Kochrezepte, Gebrauchsanleitungen, Spielanleitungen), Gesetzestexte und Vorschriften, Nachrichtentexte, Berichte, Protokolle und viele andere Sachtextsorten.

Aktiv
Jemand erzählt:

„Gestern **haben** **wir** Charade **gespielt** . Das **war** witzig! Zuerst **haben** **wir** einen aus unserer Gruppe **bestimmt** und vor die Tür **geschickt** . **Wir** **haben** dann einen Begriff **ausgesucht** , den **er** **erraten musste** , nämlich „Führerschein".

Ein Augenzeuge berichtet:

„... da **kamen** plötzlich zwei Männer **herein** , die **hatten** Pistolen. Einer **schrie** „Überfall"! **Er bedrohte** den Kassierer mit der Pistole, der andere **zwang** uns, den Laden zu verlassen."

Jemand macht eine persönliche Aussage

Der Staat **kann** mich nicht zum Kriegsdienst **zwingen** !

Passiv
Anweisungstexte, Sachtexte:

Charade: Zunächst **wird** ein Mitspieler **bestimmt** , der vor die Tür **geschickt wird** . In der Gruppe **wird** dann ein Begriff **gesucht** , der von dem Mitspieler **zu erraten ist** .

Nachrichtentexte, Protokolle

Spielhalle **überfallen** : Gestern abend **wurde** eine Spielhalle am Friedrichsring von zwei Unbekannten brutal **überfallen** . Der Kassierer **wurde** mit einer Pistole **bedroht** , zwei Gäste **wurden** zum Verlassen der Spielhalle **gezwungen** .

Gesetze, Vorschriften:

Niemand **darf** gegen sein Gewissen zum Kriegsdienst mit der Waffe **gezwungen** **werden** . (Grundgesetz der BRD, Artikel 4)

Der Handelnde kann aber auch genannt werden: auf Personen wird mit der Präposition *von* verwiesen, auf „unpersönliche" Ursachen mit der Präposition *durch*. Sie werden dadurch als wichtig hervorgehoben.

Der Termin wurde doch **von Ihnen** abgesagt (und nicht von uns)!
Das Feuer wurde vermutlich **durch einen Kurzschluss** verursacht.

7.1 Passiv-Formen des Verbs: Vorgangs-Passiv (*werden*-Passiv)

Diese Tipps	**werden**	noch	**ergänzt.**	Präsens
Diese Tipps	**sind**	noch	**ergänzt worden.**	Perfekt
Diese Tipps	**müssten**	noch	**ergänzt werden.**	Modalverb
Diese Tipps	**hätten**	noch	**ergänzt werden müssen.**	Plusquamp. + Modalverb + Konj.
Diese Tipps	**müssten**	noch	**ergänzt worden sein.**	Modalverb (subjektiv
				gebraucht) + Perfekt
Es heißt,	**dass**	diese Tipps noch	**hätten ergänzt werden müssen.**	Nebensatz-Stellung

➤ zur Satzklammer vgl. auch GR, Kp. 1.2.2

7.2 Vorgangs-Passiv (*werden*-Passiv) versus Resultats-Passiv (*sein*-Passiv)

Das Vorgangs-Passiv wird im Deutschen mit dem Hilfsverb *werden* gebildet. Das Passiv mit *sein* hat eine andere Bedeutung.

Etwas/jemand	**wird**	.....	+	**Partizip II**	der Vorgang selbst wird betont
Die Spielhalle	**wird**	um acht Uhr		**geöffnet.**	
Das Spiel	**wird**	in zehn Minuten		**beendet.**	
Etwas/jemand	**ist**	.....	+	**Partizip II**	das Resultat des Vorgangs wird betont
Die Spielhalle	**ist**	seit einer Stunde		**geöffnet.**	
Das Spiel	**ist**	jetzt		**beendet.**	

7.3 Passiv-Varianten mit modaler Bedeutung

➤ KB Kp. 12.1, S. 130

Neben dem Passiv gibt es im Deutschen weitere grammatische Strukturen, bei denen ebenfalls ein Perspektivenwechsel stattfindet und der Handelnde nicht genannt wird.

	Modal-Bedeutung: *können*	Modal-Bedeutung: *müssen*
ist zu + Infinitiv	Das **kann** leicht **gemacht werden.**	Diese Frage **muss geklärt werden.**
lässt sich + Infinitiv	Das **ist** nicht **zu machen.**	Diese Frage **ist** noch **zu klären.**
ist + Adjektiv mit *-bar*	Das **lässt sich** leicht **machen.**	
ist + Adjektiv mit *-lich*	Das **ist** ohne weiteres **machbar.**	
	Das **ist** mir **unerklärlich.**	

Adjektive mit **-bar** *und* **-lich** *werden aus transitiven Verben (Verben mit Akkusativ) gebildet:*
etwas verändern – etwas ist veränderbar; *ebenso:* erklärbar, verwendbar, erreichbar, unsagbar, unannehmbar, vermeidbar, lesbar …
unbeschreiblich, erträglich, verzeihlich, entbehrlich, unsäglich, unleserlich …

Neue Adjektive werden heute aber nur noch mit **-bar,** *nicht mehr mit* **-lich** *gebildet:*
computerisierbar, anklickbar …

Artikel und Pronomen

Bestimmter und unbestimmter Artikel

8.1

> Es war einmal ein Mann, der hatte einen Schwamm ...

Neue und bekannte Inhalte (Gegenstände, Personen, Sachverhalte) in einem Gespräch

8.1.1

Wenn man neue, dem Gesprächspartner vermutlich noch unbekannte Inhalte in einem Gespräch (oder in einem schriftlichen Text) einführt, verwendet man den unbestimmten Artikel *ein / eine / ein*. (Achtung: der Plural des unbestimmten Artikels ist eine „Nullform": *eine Frau / – Frauen*.)
Wenn man dann auf diese Inhalte Bezug nimmt, die dem Gesprächspartner vermutlich bekannt sind, zum Beispiel weil sie bereits erwähnt wurden, verwendet man den bestimmten Artikel oder das Pronomen *der / die / das*.

Es war einmal **ein** Mann,

    dem starb seine Frau, und **eine** Frau,

        der starb ihr Mann und

    der Mann hatte **eine** Tochter und **die** Frau hatte auch **eine** Tochter.

Die Mädchen waren miteinander bekannt und gingen zusammen spazieren.

Bekannt kann etwas sein, weil – wie im Beispiel oben – im Text oder Gespräch davon bereits die Rede war, oder weil es aus der Situation heraus eindeutig identifiziert werden kann, oder allgemein bekannt ist, zum Beispiel weil es einzigartig in der Welt ist oder ein bestimmtes allgemein bekanntes Konzept bezeichnet.

aus der Situation heraus identifizierbar	**einzigartig in der Welt, bekanntes Konzept**
Mach **den** Fernseher aus! **Der** Stuhl wackelt ja! **Die** Kirche brennt! Gleich kommt **der** Zug!	**Der** Wal ist ein Säugetier.[1] **Die** blaue Blume **der** Romantik ... **Der** Mensch wird frei geboren. In **der** Frankfurter Paulskirche tagte **das** erste deutsche Parlament.

[1] Für solche „generischen" (allgemeinen) Aussagen verwendet man auch den bestimmten oder unbestimmten Plural:
(**Die**) Wale sind Säugetiere.

Artikel bei Stoffnamen

8.1.2

> Marmor, Stein und Eisen bricht, aber meine Liebe nicht ...

Spricht man **allgemein über nicht zählbare Gegenstände**, „Stoffe", verwendet man keinen Artikel. Stehen **besondere Eigenschaften dieser Gegenstände** (ausgedrückt durch zusätzliche Attribute) im Zentrum, verwendet man den unbestimmten Artikel. Ist dagegen von einem **ganz bestimmten, identifizierbaren Gegenstand** die Rede, verwendet man den bestimmten Artikel.

ohne Artikel	unbestimmter Artikel	bestimmter Artikel
– Marmor, Stein und Eisen bricht.	**ein** ganz besonderer Marmor	**der** Marmor auf **der** Terrasse
– Geld stinkt nicht.	**ein** gut angelegtes Geld	**das** Geld meiner Tante
– Wasser besteht aus Sauerstoff und Wasserstoff.	**ein** wunderbar klares Wasser	**das** Wasser im Waschbecken

8.1.3 Artikel bei abstrakten Bezeichnungen

Freiheit, Gleichheit, Brüderlichkeit

Auch hier gilt die Regel von Abschnitt 8.1.2: Spricht man **allgemein über abstrakte Sachverhalte,** verwendet man meist keinen Artikel. Geht es um **besondere Eigenschaften dieser abstrakten Sachverhalte** (ausgedrückt durch Attribute), steht der unbestimmte Artikel. Ist von einem **bestimmten, identifizierbaren Sachverhalt** die Rede, wird der bestimmte Artikel verwendet.

ohne Artikel	unbestimmter Artikel	bestimmter Artikel
– Liebe ist nur ein Wort.	**eine** große Liebe zur Musik	**die** Liebe Bachs zur Musik
– Alter schützt vor Torheit nicht.	**ein** ehrenvolles Alter	**das** Alter des Baums
– Krieg und Frieden.	**ein** trügerischer Frieden	**der** Westfälische Friede

8.1.4 Artikel bei Eigennamen

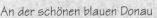

Wenn die Elisabeth nicht so schöne Beine hätt ...

Personennamen werden normalerweise ohne Artikel verwendet. Den bestimmten Artikel benutzt man:
• bei genauerer Charakterisierung: *der junge Schiller, der Müller vom 1. Stock.*
• in der gesprochenen Sprache: *Hol bitte den Max ab; gib den Ball der Franziska.*

Den bestimmten Artikel haben auch folgende Nomen (sie sind bestimmt, identifizierbar, weil einzigartig in der Welt):

Landschaftsnamen	Namen von Gebirgen	Namen von Gewässern
der Odenwald	**der** Dilsberg	**der** Neckar
der Schwarzwald	**der** Feldberg	**der** Bodensee
das Allgäu	**die** Rotwand	**die** Wertach

An der schönen blauen Donau

Die meisten **Ländernamen** und alle **Städtenamen** werden **ohne** Artikel verwendet; nur einige sind fest mit dem bestimmten Artikel verbunden.
• die auf *-ei*: *die Slowakei, die Türkei, die Walachei, die Mongolei.*
• die pluralischen: *die Niederlande, die USA, die Antillen, die Philippinen.*
• diejenigen, die zusätzlich einen Gattungsnamen enthalten: *die Bundesrepublik Deutschland, das Königreich Dänemark* (aber: *Deutschland, Dänemark*), *die Volksrepublik China* (aber: *China*).
• ferner: *die Schweiz, die Arktis, die Antarktis, der Iran, der Irak, der Libanon.*

Artikel bei Eigenschaftszuschreibungen mit *sein* und *werden*

8.1.5

Wir wollen sein ein einig Volk von Brüdern

Bezeichnungen von Beruf, Herkunft oder sozialen Rollen stehen **ohne Artikel**, wenn sie in Aussagen mit *sein/werden* eine **Eigenschaft** angeben. Sie stehen **mit** dem **unbestimmten Artikel** bei **näherer Charakterisierung von Eigenschaften**, **mit** dem **bestimmten Artikel**, wenn es um eine **bestimmte Person oder einen bestimmten identifizierbaren Gegenstand** geht.

ohne Artikel	unbestimmter Artikel	bestimmter Artikel
Büchner war Arzt. Willy Brandt war von 1969 bis 1974 Kanzler.	Büchner war **ein** talentierter Arzt. Brandt war **ein** Politiker mit Weitsicht.	Das ist **der** Chefarzt vom Klinikum. Brandt war **der** Kanzler, der 1974 zurückgetreten ist.

Verschmelzungen von Artikel und Präposition

8.1.6

Im Wirtshaus zur Linde

Präpositionen können mit dem Artikel zu folgenden Formen verschmelzen:
maskulin, neutrum: *am, ans, im, ins, zum, beim, vom;* feminin: *zur.*[1]
Verschmelzungen treten vor allem auf
- bei Nennung von einzigartigen bzw. eindeutig bestimmten Gegenständen oder Orten: *am Bodensee, zur Zugspitze, ins Elsass, zum Mond, zur Küche, ans Bett.*
- bei Zeitangaben: *im Dezember, am Dienstag, zur Zeit, beim ersten Mal.*
- bei nominalisierten Infinitiven: *zum Essen, beim Fahren, vom Rauchen.*

[1] In der gesprochenen Sprache gibt es noch mehr Verschmelzungen: *aufs, durchs, fürs, übers …*

Das Pronomen *es*

➤ **KB Kp, 8.3, S. 96; KB Kp. 10.2, S. 116**   **8.2**

Das kleine Wörtchen *es* wird – typisch für Funktionswörter - in verschiedenen Zusammenhängen verwendet; meist hat es gar keine eigene Bedeutung. Ob man es aber im Satz verwenden muss und in welcher Position es steht, dafür gibt es ein paar Regeln.

Es als Pronomen kann nicht wegfallen:

8.2.1

Es steht für ein Nomen im Neutrum:	„Wo ist **mein Hemd**?"	„Da liegt **es** doch."
Es steht für einen Satz:	**„Wo ist mein Hemd**?"	„Ich weiß **es** nicht."

Es als „Einführungs"-Signal im Vorfeld kann nur wegfallen, wenn dafür ein anderes Satzglied im Vorfeld steht:

8.2.2

Man verwendet diese Struktur vor allem in Textanfängen, um das Subjekt oder die gesamte Aussage als etwas Neues einzuführen.

Es klappert die Mühle am rauschenden Bach.	(*oder:* Die Mühle am rauschenden Bach klappert.)
Es wollt' ein Schneider wandern geh'n.	(*oder:* Ein Schneider wollte wandern geh'n.)

Es in unpersönlichen Konstruktionen: **8.2.3**

Es hat hier keine Bedeutung und ist Bestandteil des Prädikats, muss deshalb mit dem Verb gelernt werden.

Es als „Schein-Subjekt" kann nie wegfallen:	es regnet, es blitzt, es schneit, es hagelt, es kracht, es donnert, es knistert, es klingelt, es scheppert, es stinkt, es duftet, es geht, es handelt sich um, es fehlt an, es kommt zu, es sieht aus wie, es bleibt bei, es kommt darauf an …	Wenn **es** nicht regnet, bleibt **es** bei unserer Abmachung. **Es** kommt darauf an, ob **es** sich um etwas Ernstes handelt.
Es als „Schein-Objekt" kann nur im Mittelfeld stehen und kann nie wegfallen:	es halten mit, es ankommen lassen auf, es bringen zu, es gut meinen mit, es absehen auf …	Wie hältst du's mit der Religion? Er hat **es** eilig. Ich lasse **es** auf einen Versuch ankommen. Ich meine **es** gut mit dir. Er bringt **es** zu nichts. Ihr habt **es** auf mein Geld abgesehen.

8.2.4   *Es* im Hauptsatz als „Vorbote" für einen Nebensatz, der Subjekt oder Objekt des Hauptsatzes ist:

Ist der Nebensatz Subjekt des Hauptsatzes und steht kein anderes Satzglied im Vorfeld, muss dort *es* stehen.	**Es** ist ein harter Schluss, dass ich aus Frankfurt muss.	*(Was ist ein harter Schluss? Das Aus-Frankfurt-Müssen.)*
	Es gefällt mir nicht, dass ich so traurig bin.	*(Was gefällt mir nicht? Das Traurigsein.)*

Es im Mittelfeld kann meist wegfallen.
Es tritt vor allem auf, wenn das Prädikat im Hauptsatz mit einem Nomen (*in Ordnung sein/finden, der Fall sein*) oder Adjektiv (*unklar sein, leicht nehmen*) gebildet ist:

Noch ganz unklar ist **es**, ob das Fest stattfindet. Wir finden **es** prima, dass Sie sich nicht entmutigen lassen.

☞ *Es* kann vor allem in der gesprochenen Sprache auch zu **'s** verkürzt werden: Mach's gut! Nimm's leicht. Ich hab's! Sag's nicht weiter!

9 Attribute, W-Relativsätze

9.1 Die Nominalgruppe: Übersicht über die Stellung der verschiedenen Attribute

Rechts-Attribute, d.h. dem Nomen nachgestellt, sind (in der folgenden Reihenfolge): Genitiv < Präpositionalgruppe < unflektiertes Adjektiv < Nebensatz
Links-Attribute, d.h. dem Nomen vorangestellt, sind (in der folgenden Reihenfolge): s-Genitiv < Erweiterungen eines Adjektivs/Partizips, flektiertes Adjektiv/Partizip.

Artikel	Links-Attribute	Nomen	Rechts-Attribute
	Evas kaum bezähmbare	Gier	nach Obst, mit der sie Adam ansteckt
die	sehr freundlich geäußerte	Bitte	Evas um einen Apfel, die man ihr erfüllen musste
	von Hand gepflückte frische	Äpfel	aus dem Paradies, süß und saftig
der	von allen bewunderte schönste	Baum	Gottes im Paradies

Partizipien

➤ KB Kp. 9.3, S. 105

9.2

➤ zur Bildung des Partizips Perfekt LHB, Kp. 1

Das Paar, das **von Gott vertrieben** worden war, zog davon.

Das von Gott vertrieben e Paar zog davon.

Form: Partizip Perfekt
Bedeutung: Passiv, vorzeitig

Ein Gott, der **leise schmunzelte** blieb zurück.

Ein leise schmunzelnd er Gott blieb zurück.

Form: Partizip Präsens
Bedeutung: Aktiv, gleichzeitig

Partizipien und ihre Erweiterungen können auch wie Adverbien gebraucht werden.

Gott **lächelte** und dachte an das Paar.	Gott dachte **lächelnd** an das Paar.
Gott **schmunzelte leise in sich hinein** und ging.	**Leise in sich hineinschmunzelnd** ging Gott.
Die Schlange war **geschlagen** worden und zog ab.	**Geschlagen** zog die Schlange ab.[1]

➤ MB, S. 68

[1] Solche wie Adjektive und Adverbien gebrauchten Perfekt-Partizipien sind heute meist lexikalisiert und nicht mehr aus allen Verben neu bildbar: *erschrocken, vergnügt, begeistert, entzückt, entsetzt, verdrossen.*

Generalisierende w-Relativsätze

➤ KB Kp. 4.1, S. 53

9.3

Mit *w*-Relativsätzen kann man allgemeine Aussagen über Personen und Gegenstände treffen; sie sind deshalb auch typisch für Sprichwörter und Gesetzestexte. Eine vergleichbare Funktion haben auch *wenn*-Sätze.

Wer rastet, der rostet. – Wenn jemand rastet, dann rostet er.

Der *w*-Relativsatz wird häufig im Hauptsatz mit einem *d*-Pronomen wiederaufgegriffen. Haben die beiden Pronomina den gleichen Kasus, kann man das *d*-Pronomen weglassen, haben sie verschiedenen Kasus, **muss** das *d*-Pronomen stehen.

		Relativsatz	Hauptsatz	
gleicher Kasus		**Wer** rastet,	**(der)** rostet.	
		Wer Banknoten fälscht,	**(der)** wird bestraft.	
		Was hier so kracht,	**(das)** ist der Auspuff.	
		Wem nicht zu raten ist,	**(dem)** ist auch nicht zu helfen.	
		Wo man singt,	**(da)** lass dich ruhig nieder.	
ungleicher Kasus	Akk.	**Wen** die Götter lieben,	**der** stirbt jung.	Nom.
	Dat.	**Wem** Gott will rechte Gunst erweisen,	**den** schickt er in die weite Welt.	Akk.
	Nom.	**Wer** einmal lügt,	**dem** glaubt man nicht, und wenn er doch die Wahrheit spricht.	Dat.

10   Wortbildung

Das Duden-Universal-Wörterbuch enthält ca. 120 000 deutsche Wörter. Natürlich kennen Sie die nicht alle, aber lesen Sie doch einmal eine ganze Seite im Wörterbuch durch. Sie werden staunen: Sie verstehen eine Menge Wörter, die Sie nie bewusst gelernt haben! Das macht die Wortbildung der deutschen Sprache: Mit den nicht ganz so zahlreichen Wortstämmen (wie: *lern-, sprech-, les-,...*) und Affixen (wie: *er-, ver-, vor-, -ung, -er...*) und ein paar Kombinationsregeln können Sie reihenweise neue Wörter bilden und so Ihren Wortschatz vervielfältigen.

10.1   Wortbildung des Nomens: Komposition und Suffixe

Komplexe Nomen werden im Deutschen hauptsächlich durch zwei Verfahren gebildet: die Zusammensetzung (Komposition), bei der zwei Wortstämme verbunden werden (*Frei-zeit*), und die Ableitung (Derivation), bei der zu einem Wortstamm ein Präfix oder Suffix hinzutritt (*Frei-heit; Un-freiheit*).

10.1.1   Zusammensetzung (Komposition)

► KB Kp. 14.3, S.157

der 1. Teil ist:			Fugen-element:		der 2. Teil bestimmt:
ein Nomen	die	Urlaub	s	reise	das Genus, die Flexion und die
	die	Nase	n	spitze	Grundbedeutung des Worts
	der	Kind	er	wagen	
	das	Tag	e	buch	
ein Adjektiv	die	Frei		zeit	
ein Verb	das	Lese		buch	
eine andere Wortart	das	Drei		eck	

Fugenelemente waren einmal Flexionselemente (Genitiv und Plural), dienen aber heute hauptsächlich der Grenzmarkierung. Es gibt hier nur Tendenzen, keine absoluten Regeln:

s-Fuge	Zahlungsbetrag, Schnelligkeit**s**rekord, Gemeinschaft**s**eigentum, Eigentum**s**verhältnisse, Millionär**s**gattin	immer nach den Suffixen -*ung, -heit, -(ig)keit, -schaft, -tum, -ling, -ion, -ität, -är*;
	Redensart, Lebensweise	nach Infinitiven
	Ortskenntnis, Jahresurlaub, Freundeskreis	nach manchen Nomen mit *s*-Genitiv
n-Fuge	Sonnenschein, Rosenstrauch, Kirchenschiff	nach Feminina mit *en*-Plural
	Menschenfreund, Löwenanteil, Bärenhunger	nach Maskulina mit Genitiv-endung -*en*
er-Fuge	Hühnerleiter, Bücherwurm, Bilderbuch	nur bei Maskulina und Neutra mit *er*-Plural
e-Fuge	Hundeleben, Mausefalle, Händedruck	oft bei Nomen mit *e*-Plural
	Wartezeit, Lesebuch, Liegestuhl	nach vielen Verben, vor allem mit Stammende auf *b, d, g, t*
keine Fuge	Dreizack, Selbstbewusstsein, Freigeist	nach nicht-nominalen Bestimmungswörtern
	Butterbrot, Holztisch, Stoffschere, Sanddüne	nach Stoffnamen, Kollektiva

Die Bedeutung eines Kompositums ergibt sich meist aus den beiden Bestandteilen selbst und dem Wissen von der Welt: ein *Lesebuch* ist ein Buch zum Lesen, ein *Kinderwagen* ein Wagen für Kinder, eine

Urlaubsreise eine Reise in den Urlaub, die *Nasenspitze* die Spitze der Nase usw. Bei manchen Bildungen hat sich aber im Laufe der Zeit eine ganz spezielle Bedeutung verfestigt oder die ursprüngliche Bedeutung sehr verändert, sodass nur ein Lexikon genauere Auskunft geben kann (z. B. *Eisenbahn, Handtasche*).

Komposition lässt sich auch mehrfach anwenden (v. a. in der Verwaltungssprache): *Bundesausbildungsförderungsgesetz, Berufsunfähigkeitszusatzversicherung.* In der Umgangssprache und im Fachjargon werden solche „Ungetüme" dann meist wieder abgekürzt (*Bafög, Buz*).

Ableitung mit Suffixen (Suffix-Derivation)

➤ KB Kp. 10.2, S. 115   10.1.2

Suffixe bestimmen das Genus und die Grundbedeutung des abgeleiteten Nomens. ➤ KB, Kp. 14.3, S. 156

Suffix	Genus	Beispiel	abgeleitet von einem	das Nomen bezeichnet:
-ung	feminin:	Beschreibung	Verb	eine Handlung, ein Resultat
-heit, -keit,	die	Freiheit	Adjektiv	eine Eigenschaft
-igkeit		Freundlichkeit		*-keit:* nach *-ig, -lich, -sam, -bar;*
		Sprachlosigkeit		*-igkeit:* nach *-haft, -los;*
-schaft		Genossenschaft	Nomen	ein Kollektiv
-in/-frau		Lehrerin, Polin,	Nomen	eine Frau nach ihrem Beruf oder
		Kauffrau		ihrer Herkunft
-ion		Motivation	Verb	eine Eigenschaft, Handlung
-ität		Naivität	Adjektiv	eine Verhaltensweise
-er	maskulin:	Lehrer	Verb	einen Menschen nach seiner Tätigkeit
-er, e	der	Norweger, Pole	Nomen	einen Bewohner eines Landes, Orts
-ist		Optimist		eine Person nach ihrer Einstellung
-ismus		Optimismus		eine Eigenschaft, Einstellung
-chen, -lein	neutrum:	Röschen (Röslein)	Nomen	das Diminutiv (*-lein* heute veraltet)
-tum	das	Bürgertum	Nomen	ein Kollektiv
Infinitiv	das	Lesen, Atmen	Verb	eine Handlung, ein Ereignis
Wortstamm	der	Zwang, Druck	Verb	eine Handlung, ein Resultat

Nominalstil und Verbalstil

➤ KB Kp. 16.2, S. 170   10.1.3

Charakteristisch für die Sprache der Wisenschaft und der Verwaltung ist der „Nominalstil", eine Häufung von Nominalisierungen (aus Verben und Adjektiven) mit Attributen. Solche „Verdichtungen" kann man für komplexe Aussagen anstelle von Formen mit mehreren finiten Verben (z. B. mehrere Hauptsätze oder Hauptsatz-Nebensatz-Gefüge) verwenden.

Das **Eindringen** fremder Wörter ins Deutsche hat eine lange Tradition.

Fremde Wörter **dringen** ins Deutsche **ein**. Das hat eine lange Tradition.

Die **Einbürgerung** fremder Wörter *wäre* eine große **Bereicherung** unserer Sprachen.

Könnten wir solche Wörter **einbürgern,** *würde* das unsere Sprache sehr **bereichern.**

Bestimmte Attribute des Nomens entsprechen dabei bestimmten Verbergänzungen bzw. Angaben.

	Nominalstil: Attribute	Verbalstil: Ergänzungen	
Gen.	die Entdeckung **der Langsamkeit**	jemand entdeckt **die Langsamkeit**	Akk.
Gen.	Bekenntnisse **eines Mönchs**	**ein Mönch** bekennt	Nom.
Gen.+ durch	die Entdeckung **Amerikas durch Kolumbus**	**Kolumbus** entdeckt **Amerika**	Akk.+ Nom.
Präp. *an*	Brief **an den Vater**	jemand schreibt **dem Vater/an den Vater**	Dat./Präp. *an*
Präp. *über,* usw.	Reden **über das eigene Land**	jemand redet **über das eigene Land**	Präp. *über,* usw.
	Tod **in Venedig**	jemand stirbt **in Venedig**	
Adjektiv	**langsame** Heimkehr	jemand kehrt **langsam** heim	Adverb

10.2 Wortbildung des Verbs: Präfixe

Komplexe Verben werden im Deutschen hauptsächlich mit Präfixen gebildet. Dabei gilt es, zwischen trennbaren und untrennbaren Präfixen zu unterscheiden.

10.2.1 Untrennbare Präfixe:
Sie tragen keinen Akzent und bilden meist transitive Verben, d. h. Verben mit einer Akkusativ-Ergänzung. (Intransitive Verben sind *kursiv* gekennzeichnet.)

be-: Form geben, mit etw. versehen	beschreiben, beschriften, beruhigen, bedienen, belegen, bewirten	Er arbeitet an der Skizze. Er bearbeitet die Skizze.
er-: Beginn	*erklingen,* erblicken, erobern, erarbeiten, erwerben, erahnen	Die Rose beginnt zu blühen. Die Rose erblüht.
ent-: heraus-, weg	entreißen, *entlaufen,* entfernen, entrosten, entkalken, entwässern	Er nimmt ein Ei aus dem Nest. Er entnimmt dem Nest ein Ei.
miss-: negativ, falsch	missbrauchen, *missglücken,* *missraten,* missverstehen	Ich billige dein Verhalten nicht. Ich missbillige dein Verhalten.
ver-: 1 vollständig; 2 falsch	1 *verschwinden,* vernichten, verbrennen 2 verachten, *sich verlaufen,* verlieren	Die Rose hört auf zu blühen. Die Rose verblüht.
zer-: kaputt, auseinander	*zerbrechen,* zerreißen, *zergehen,* zertrümmern, *zerfließen,* zerkleinern	Ich trete auf die Rose. Ich zertrete die Rose.

10.2.2 Trennbare Präfixe:
Sie tragen den Akzent und haben meist gleiche oder ähnliche Bedeutung wie die entsprechende Präposition. Durch die Abtrennung des Präfixes entstehen die für das Deutsche typischen Satzklammern. (Intransitive Verben sind *kursiv* gekennzeichnet.)

an-: Kontakt	anlächeln, anrufen, anmelden, ankleben, *sich anstellen,* anstehen
auf-: zugänglich	aufstehen, aufschreiben, *aufpassen,* aufdecken, *auffallen,* aufhören
aus-: Ende, heraus	ausmachen, *ausgehen,* aussetzen, ausschalten, ausleben, ausdrehen
bei-: dabei, dazu	beitragen, beisteuern, *beipflichten,* beilegen
ein-: ein, hinein	einsammeln, einnehmen, eintragen, einsenden, einschicken, einwerfen
mit-: Ergänzung	mitgeben, mitnehmen, mitschreiben, mitlesen, mitessen, mitmachen
nach-: hinterher	nachblicken, nachfragen, nachtragen, nachzeichnen, nachgeben
vor-: vorher, vorn	vorführen, vortragen, vorstellen, vormachen, vorwerfen, vorbereiten
zu-: schließen, Ziel	zudecken, zuschließen, zudrehen, zuschlagen, zumachen, zugehen, zustehen, zukommen

Präfixe, die trennbar und untrennbar vorkommen:　　　　　　　　　　　　　　10.2.3

	trennbare Präfixe	untrennbare Präfixe
Akzent	Er fährt den Mann brutal **um**.	Er um**fährt** den Mann vorsichtig.
Partizip II	Er hat den Mann brutal **um**gefahren.	Er hat den Mann vorsichtig um**fahr**en.
zu-Infinitiv	Er versucht, den Mann brutal **um**zufahren.	Er versucht, den Mann vorsichtig zu um**fahr**en.

Bei diesen Präfixen gibt es allenfalls eine Tendenz, dass die trennbaren Präfixe eher die Grundbedeutung der Präposition haben als die untrennbaren (Ausnahme: *durch*).

Die Fähre setzt um 8 Uhr über. *überlaufen, übergehen, überleiten*	**über**	**Sie übersetzt den Text ins Dänische.** *übersteigen, übertragen, überlegen*
Ich stelle das Fahrrad unter. *unterbringen, untersetzen, (nur als Partizip:) unterbewertet, unterbezahlt*	**unter**	**Er unterstellt mir Bosheit.** *unternehmen, unterstreichen, unterschätzen, unterschreiten*
Er fuhr den Baum mit einem Knall um. *umfallen, umwerfen, umbringen, umdrehen*	**um**	**Er umfuhr den Baum vorsichtig.** *umringen, umkreisen, umarmen, umzingeln*
Ich habe alles durchgesucht. *durchmachen, durchnehmen, durchsetzen*	**durch**	**Ich habe alles durchsucht.** *durchziehen, durchwachen, durchdringen*

Wortbildung des Adjektivs: Suffixe　　　　　　　　　　　　　　　　　　　　　10.3

> *deutsch: von einem althochdeutschen Nomen diut = ,Volk'*

Suffigierung　　　　　　　　　　　　　　　　　　　　　　　　　　　　　　　　10.3.1

	von	Beispiele	Bedeutung
-ig	Nomen	felsig, ruhig, sonnig, bärtig, salzig, vierblättrig, kahlköpfig	Beschaffenheit (wie Partizip I)
	Verb	gültig, zittrig, knausrig, holprig	
	Adverb	hiesig, dortig, gestrig, morgig, heutig, baldig	
-isch	Eigennamen, Ortsnamen	deutsch, polnisch, russisch, badisch, sokratisch, gregorianisch, napoleonisch	Herkunft, Zugehörigkeit
	komplexe Nomen	schöpferisch, kaufmännisch, eidgenössisch, abendländisch, fachmännisch	
	Fremdwörter	humanistisch, demokratisch, quadratisch, ethisch	etwas betreffen
-lich	Nomen	freundlich, feindlich, schriftlich, menschlich, väterlich, sprachlich, gesundheitlich	Eigenschaft, die Art und Weise
-bar	Verben mit Akkusativ	heilbar, denkbar, sichtbar, unfassbar, lesbar, begehbar, entscheidbar, denkbar, sagbar	etw. kann so durchgeführt werden

Quasi-Suffixe　　　　　　　　　　　　　　　　　　　► LHB Kp. 6.2　10.3.2

	Beispiele	Bedeutung
-reich	kinderreich, lehrreich, waldreich, regenreich	mit vielen Kindern, Lehrern …
-arm	regenarm, waldarm, salzarm, wasserarm	mit wenig Regen, Wald …
-voll	eindrucksvoll, würdevoll, grauenvoll, gehaltvoll	mit viel Eindruck, Würde …
-leer	sinnleer, blutleer, inhaltsleer	ohne Sinn, Blut… (eher negativ!)
-los	kinderlos, ziellos, sprachlos, würdelos, gedankenlos	ohne Kinder, Ziel… (eher negativ!)
-frei	schuldenfrei, koffeinfrei, alkoholfrei, nikotinfrei	ohne Schulden… (eher positiv!)

Redemittel-Übersicht

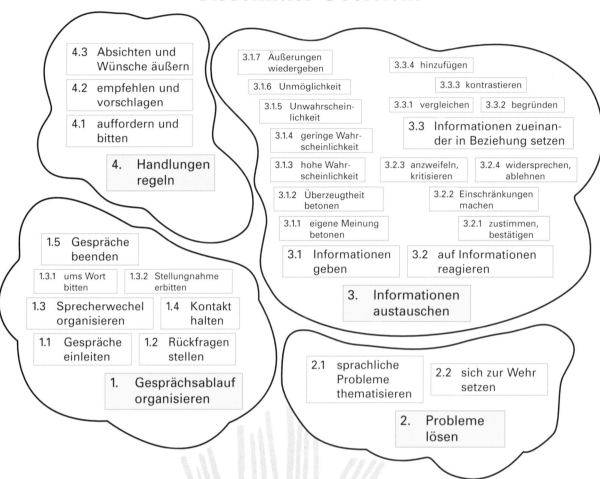

Die folgende Liste kann natürlich immer nur eine Auswahl von Redemitteln für eine bestimmte Gesprächssituation sein. Am besten schreiben Sie die Listen selbst fort. Manche Äußerungen kann man in Bezug auf Ihre Formalität charakterisieren (*unter Fremden, unter guten Freunden*), andere in Bezug auf den Grad der Höflichkeit (*freundlich, grob*). Formalität und Höflichkeit sind nicht immer dasselbe: Sie können zu einem Fremden in ganz formeller Sprache recht grob sein (*Meines Erachtens ist Ihr geschäftliches Verhalten vergleichbar mit dem eines Betrügers*), andererseits können Sie sich natürlich auch einem guten Freund gegenüber in informeller Sprache höflich zeigen, z.B. indem Sie ihn nach seiner Meinung fragen (*Na, was meinst du denn dazu?*). Einige solcher grundsätzlichen Charakteristiken des Deutschen kennen Sie vermutlich schon: die *Sie*-Form ist immer formeller als die *Du*-Form, Partikeln wie *bitte, mal* machen Aufforderungen höflicher, die Frage ist als Aufforderung höflicher als der Imperativ und der Konjunktiv höflicher als der Indikativ, das Passiv ist formeller als das Aktiv (*Besucher werden gebeten.../ wir bitten die Besucher...*). Vielleicht fällt Ihnen noch mehr ein.

Damit Sie Redemittel nicht „deplaziert" verwenden, haben wir die nicht-neutralen in Skalen geordnet und die Enden der Skalen mit Symbolen gekennzeichnet.

höflich – unhöflich formell – informell

1. Gesprächsablauf organisieren

1.1 Gesprächsbeiträge einleiten

formell   *informell*

* Ich hätte da eine Frage/ein Problem.
  * Ich würde gerne etwas zu … sagen.
    * Wissen Sie schon, dass …
      * Ach, mir fällt gerade ein …
        * Also, …
          * Stellt euch mal vor, was mir gestern passiert ist!
            * Habt Ihr schon gehört, dass …
              * Ach, übrigens …
                * Du, hör mal: …

_____
_____
_____

1.2 Rückfragen stellen

formell   *informell*

* Könnten Sie das vielleicht genauer erklären?
  * Verzeihung, ich habe nicht zugehört.
    * Entschuldigung, könnten Sie das wiederholen?
      * Wie meinen Sie das?
        * Habe ich Sie richtig verstanden?
          * Wie soll ich das verstehen?
            * Bist du davon überzeugt?
              * Meinst du wirklich, dass …?
                * Sag das bitte noch mal!

_____
_____
_____

1.3 Sprecherwechsel organisieren

1.3.1 ums Wort bitten

formell   *informell*

* Darf ich ums Wort bitten?
  * Vielleicht darf ich dazu noch eine Anmerkung machen.
    * Entschuldigen Sie, wenn ich Sie unterbreche, aber …
      * Ich kann dazu auch noch etwas erzählen.
        * Also, da muss ich jetzt doch auch was dazu sagen.
          * Jetzt lasst mich auch mal was sagen!
            * He, jetzt bin ich dran!
              * Jetzt mach endlich Schluss!

_____
_____
_____

1.3.2 Stellungnahme erbitten

formell   *informell*

* Was würden Sie dazu sagen?
  * Was halten Sie davon?
    * Haben Sie so etwas auch schon erlebt?
      * Was ist Ihre Meinung dazu?
        * Und Sie?
          * Was wollten Sie sagen?
            * Was meinst du dazu?
              * Jetzt sag mal …
                * Also wie findest du das!
                  * Du bist dran!

_____
_____
_____

1.4 Kontakt halten

Sprachliche Kontaktsignale sind im Gespräch immer ein Zeichen von Kooperation und Höflichkeit.

Kontaktsignale des Sprechers:

was?, nicht wahr?, oder?, hab ich nicht recht?, meinst du nicht?, stimmt's?, gell?

Kontaktsignale des Hörers:

mhm, ja, klar, doch, natürlich, genau, sag ich auch, ach so, ah ja, na ja, hm (zweifelnd)

1.5 Gespräche beenden

 formell *informell*

* *Ich fasse zusammen: ...*
  * *Ich komme jetzt zum Schluss.*
    * *Abschließend möchte ich noch bemerken, dass ...*
      * *Kurz gesagt ...*
        * *Reden wir ein andermal darüber.*
          * *Lass uns morgen noch mal darüber reden.*
            * *Na, dann sind wir uns ja einig.*
              * *Mehr gibts dazu nicht zu sagen.*
                * *Ich muss jetzt Schluss machen.*
                  * *So, das wärs.*
                    * *Also denn ...*

* _____
  _____
  _____

2. Probleme lösen

2.1 sprachliche Probleme thematisieren

* *Wie heißt dieses Ding noch gleich?*
* *Dieses Dings da, mit dem ... .*
* *Wie heißt ... auf Deutsch (Englisch, Russisch ...)?*
* *Könnten Sie das übersetzen?*
* *Wie schreibt man das/spricht man das aus?*
* *Könnten Sie das bitte buchstabieren?*
* *Schreibt man das mit scharfem „s"?*
* *Wie kann man das anders (besser) sagen?*

* *Würden Sie bitte etwas langsamer/lauter sprechen?*
* *Nicht so schnell, bitte!*
* *Entschuldigung, ich habe Sie nicht verstanden.*
* *Könnten Sie das bitte wiederholen?*
* *Verstehen Sie, was ich sagen will?*
* *Sie können ruhig schneller sprechen, ich habe Sie schon verstanden.*
* _____

2.2 sich zur Wehr setzen

Sich gegen etwas zu wehren ist natürlich immer direkt, oft aggressiv.

* *Hören Sie mir bitte erst einmal zu!*
* *Es gibt keinen Grund, hier zu schreien.*
* *Sie haben hier einen Fehler gemacht.*
* *Ich lasse mich nicht von Ihnen beleidigen!*
* *Das brauche ich mir nicht gefallen zu lassen.*
* *Ich werde mich über Sie beschweren.*

* *Sagen Sie mir bitte Ihren Namen!*
* *Ist Ihr Chef da?*
* *Können Sie eigentlich auch Hochdeutsch?*
* *Sind Sie eigentlich zu allen Leuten so grob/ so unverschämt?*
* _____

3. Informationen austauschen

3.1 Informationen geben

Diese Redemittel sind in Bezug auf Höflichkeit oder Formalität neutral.

3.1.1 eigene Meinung betonen

- *Meiner Meinung nach.../Meines Erachtens...*
- *Ich glaube/meine/denke/bin davon überzeugt, dass...*
- *Ich finde ja, dass ...*
- *Ich finde es ..., dass/wenn ...*

- *Ich bin der Meinung, dass ...*
- *Ich stehe auf dem Standpunkt, dass ...*
- *Ich habe den Eindruck/das Gefühl, dass ...*
- *Mir scheint, dass ...*
- _____

3.1.2 Überzeugtheit betonen

- *Es steht fest, dass ...*
- *Es ist doch eine Tatsache, dass ...*
- *Es ist nun mal so, dass ...*
- *Ich weiß/bin sicher/bin felsenfest davon überzeugt, dass ...*
- *Wetten, dass ...?*

Modalpartikeln: *ja, halt, natürlich, eben, doch;*
   Männer sind eben viel klüger als Frauen.
   Die Erde ist natürlich eine Scheibe.
Adverbien: *sicherlich, tatsächlich, bestimmt, zweifellos, ohne Zweifel;*
   ... Zweifellos ist die Erde keine Scheibe.

3.1.3 hohe Wahrscheinlichkeit betonen

- *So viel ich weiß ...*
- *Meines Wissens ...*
- *Wenn ich nicht irre ...*
- *Es scheint, dass ...*
- *Es sieht so aus, als ob* (+ Konjunktiv)
- *Ich bin ziemlich sicher, dass ...*

Modalpartikeln: *wohl;*
   Der Mörder war wohl verrückt.
Adverbien: *(höchst-)wahrscheinlich, anscheinend, scheinbar, offensichtlich;*
   Höchstwahrscheinlich hat ihm jemand geholfen.

➤ **Gr 6.1**

3.1.4 geringe Wahrscheinlichkeit, Vermutung betonen

- *Es könnte sein, dass ...*
- *Ich könnte mir vorstellen, dass ...*
- *Das dürfte/könnte ...*
- *Es ist unsicher, ob/w-...*
- *Es ist nicht klar, ob/w-...*

Modalpartikeln: *wohl;*
Adverbien: *vielleicht, möglicherweise, eventuell, vermutlich;*
Futur I: *Das Klingeln wird (wohl) für mich sein.*

➤ **Gr 6.1**

3.1.5 starken Zweifel, Unwahrscheinlichkeit betonen

- *Es ist unwahrscheinlich, dass ...*
- *Wohl kaum.*
- *Ich bezweifle, dass ...*

- *Ich glaube kaum, dass ...*
- *Ich habe da so meine Zweifel.*
- _____

3.1.6 Unmöglichkeit betonen

- *Es kann nicht sein, dass ...*
- *Es ist völlig unmöglich, dass ...*
- *Da bin ich mir ganz sicher, dass das nicht so ist.*
- *Das ist ganz ausgeschlossen.*
- *Das geht nicht. Das kann nicht sein.*

Adverbien: *bestimmt, sicher, zweifellos + nicht; keinesfalls, keineswegs, unter keinen Umständen*

➤ **Gr 6.4**

- _____

3.1.7 Äußerungen wiedergeben

- *Laut x ...*
- *Wie x gesagt hat/schreibt ...*
- *Ich habe gehört/gelesen, dass ...*
- *X behauptet, dass ...*
- *So steht es jedenfalls in x.*
- *Nach Aussage/nach Angabe von ...*
- *..., so sagt x.*

Modalverben: *sollen, wollen;*
  Der Mord soll hier passiert sein.
  Der Angeklagte will zu dieser Zeit geschlafen haben.

Adverbien: *angeblich*

➤ **Gr 5.1 + 5.3**

- _____

3.2 auf Informationen reagieren

3.2.1 zustimmen, bestätigen

- *Das finde ich auch.*
- *Da bin ich ganz deiner/Ihrer Meinung.*
- *Das kann ich bestätigen.*
- *Dem würde ich zustimmen.*

- *Stimmt./Genau./Richtig./Einverstanden.*
- *Finde ich auch.*
- *So etwas habe ich auch schon erlebt.*
- *Das ist in meinem Land genauso.*

- _____

3.2.2 Einschränkungen machen

- *Ja schon, aber ...*
- *Das mag ja sein, aber ...*
- *Das kann schon stimmen, aber ...*
- *Nun ja, ...*
- *Das kann man so pauschal nicht sagen.*

- *Ich wäre da etwas vorsichtiger.*
- *Ich finde, das muss man etwas differenzieren.*
- *Ist das nicht überspitzt formuliert?*
- *Das finde ich nicht ganz richtig.*

- _____

3.2.3 anzweifeln, kritisieren

Anzweifeln und kritisieren ist natürlich immer sehr direkt.

- *Stimmt das wirklich?*
- *Sind diese Zahlen/Aussagen zuverlässig?*
- *Ich habe da Bedenken/Zweifel.*
- *Woher wissen Sie das?*
- *Beweisen Sie das erst mal.*

- *Ich bin da nicht überzeugt.*
- *Ich finde das nicht in Ordnung.*
- *Ich glaube, das stimmt so nicht ganz.*

- _____

3.2.4 widersprechen, ablehnen

 höflich

unhöflich, grob

• *Ich würde dem widersprechen wollen.*
  • *Da muss ich Ihnen aber widersprechen!*
    • *Damit bin ich ganz und gar nicht einverstanden.*
      • *Nein, das finde ich überhaupt nicht.*
        • *Da möchte ich aber entschieden widersprechen!*
          • *Ich habe da ganz andere Informationen.*
            • *Das kann man so nicht sagen!*
              • *Aber das stimmt doch gar nicht!*
                • *Diese Behauptung ist doch unsinnig.*
                  • *Das ist doch ganz falsch!*
                • *Das meinen Sie doch wohl nicht im Ernst!*
              • *Das ist doch Quatsch/kompletter Blödsinn!*

✎ • _____
  _____
  _____

3.3 Informationen zueinander in Beziehung setzen

Diese Redemittel sind in Bezug auf Höflichkeit oder Formalität neutral

3.3.1 vergleichen

• *Das ist (ungefähr) so wie ...*
• *Das ist anders als ...*
• *Das ist besser/schlechter als ...*
• *Das kann man vergleichen mit ...*
• *Das ist vergleichbar mit ...*
• *Das ähnelt/gleicht ... (+ Dativ)*
• *Das ist ähnlich wie ...*
• *Im Vergleich zu ...*
• *Im Gegensatz/Unterschied zu ...*

Konjunktionen: *als ob* (+ Verb im Konj.), *wie wenn,*
     je ... desto ..., wie;
Adverbien: *so, ebenso, genauso, anders;*

➤ Gr 3.5

_____
_____
_____ ✎

3.3.2 begründen

• *Das kommt daher, dass ...*
• *Der Grund/Die Ursache ist, dass ...*
• *Das beruht darauf, dass ...*
• *Das erklärt sich daraus, dass ...*
• *Das steht im Zusammenhang mit ...*
• *Das rührt daher, dass ...*

Präpositionen: *aufgrund/wegen/infolge* (+ Genitiv);
Adverbien: *deshalb, deswegen, daher, insofern, folg-*
     lich, infolgedessen, nämlich;
Konjunktionen: *weil, da, weshalb, weswegen* (sub-
     ordinierend); *denn* (koordinierend); ➤ Gr 3.1

3.3.3 kontrastieren

• *Dagegen spricht ...*
• *Dem steht gegenüber ...*
• *Dem widerspricht die Tatsache, dass ...*
• *Das steht im Widerspruch/Kontrast zu ...*
• *Im Unterschied/Gegensatz zu ...*

Präpositionen: *entgegen* (+ Dativ), *trotz* (+ Genitiv);
Adverbien: *aber, dennoch, jedoch, trotzdem, aller-*
     dings, dagegen, einerseits ... andererseits;
Konjunktionen: *obwohl, obgleich, während, wogegen,*
     wohingegen (subordinierend); ➤ Gr 3.3

3.3.4 hinzufügen

· *Dazu kommt …*
· *Ergänzend kommt hinzu …*

_____
_____

Präpositionen: *neben* (+ Dativ), *mit* (+ Dativ);
Adverbien: *ferner, überdies, außerdem, obendrein,*
  daüber hinaus, auch, ebenfalls;
Konjunktionen (koordinierend): *und, sowie, sowohl …*
  als auch;

4. Handlungen regeln

4.1   auffordern und bitten

        sehr höflich, bittend   *unhöflich, energisch, drohend*

· *Wären Sie so nett, mir … zu machen?*
  · *Würden Sie mir bitte … machen?*
    · *Könnten Sie vielleicht … machen?*
      · *Ich würde Sie bitten, mir … die Tür aufzuhalten.*
        · *Machen Sie mir doch mal bitte …*
          · *Mach mir mal …*
            · *Ich möchte, dass du … machst.*
              · *Du machst jetzt sofort …!*
                · *Mach JA …!*

 · _____
_____
_____

4.2   empfehlen und vorschlagen

etwas zu empfehlen *ist immer höflich*

· *Sie könnten vielleicht … machen.*
· *Wie wäre es, wenn Sie … machen würden?*
· *Ich würde Ihnen raten, … zu machen.*
· *Ich empfehle Ihnen, … zu machen.*
· *Machen Sie doch einfach mal …*
· *Vielleicht probieren Sie mal …*
· *Versuchen Sie es mal mit …*
· *An Ihrer Stelle würde ich …*
· *Wenn ich du wäre, würde ich …*
· *Ich könnte mir vorstellen, dass … klappt.*
· *Ich schlage vor, … zu machen.*
· _____

4.3   Absichten und Wünsche äußern

· *Ich hätte gerne …*
· *Ich würde gerne … machen.*
· *Ich fände es schön, wenn …*
· *… würde mir gut gefallen.*
· *Das fände ich prima.*
· *Ach, hätte ich doch …*

· *Ich wäre so gern …*
· *Ich wollte, ich wäre …*
· *Könnten wir nicht mal zusammen …*
· *Wir könnten doch zusammen einmal …*
· _____

Register zur Grammatik-Übersicht

Quellenverzeichnis
zu den Texten, deren Quellen nicht an der Stelle des Vorkommens genannt wurden

S.11 Heinrich Heine *aus*: Buch der Lieder, 1827, hrsg. v. U. Windfuhr, Bd.I/I, Hamburg, Hoffmann und Campe 1975, S. 165

S.12 Gebrüder Grimm, Das Rätsel *aus*: Märchen der Gebrüder Grimm, wiedergegeben nach Insel Taschenbuch, 1979

S.14 Peter Altenberg, Der Tag des Reichtums *aus*: Wie ich es sehe *in:* Gesammelte Werke, Bd.1, Wien 1987

S.15 Kurt Schwitters, Gertrud © Kurt Schwitters, Das gesamte literarische Werk, DUMONT Buchverlag, Köln
Robert Gernhardt, Geständnis *aus*: Körper in Cafés © 1987 by Haffmanns Verlag AG München

S.20 *Grafik*: Globus Infografic GmbH, Hamburg; *Text*: Statistisches Bundesamt

S.22 Den Einstieg zum Ausstieg vermitteln, Der Magistrat der Stadt Frankfurt, Jugendamt Frankfurt

S.24 Frederic Vester: Denken, Lernen, Vergessen, dtv (24. Auflage), München

S.26 s. S. 24

S.27 Elias Canetti, Deutsch am Genfersee, *gekürzter Ausschnitt aus:* E.C.: Die gerettete Zunge, Gesammelte Werke Band 6 © 1994 Carl Hanser Verlag, München, Wien

S.29 Liebe M., *gekürzter Ausschnitt aus*: Kathinka Dittrich van Weringh, Abenteuer Moskau © 1995 by Kiepenheuer & Witsch, Köln

S.31 Gerhard Schöne, Das Hemd des Glücklichen, Buschfunk Musikverlag, Berlin

S.35 Peter Altenberg, Im Volksgarten *aus*: Wie ich es sehe *in:* Gesammelte Werke, Bd.1, Wien 1987

S.41 H.C. Artmann, Mein Vaterland Österreich © 1978 Residenz Verlag, Salzburg und Wien

S.43 Maxim Gorski, Gebrauchsanweisung für Deutschland © Piper Verlag GmbH, München 1996

S.44 Wolf Biermann, Berliner Liedchen, m.frdl. Gen. des Autors

S.46 Franz Hohler, Das Blatt *aus*: Da, wo ich wohne © 1993 Luchterhand Literaturverlag GmbH, Hamburg, *jetzt:* München

S.48 Alle Liebesbriefe sind ... *aus:* Fernando Pessoa, Alvaro de Campos. Poesias/Dichtungen © 1987 by Ammann Verlag & Co., Zürich

S.49 Peter Bichsel, Schreiben ist nicht ohne Grund schwer *aus*: Geschichten zur falschen Zeit © Suhrkamp Verlag, Frankfurt am Main

S.52 Siegfried Lenz, Eine Liebesgeschichte *aus:* So zärtlich war Suleyken. Masurische Geschichten, Hoffmann und Campe Verlag, Hamburg 1955

S.55 Rolf Wilhelm Brednich, *aus*: Sagenhafte Geschichten von heute, C.H.Beck'sche Verlagsbuchhandlung, München

S.56 Martin Bernhofer, *gekürzt aus:* Moderne Sagen vom Volksmund zum Bestseller, ORF-Nachlese 1/95, m. frdl. Gen. des Auors

S.58 Erich Kästner, Das Märchen vom Glück *aus*: Gesammelte Schriften für Erwachsene, Atrium-Verlag Zürich 1969 © Copyright by Erich Kästner Erben, München

S.64 O. Schade, Deutsche Handwerkerlieder, Leipzig 1865

S.70 *weitere Literatur von Jean-Didier Urbain*: L'Idiot du voyage. Histoire de touristes, Payot, 1993 (trad. en espagnol en 1993 et en italien en 1997) - Sur la plage, Moeurs et coutumes balnéaires, Payot, 1996 (trad. américaine en 1998)

S.71 Peter Handke, Zugauskunft *aus:* Die Innenwelt der Außenwelt der Innenwelt © Suhrkamp Verlag Frankfurt am Main 1969

S.77 Tom Gamlich, Gebrauchsanweisung, SZ 19./20.8.95

S.78 Gerhard Schöne, Glück oder Unglück, BuschFunk Musikverlag GmbH, Berlin

S.84 Einsteins Augäpfel im Marmeladenglas, AZ 19.12.94

S.85 Detlef Michel, Filet ohne Knochen *aus*: Minidramen, hrsg. von Karlheinz Braun, Verlag der Autoren, Frankfurt am Main 1987, S. 185 f.

S.87 Jürgen Becker, Geschäftsbesuch *aus:* Erzählen bis Ostende © Suhrkamp Verlag Frankfurt am Main

S.93 Doris Dörrie, Ohne Gepäck *aus:* Was wollen Sie von mir? Copyright (d) 1989 by Diogenes Verlag AG, Zürich

S.95 Bertolt Brecht, Zwei Fahrer *aus:* Gesammelte Werke, Band 12, Prosa 2 © Suhrkamp Verlag Frankfurt am Main 1967

S.98 Rainer Eberhard, Aussteigen *aus:* Volker Borbein, Menschen in Deutschland, Langenscheidt Verlag, 1995 Brockhaus Enzyklopädie, Bibliographisches Institut & Brockhaus AG, Mannheim

S.105 Italo Calvino, Der König horcht, *Ausschnitt aus*: Unter der Jaguar-Sonne. Erzählungen
© 1987 Carl Hanser Verlag München Wien

S.110 Peter Handke, Busfahren *gekürzt aus*: Versuch über die Jukebox
© Suhrkamp Frankfurt am Main 1990

S.111 Christine Nöstlinger *gekürzt aus*: Ein Mann für Mama © Verlag Friedrich Oetinger, Hamburg 1972

S.112 Helmut Qualtinger, Travnicek im Urlaub © Deuticke, Wien und Thomas Sessler Verlag,Wien

S.113 Worterklärungen *aus*: "Wie sagt man in Österreich (Duden-Taschenbuch Bd.8),
Bibliographisches Institut & Brockhaus AG, München

S.114 Dorothee Wenner *aus*: Unser Ausland, nach der beim Ullstein Buchverlag, Berlin, erschienenen
Originalausgabe

S.118/ *Karte aus*: David Crystal, Cambridge Enzyklopädie der Sprache, Campus Verlag GmbH, Frankfurt am
119 Main/New York 1993

S.120 Worterklärung *aus:* Brockhaus Enzyklopädie, 19. Aufl. 1988,
Bibliographisches Institut & Brockhaus AG, Mannheim

S.125 Proben deutscher Dialekte *aus*: Ursula Esser/Bettina Muesch, Die deutsche Sprache,
Entwicklung und Tendenzen, Hueber 1994

S.126 Charles Brenner, Grundzüge der Psychoanalyse, Fischer Verlag, Frankfurt a.M. 1972

Verzeichnis der Abbildungen

S.9 *o.li*: Max Beckmann, Tanzbar Baden-Baden (1923) © VG-Bild-Kunst, Bonn 1997; *o.re*: Otto Dix,
Die Eltern des Künstlers II (1924) VG-Bild-Kunst, Bonn 1997; *Mi*: Edouard Manet, Im Wintergarten;
u.li: R.B. Kitaj, A Life, Malborough, London; *u.re*: Anita Berber mit Conrad Veidt und Reinhold Schünzel
in: Unheimliche Geschichten, Friends of American Art Collection, 1942.51, photograph © 1997, The Art
Institute of Chicago. All Rights Reserved.

S.10 dpa

S.12 Archiv für Kunst und Geschichte, Berlin

S.13 Moritz von Schwindt, Der Falkensteiner Ritt

S.14/15 Henri Laurens, Verlag Galerie Der Spiegel, Köln

S.16 *o.*: Anne Rech, München; *li.u.*: dpa; *u.re*: Süddeutscher Verlag, Bilderdienst; Storch *aus*: Demokratie live,
Hrsg. Bundesministerium des Innern, Bonn, in Zusammenarbeit mit der Arbeitsgemeinschaft für Jugend
und Bildung e.V., Wiesbaden, Verlag: Universum Verlagsanstalt KG, Wiesbaden

S.18 Interfoto, München

S.19 Cartoon-Caricature-Contor, München

S.20 *Foto*: Lisa Schlamp; *Schaubild*: Globus Infografic GmbH, Hamburg

S.21 *Foto*: Karin Ende, München

S.23 *o.*: Albert Anker, Die Dorfschule, 1896; *Mi.*: Süddeutscher Verlag, Bilderdienst;
u.: Cartoon-Caricature-Contor, München

S.24 *aus*: Frederic Vester: Denken, Lernen, Vergessen, dtv (24.Aufl.), München

S.26 *li.*: wie S. 24; *re*: Hermes Arzneimittel GmbH, CONTOP Werbeagentur, München

S.28 Süddeutscher Verlag, Bilderdienst

S.30 *re*: V. Lögering, Osnabrück; *Lotosblüte*: J. E. Lamby

S.31 *li.Mi.*: Friedhelm Thomas, Strebel-Verlag, Fellbach; *o.re*: BuschFunk Musikverlag, Berlin

S.32 dpa

S.33 Nathan Beck, Regards, Zürich

S.34 Anne Rech, München

S.36 *o.re und u.Mi*: Frank Gerbert, München; *die übrigen*: Bavaria Bildagentur

S.37 *o.re*: Marlies Coprian, München; *li.Mi*: Frank Gerbert, München: *die übrigen*: Bavaria Bildagentur

S.40 Das Habsburgerreich im Südosten Europas *aus*: Unsere Geschichte, Band 2
© Verlag Moritz Diesterweg, Frankfurt am Main

S.41 *Gemälde*: Martin van Meytens

S.44 dpa; *Baulandschaft Berlin Mitte*: Erhard Pansegrau, Berlin

S.45   *o.li.*: dpa; *o.re. und u.li*: Bavaria Bildagentur; *u.re*: IFA-Bilderteam, München

S.46   *li*: Freies Deutsches Hochstift, Frankfurter Goethe-Museum;
       re: Bildarchiv Preußischer Kulturbesitz, Berlin

S.47   Peanuts: © 1997 United Feature Syndicate, Inc.

S.50   dpa

S.51   *re*: IFA-Bilderteam; *alle übrigen*: Tony Stone Ass. GmbH, München

S.52   Süddeutscher Verlag, Bilderdienst

S.53   Langenscheidt-Polyglott

S.54   Süddeutscher Verlag, Bilderdienst

S.59   dpa

S.60   *li.Mi.*: Anne Rech; *u.*: Mayer Public Relations GmbH; *o.*: Eberhard Holz

S.61   Magazin-Verlag, Hamburg

S.63   Peter Buschkow, Cartoon-Caricature-Contor, München

S.65   *o. und li.u.*: Tony Stone; *u.re.*: argus Fotoarchiv, Hamburg; *Palme*: Barbara Ende

S.66   Ernst Hürlimann

S.67   Süddeutscher Verlag, Bilderdienst

S.72   *o.*: Archiv für Kunst und Geschichte, Berlin; *Mi.*: Globus Infografic GmbH, Hamburg,
       u.: Tony Stone

S.73   Kurt Halbritter © Elise Halbritter

S.74   Hans-Dieter Dräxler, Buenos Aires

S.76   Bavaria Bildagentur

S.77   Karin Ende, München

S.79   © Marie Marcks, Heidelberg

S.80   *o.li.*: Interfoto; *re*: ap

S.81   *o.li. und Mi*: Volker Derlath, München; *u.*: Regina Schmeken, München

S.83   Süddeutscher Verlag, Bilderdienst

S.84   Süddeutscher Verlag, Bilderdienst

S.86   *u.*: Gerhard Mester, Cartoon-Caricature-Contor

S.87   Bavaria Bildagentur

S.91   IFA-Bilderteam

S.95   *o*: IFA-Bilderteam; *u.*: Süddeutscher Verlag, Bilderdienst

S.97   dpa

S.98   Mechthild Gerdes, München

S.100 *o.*: Pictor International, München, *u.*: Bavaria Bildagentur

S.101 *o.*: Bavaria Bildagentur, *u.*: Tony Stone

S.102 Lutz H. Dröscher

S.104 OKAPIA KG, Frankfurt

S.105 *Foto*: Süddeutscher Verlag, Bilderdienst; *Grafik* aus: Brockhaus Enzyklopädie in 24 Bänden,
       19. Aufl., Bibliographisches Institut & Brockhaus AG, Mannheim

S.106 OKAPIA KG, Frankfurt

S.108 Deutsches Tierhilfswerk, München

S.109 Cartoon-Caricature-Contor, München

S.110 Süddeutscher Verlag, Bilderdienst

S.111 Süddeutscher Verlag, Bilderdienst

S.113 Süddeutscher Verlag, Bilderdienst

S.118 *Weltkugel*: Bavaria Bildagentur

S.119 *aus*: David Crystal, Die Cambridge Enzyklopädie der Sprache, Frankfurt/New York: Campus 1993

S.123 *Karte aus*: Werner König: dtv-Atlas zur deutchen Sprache. Graphik von Hans-Joachim Paul © 1978,
       1994 Deutscher Taschenbuch Verlag München

S.124 *Karte*: VEB Bibliographisches Institut, Leipzig 1983

Monica May, Illustrationen: S. 25, 35, 48, 56, 62, 64, 67(Karte), 68/69, 78, 85, 86 o., 88, 92, 110, 115, 127, 128

Barbara Slowik, Fotos: S. 11, 30, 31, 66